企业现场5S管理操作实务

QIYE XIANCHANG
5S GUANLI
CAOZUO SHIWU

姚水洪 编著

化学工业出版社
·北京·

内 容 简 介

《企业现场5S管理操作实务》主要内容包括：企业现场与现场管理、现场5S管理的重新认识、企业现场5S管理的基本内容、企业现场5S管理的谋划与推行、企业现场5S的具体推进落地与要点。

本书以企业现场实战为导向，详细阐述了如何在企业（尤其是煤炭企业）中营造现场5S管理的环境、顺利推行5S管理，解决在5S管理推进过程中各种各样的问题，形成制度化、规范化、常态化、习惯化的现场5S管理模式，从而为企业不断发展壮大夯实管理基础，结合现场5S管理的理论，以及大量企业推行的参考案例，深入分析当前企业推行5S管理的过程、现状，阐述处理问题的方法步骤，以及把握背后的理论基础，有理有据、方便实用。

本书适用于企业班组长、区队长（车间主任）、企业中高层管理人员、5S推行办成员、中高等院校经济管理专业的学生以及咨询人员。

图书在版编目（CIP）数据

企业现场5S管理操作实务/姚水洪编著. —北京：
化学工业出版社，2023.3
ISBN 978-7-122-42871-4

Ⅰ.①企… Ⅱ.①姚… Ⅲ.①企业管理-生产管理
Ⅳ.①F273

中国国家版本馆CIP数据核字（2023）第016226号

责任编辑：高　钰　　　　　　　　　　文字编辑：陈　雨
责任校对：王　静　　　　　　　　　　装帧设计：刘丽华

出版发行：化学工业出版社（北京市东城区青年湖南街13号　邮政编码100011）
印　　　刷：北京云浩印刷有限责任公司
装　　　订：三河市振勇印装有限公司
710mm×1000mm　1/16　印张17　字数325千字
2023年8月北京第1版第1次印刷

购书咨询：010-64518888　　　　　　　售后服务：010-64518899
网　　　址：http://www.cip.com.cn
凡购买本书，如有缺损质量问题，本社销售中心负责调换。

定　　价：68.00元

从国内外卓越企业运营的实践来看，现场 5S 管理是确保现场有效的工具与方法。"造物"之前先"造人"，"造人"必做现场 5S 管理。现场 5S 管理的内容是整理、整顿、清扫、清洁与素养，最后一个 S 就是素养。素养是什么，就是让员工追求自觉自律地遵守标准，完成改善工作，自觉自律地追求生产的 SQCD（安全、质量、成本、效率）、管理的 SQCD、经营的 SQCD。现场 5S 的前 3 个 S（整理、整顿、清扫）不只是针对现场的物品，现场 5S 的所有内容追求的都是提升人的素养，只有提升人的素养，才能够真正实现与保证工作的高效、高质，企业才能持续改善，不断创新。日本有家知名企业的总经理曾说过一句话："不彻底做好 5S，一切改善都做不好，一切成果都难以保持。"

实际上，现场 5S 的全部内容都与企业员工的素养养成、提升有关。通过现场 5S 管理的实施，让员工的行为规范起来，按照标准的要求进行操作与价值创造，员工的整体规范性是优秀企业与一般企业的差距所在。通过现场 5S 管理的实施与推行，使员工的素养提高，规范员工的行为，这就是 5S 管理的目的。

本书中有部分案例、方法等直接来源于煤炭企业。全书通过现场管理的认知、现场 5S 的认知与内容把握、现场 5S 的推行与落地三个板块内容，展示企业推行现场 5S 管理的步骤、方法，以及把握背后的理论基础。

本书不仅适用于煤炭行业中的企业，还适合那些需要确保 5S 管理活动有效落地的非煤炭企业使用。现场 5S 管理知识体系很简单，难点在于推行。

本书是在山西潞安化工集团常村煤矿与郭庄煤业推行现场 5S 管理基础上的总结与提升，同时也得到很多来自企业一线人员的支持与帮助，在此特别感谢原潞安化工集团常村煤矿芦志刚矿长和企管科常红科长、潞安化工集团古城煤矿王艳军矿长、潞安化工集团潞宁煤业王振华董事长、潞安五里堠煤业李洪涛总经理、潞安化工集团郭庄煤业李安红董事长与陈峰真副矿长的支持与帮助，特别感谢潞安化工集团王志清董事长、晋控集团崔树江总经理、华阳新材料集团王强总经理的关心与帮助。

本书吸收了很多专家、学者的观点、意见，在此深表感谢，也期待着现场管理人员与相关同仁一起探讨企业实施 5S 管理的经验，微信号 yuanfang3389，邮箱 yaoshh@163.com。

编著者

2023 年 1 月

目录

第三章

企业现场5S管理的基本内容

59

第四章

企业现场5S管理的谋划与推行

149

第五章
企业现场5S的具体推进落地与要点
214

参考文献
265

通过5S管理使企业现场有序有效

在涉及企业核心竞争力的时候，不仅需要关注企业在战略、产品/服务、投资、市场、内部管理等方面的突出优势，例如核心技术、商业模式、人才、渠道、供应链、现场管理等，企业未来还要将着眼点扩大到企业所处的外部宏观环境，加强对竞争综合环境的跟踪分析，制定正确的战略和计划，例如具有分析把握国际格局的能力、能够跟进技术革命的能力、进行颠覆式创新的能力等。在改善企业内部运营环境、提升企业核心竞争力方面，企业应该怎么做？通过加强现场管理，降低企业运营成本，提升企业核心竞争力，是一条可选之路。

1. 企业需要做好现场管理

任何企业都需要向社会提供产品或者服务，那么生产现场的有效管理就至关重要。生产现场中生产要素的合理组织以及生产要素的状态等直接关系到企业运营的效率、成本、产品品质等，生产现场的环境也是影响企业运营的关键环节，都需要纳入现场管理之中。做好企业生产现场管理就是创造价值，就是保障安全。

① 清除企业产品生产各环节与生产无关的物品。

② 使企业产品生产现场各要素处于最佳状态。

③ 持续不断地消除现场的危险源与风险源。

通过以上行为确保消除现场人的不安全行为与物的非安全状态，提升企业产品生产的效率。

企业生产的安全体现在现场生产要素的质量与状态上；企业生产的效率体现在现场生产要素的质量与状态上，需要做好企业生产的现场管理。

2. 企业通过 5S 做好现场管理

不管是企业的生产制造现场，还是辅助生产的供应链管理、商务谈判、市场营销、水电服务等环节，现场管理至关重要，可以通过 5S 做好现场管理的基础工作。5S 管理是精益管理的基础手段，通过确定和实施 5S 管理的方法，能够培养企业员工在解决生产管理问题时的自主能力，提升综合生产力。在企业层面，通过 5S 管理来塑造企业的形象、降低成本、准时交货、安全生产、高度的标准化、创造令人心旷神怡的工作场所、现场改善等，以达到改善企业内部运营环境，提升企业核心竞争力的目的。

现场 5S 管理的关键在于前 3S：整理、整顿与清扫。

① 整理。通过持续对企业生产运营各环节的整理来清除现场与生产无关的物品，整洁现场，扩大现场的空间与消除现场工作过程中的障碍物。

② 整顿。通过持续对企业生产现场各环节的整顿来规整现场各生产要素，确保生产过程中的秩序与要素状态，提升企业生产的效率，消除各要素的非工作

状态。

③ 清扫。通过持续对企业生产运营各环节的清扫来消除现场的危险源与风险源，使得人的行为、物的状态符合现场生产的要求。

整理、整顿与清扫必须是企业现场管理的持续过程，也是做好企业现场管理的最好工具。

3. 充分认识 5S 管理在企业中的价值

任何企业要有效推行 5S 管理，确保现场生产的各要素处于最佳的状态，必须首先认识 5S 的内涵与价值，而不是道听途说，一知半解，甚至自以为是地错误认知 5S 管理。5S 管理的活动结果是地、物明朗化与人的行为规范化，通过持续的清洁确保整理、整顿、清扫的结果保持，通过规范化、标准化确保员工行为的习惯化。

① 通过 5S 管理做到使各生产要素处于最佳状态，以及人、物、场所的最佳结合，确保各要素与过程符合安全管理的要求。

② 通过 5S 管理做好设备管理的基础工作，消除设备的异位、劣化，以点检的方式对环境与环境中的要素进行检视，做好设备的定期自我养护。

③ 通过 5S 管理中的整理、整顿、清扫，对人的行为进行管理，以标准、规范、制度化的清洁过程管理来规范员工行为，塑造员工品质，以员工的提案活动来对现场进行持续改善。

现场管理是一项系统工程，推动 5S 管理时要有一个系统的方法，主要体现在以下几个方面。

① 在企业内部通过各种方式、手段来营造 5S 管理活动的良好氛围。

② 要让企业职工彻底理解 5S 管理工作的理念、精神实质。

③ 在企业内部推进 5S 管理的全员参与、责任到位、环环相扣。

④ 以 5S 管理作为改善现场工作质量和提高安全效益的桥梁。

⑤ 切实采取立竿见影的方法，例如红牌作战、可视化、看板管理等。

管理体系、模式、方法的导入前提是熟悉、理念认同，进而明确其价值，5S 管理作为精益管理的工具，也是如此。企业各层级人员必须充分理解 5S 的各个要素，这样才能获得理念上的认同，进而才能真正明确其推行的价值。

第一章
企业现场与现场管理

一、现场与现场管理

1. 现场与现场管理的界定

日本人对现场非常重视，把企业的现场管理做到了极致。日语中的"现场"指的是"实地"，即实际发生行动的场地。对企业来说，是能满足顾客要求的活动场所。在日常生活中，这种现场随处可见：宾馆的大厅、饭店的餐厅、银行的柜台以及各种办公室，都是工作现场。因此，现场涵盖了多种层面的办公及管理部门。我国的工业企业习惯把生产现场称为车间、工厂或生产第一线。

现场是指从事产品生产、制造或提供服务的场所，包括生产现场、经营现场、办公现场、商务现场等。企业的现场基本包括了从原材料投入前的准备到产品产出（服务提供）的全过程，时刻都要按照企业的经营决策计划来对人员、设备、材料、工艺规程、场地、信息等组成的生产系统进行操作和控制，使人与物、技术与管理之间保持有机的结合，保证以最安全的方式、最低成本生产出具有特定质量水平的产品与提供服务。

现场涉及两个方面。

① 输入输出集中的场所——要素与产品（包括中间品）。

② 输入输出转换的场所——过程。

现场管理是指运用科学的管理思想、方法和手段，对现场的各种生产要素，即人（操作者、管理者）、机（设备、工用具）、料（材料、配件等）、法（地测方法、开采工艺、检测方法）、环（环境）、信（信息）等，进行合理配置和优化组合，通过计划、组织、控制、协调、激励等管理职能，保证现场按预定的目标，实现优质、高效、低耗、均衡、安全、经济的生产作业和系统运行。

20世纪初，美国管理专家泰勒就把生产作业现场的管理当作企业科学管理的重点，此后的发达国家对现场管理的研究与对现场实际提升、改善问题的研究、实践从来没有中断过，我国在对企业整顿过程中提出的文明生产、建设文明的生产现场，也是我国企业在现场管理方面的实践。

现场管理涉及三个方面。

① 现场是否存在与价值创造无关的要素——要素合理。

② 现场价值创造要素位置与数量的要求——要素有序。

③ 现场价值创造要素状态与要素的结合——要素状态。

2. 现场管理的本质

现场管理的本质是对人的管理。从表面上看，现场管理的对象是现场的设备、场地、物料等物化的对象，但其核心是人，是人的思想、观念、行为、素养、习惯的集中反映。

现场管理必须将提高人、改造人的思想贯穿于始终。如果脱离了人这个核心，现场管理将不会收到任何成效；如果现场管理无法实现改造人的目的，也将变得没有任何意义。

研究现场管理首先必须树立以人为本的思想理念。为此，现场管理必须做到以下几点。

① 调动现场全员积极性。

② 规范现场全员行为。

③ 尊重现场员工。

任何企业现场管理的核心都是通过对人的管理，实现规范化管理、标准化管理、自动自发管理。只有实现标准化，才能提高效率、效用，这是管理和管理者最根本的目的。

① 基层员工行为规范化。

② 岗位员工操作规范化。

对于资源开采类企业员工来说，还需加上一条，就是：

③ 要素与过程质量标准化，这是安全生产必须做到的，可参考国家煤矿安全监察局下发的煤安监行管〔2020〕16号文件执行。

3. 加强现场管理的必要性

优化现场管理是企业整体优化的重要组成部分，是现代化大生产不可缺少的重要环节，是企业技术进步和实现企业管理整体优化的需要。企业处在当今激烈的竞争环境中，如同逆水行舟，不进则退。因此要不断挖掘自身潜力，苦练内功，提高效率。生存与发展已不再截然分开，发展就是生存，生存必须发展。

① 规范现场价值创造的要素。

② 提高现场价值创造的效率。

③ 消除现场价值创造的风险。

④ 提升现场价值创造的品质。

⑤ 锻造企业价值创造的机能。

二、现场管理的要素与目标

1. 现场管理的要素

企业的产品生产与服务提供过程很简单，就是一个输入输出的转换过程，需要关注三个方面：输入、过程与输出。

从输入角度来看，需要关注企业生产的人、机、料、法、环、信息等要素。

① 人作为输入的要素，主要需要考虑的是其精神状态、身体素质等，关注人的专业素养与能力。人力资源管理所要考虑的问题是如何把人的积极性、能动性调动起来，有效、高效地配置与使用企业人力资源。

② 从设备角度来说，就是如何确保设备总是处于最佳状态。

③ 料、法、环、信息等，需要确保输入的质量与状态，使得输入要素总是处于价值创造的最佳状态，这也是现场对投入要素的基本要求，需要进行人力资源管理、设备管理、环境管理、物料管理、信息管理、工具与方法管理等。

从输出角度来看，关注产品、关注最终的结果。不管是最终市场需求的满足，还是生产过程的中间环节的满足，总是需要把产品与服务转入下一环节或阶段，所以需要站在客户的角度来审视各个阶段的产品与服务，从客户角度、在客户需要的时间内提供所需数量的合格产品和满意服务。输入考虑的是什么，就是质量、成本与进度。

从管理的要素或对象来阐述，一般认为现场管理包括以下要素。

①"人"。包括地面、井下、办公场所等现场管理的组织领导者、技术人员、管理人员以及操作工人、辅助工人。"人"是现场管理中最关键的因素。

②"机"。即生产现场的工具、仪器、设备等。包括各类工具、用具及机械设备、电气设备、运输设备、检测装置、监控设施设备等，这是组成现场生产力的重要因素。

③"料"。是指生产现场需用的各种材料、辅料、配件、产品等，它们是组成现场生产力的重要要素，也是现场管理中数量大、变化多、难度最高的关键因素。

④"物"。指生产现场需用的其他辅助性物品和生活设施，如工具箱、更衣箱、饮料箱、消防器材、电风扇等。这是现场管理中比较繁杂，但又不可忽视的内容之一。也可以把"物"当作"法"或"料"的一个组成部分。

⑤"法"。是指组织现场生产所必需的各种制度、法规、标准和技术工艺等，也就是现场管理必须具备的各种工艺规范和检测方法的制订及其实施。

⑥"环"。是指现场作业环境，包括厂房、场地、通道、作业区域的划分以及通风照明，也包括尘毒、噪声等安全和劳动卫生方面的管理。

⑦"能"。是指生产现场所需要的油、电、水、汽等动力资源，节约各类能源消耗、降低能耗成本也是现场管理的重要内容。可以把"能"当作"料"的组成部分。

⑧"信"。是指生产现场经常进行的信息交流与信息反馈。要求信息渠道畅通，信息反馈迅速，如实反映生产现场的实际状态。

现场管理就是对上述各生产要素在一定时间、空间范围内的综合管理。

2. 现场管理的内容

现场是价值创造的关键场所，是企业核心竞争能力的来源地。生产现场包括人员、设备、工装、物料、能源、工作方法、工作场地、环境与信息等要素。只有按照一定的目标和要求把这些要素有效地结合起来形成动态的生产过程，才能完成加工转换的功能，生产出合格的产品，提供符合客户要求的服务，并不断提高劳动效率，降低消耗，提高经济效益。

针对现场的要素，现场管理的内容应包括以下各个方面。

① 现场生产组织管理。包括现场生产组织形式的确定及改善，生产作业计划的编制，现场生产调度、生产进度的统计分析等。

② 现场技术工艺管理。包括技术图纸，工艺文件及工艺规程执行情况的检查、考核，工艺流程的确定，工艺的改革以及技术改革等的管理。

③ 现场质量管理。包括现场质量把关、检测控制及质量保证体系的运行、现场文明生产的组织实施等。很多资源开采类企业的现场质量强调的是现场工作质量与文明生产等。

④ 现场设备管理。包括设备的维护、保养、修理和设备的合理利用、安全操作等。

⑤ 现场物资管理。包括一切生产用材料、辅料、备品配件、产品和工具、夹具、工装模具、刃具、量具、器具、料架、监控设施等以及其他非生产用的物品的管理。

⑥ 现场劳动管理。包括劳动力的调度和安排，劳动定额的修订、实施，劳动技能的训练和提高，劳动纪律的执行等的管理。

⑦ 现场安全管理。包括安全纪律、安全设施、安全操作、防尘防毒、防火防汛以及防暑降温等管理。

⑧ 现场环境管理。包括厂房、场地、通道、作业区域、作业环境、厂容厂貌、通风、照明、色标等的管理。

⑨ 现场成本管理。包括生产批量（产量、进尺）的确定、生产周转速度的加快、材料定额和工时定额的执行（企业的消耗定额）、控制、统计与分析、材料配件的合理利用、节约节能工作的开展等。

⑩ 现场信息管理。包括生产过程信息、统计信息、现场环境状态信息、指令与要求等的传递、管理。

由上述内容可以看出，现场管理几乎包括了企业的所有部门。因此，现场管理是一个全面的管理概念。

现场管理的落脚点是班组管理，工长、班组长是执行者。对于企业来说，把握好工长这个环节，其现场管理就能做好。

企业中层管理者现场管理的主要工作内容如下。

（1）过程品质

① 按《标准作业书》的标准要求作业。

② 进行流程和工序诊断，预防非安全状态与行为。

③ 尽可能改善工序流程，提高安全管理能力。

④ 将以往的经验、教训，反馈到新的活动里。

（2）降低成本

① 在标准工时内，完成工程进度。

② 减少材料、配件的使用与库存量。

③ 进行关键路径分析，减少工时。

④ 杜绝各种白干、瞎干、蛮干的行为。

（3）确保进度

① 编订《进度计划》，做进度管理。

② 适当调节进度，平衡工时，要保持弹性。

③ 确保设计方案、施工图纸、材料配件准时到位。

（4）确保人身安全

① 强调安全守则，必要时可强制执行。

② 定期检查各种安全防护措施有无失效。

③ 万一发生事故，第一时间内组织拯救，并向领导报告。

④ 通风、照明、温湿度、噪声、脚手架等符合要求。

（5）调动员工积极性

① 制订明确的奖惩制度，鼓励提出合理化建议。

③ 以身作则，率先示范，发挥领导示范效应。

③ 关心下属身心健康，维系良好的人际关系。

④ 鼓励下属自修求进，相互学习，并适时奖励。

⑤ 不遗余力地推进 5S 活动。

3. 现场管理的基本目标

基于企业投入产出的要求，企业现场管理必须关注投入产出的成本、质量、效率等，也就是达成以下三方面的目标。

① 如何保证和提高工作质量与产品质量。质量包括产品的使用功能、操作性能、社会性能（指产品的安全性能、环境性能以及空间性能）和保全性能（包

括可靠性、修复性以及日常保养性能）等内涵。生产运作与管理要实现上述的产品质量特征，就要进行质量管理，包括产品的设计质量、制造质量和服务质量的综合管理。工作质量涉及工艺、流程、操作规范等。

②　如何保证适时、适量地将产品投放市场。在这里，产品的时间价值转变为生产运作与管理中的产品数量与交货期控制问题。在现代化大生产中，生产所涉及的人员、物料、设备、资金等资源成千上万，如何将全部资源要素在它们需要的时候组织起来，筹措到位，是一项十分复杂的系统工程。这也是生产运作与管理所要解决的一个最主要问题——进度管理。

③　如何才能使产品的价格既为顾客所接受，又为企业带来一定的利润。这涉及人、物料、设备、能源、土地等资源的合理配置和利用，涉及生产率的提高，还涉及企业资金的运用和管理。归根结底是努力降低产品的生产成本。这是生产运作与管理所要解决的成本管理问题。

企业是要挣钱的，怎么挣钱，就是通过产品与服务挣钱，所以需要为客户创造价值；怎么为客户创造价值，通过现场。企业需要明确现场管理的基本要求与内容，现场管理最有效的工具就是现场5S管理。通过现场5S管理，可以构筑起企业包括输入输出各项管理的基础，可以提升企业的核心竞争能力，例如可提升企业的：

- 交期竞争力（速度、进度管理）；
- 成本售价竞争力（成本管理、客户管理、市场管理）；
- 多批小量生产竞争力（生产过程管理）；
- 利润与存续能力（发展能力）；
- 产品开发能力（研发能力）。

与一般企业不同的是，对于煤炭企业来说，煤炭产品质量与地质构造等环境关联度大，现场管理更多关注的是安全、成本、效益与服务问题，这是煤炭企业持续改善的基础，也是其改善的目标。所以，煤炭企业经营运营绩效的关注点在于安全、成本与效率。

三、现场管理的理念与要求

1. 现场管理的基本理念——改善

"改善"是现场管理的基本原理与理念，是一种用以持续不断地改进工作方法、人员效率与现场工作过程等的企业运营理念。日语里的"改善"意指持续不断地改进，这也隐含现场的每一位管理人员及操作人员，要以相对较少的费用来改进工作方法与过程，这也是精益管理的基本要求。

在改善的范畴里，管理具有两项主要的功能："维持"与"改进"❶。

"维持"是指从事于保持现有技术、管理及作业标准的活动，以及支持这些标准所需的训练和纪律。在"维持"的功能下，管理部门要执行工作的指派，使每一个人都能依照标准的作业程序来工作。

"改进"则是以改进现有标准为目标的活动。改进可再区分为"改善"和"创新"。"改善"是由于持续不断的努力，产生诸多小步伐累积而成的改进；"创新"则是借助大笔资源投资于新技术或设备，产生戏剧性变化的改进。"改善"需要强调以员工的努力、士气、沟通、训练、团队、参与及自律来达成目标。

"改善"着重于以"过程为导向"的思考模式。"改善的过程"的第一个步骤就是要建立"计划（plan）—执行（do）—核查（check）—处置（action）"的PDCA循环，以PDCA循环作为"改善"持续运作的工具，以达成"维持标准"和"改进标准"的目标。其中的"计划"是指建立改善的目标；"执行"是指依计划推行；"核查"是指确认是否按计划的进度在实行，以及是否达成预定的计划；"处置"是指新作业程序的实施及标准化，以防止原来的问题再次发生。一旦达成改善的目标，改善后的现状，便随即成为下一个改善的目标。PDCA的意义就是永远不满足现状，因为员工通常较喜欢停留在现状，而不会主动去改善。所以管理人员必须持续不断地设定新的挑战目标，以带动PDCA的循环。

改善的前提是需要与现场保持密切的接触与了解，确保现场问题现场解决，因此，现场管理的基本程序如下。

① 当问题（异常）发生时，要先去现场。
② 检查现场的有关物件。
③ 当场采取暂行处置措施。
④ 发掘真正原因并将之排除。
⑤ 将有关工作标准化以防止再发生。

2. 现场管理三个层面的要求

现场管理有很多输入输出的要素，管理的内容较为复杂，现场需要解决不同问题，达成不同的目标。根据基本目标的不同可以把现场管理分为三个层面：现场体系层面、企业管理层面和现场作业层面。从不同的层面出发，现场管理的目的都不一样。

从现场体系层面上看，现场管理的目的是实现现场的全面优化和系统优化；从企业管理层面上看，现场管理的目的是提高企业形象、提高企业素质、提高企业管理水平、提高企业利润等；从现场作业层面上看，现场管理的目的是解决现

---

❶ 陈福军. 生产与运作管理. 4版. 北京：中国人民大学出版社，2017：273.

场实际问题、改进现场管理工作、实现现场目标等。

现场是企业价值创造的场所，现场作业层面的管理是现场管理的基础和核心。一般可以认为，现场管理是通过解决现场实际问题、改进现场工作、实现现场目标来提高企业形象、提高企业素质、提高企业管理水平、提高企业利润，最终实现现场的全面优化和系统优化。但目前从企业实际应用来看，国内外现场管理都只是偏重现场作业层面，很少有将现场管理放在企业层面上的，更少有放在体系层面上的。这是现场管理得不到彻底改善的一个根本原因，这在客观上需要企业在现场管理方面也应具有一定的战略思维和体系观念。

现场能够生产出顾客满意的产品或服务（生产附加价值），这是企业生存和发展的基础，所以，现场管理的重要性是不容置疑的。但关于"现场"在组织结构中的位置，则有两种不同的观点。如图 1-1 所示。

一种是管理阶层的角色在于给现场提供支持，现场位于管理结构的顶层。因此，为了解决现场发生的大小问题，管理阶层必须密切接触现场的实情。换句话说，管理阶层提供的各种协助都是源自现场的特定需求。

另一种则是管理阶层的角色在于提供政策和资源，现场置于管理结构的底层。位于顶层的管理人员倾向于认为，他们的工作总是在告诉"现场"人员做什么事。

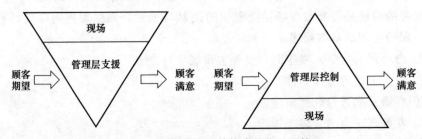

图 1-1　现场在管理结构中的位置比较

从本质上来说，现场管理是支援而非控制，第一种管理层支援的现场管理效果更好，更容易提升现场员工的积极性。例如丰田生产线上的呼叫拉绳、改善提案建议书、设备上的防错装置，体现的管理思想都是对现场作业人员的支援而不是控制。日本丰田 TPS 主张支援而不是控制的"管理"，不是针对结果追究别人的责任，而是针对过程协助别人履行责任。

四、现场要素状态与现场管理层级

现场管理的要素归纳起来无非就是人、物（机器设备、材料配件、产品等）、场所三种，这三种要素的状态与结合状态就构成了现场管理的水平。

1. 现场三大要素的状态与结合状态

（1）人的三种状态

人的生理、心理、情绪会有一个周期性的变化。科学家研究证实，人自出生开始，就存在一个自动的生理曲线。人每 23 天是一个体力周期，每 28 天是一个情绪周期，每 33 天是一个智力周期。根据这种变化，可以把人的状态分为以下三种。

第一，A 状态。指人本身的心理、生理、情绪均处在高昂、充沛、旺盛的状态；技术水平熟练，能够高质量地连续作业。

第二，B 状态。指需要改进的状态，人的心理、生理、情绪、技术这四个要素，部分出现了波动和低潮状态。

第三，C 状态。指不允许出现的状态。人的四个要素均处于低潮，或某些要素如身体、技术居于极低潮等。

（2）物的三种状态

根据物的放置，可以将物的状态分为三种。

第一，A 状态。是指物的放置处于人和物立即结合的状态，就是需要的物随手可取，不需要的物可以随时转换。

第二，B 状态。是指物的放置要想和人结合，需要经过寻找和转换。A、B 两种状态是以人为界限来划分，是把物与人结合的紧密程度作为衡量标准的。在现场，不可能将所有的物品都变为 A 状态，需要有一些物品处于 B 状态，比如货架和仓库的物品就是 B 状态。

第三，C 状态。是指物处于不需要和人结合的状态。人既然不要它了，那么这个东西就应该被清除掉。这就包括废弃物、垃圾、边角余料和现场不需要的物品，哪怕它是有用之物，比如冬天不需要使用的电风扇、封存的机床，等等。

（3）场所的三种状态

场所也有三种状态，它们分别如下。

第一，A 状态。是指有良好的作业环境。在现场工作中，工作的面积、通道、加工方法、通风设施、温度、光照、噪声、粉尘、人的密度等，所有这些都能满足人的生理和心理需要。

第二，B 状态。是指需要改进的场所环境，比如某些环境能满足生产的要求，却不能满足人的要求，这样的场所就需要改进。

第三，C 状态。是指现场的环境既不能满足人的生理和心理的需要，又不能满足产品加工的需要，那就应该通过彻底的改善来消除这种状态。

（4）人与物的结合成本

在生产现场活动中，为实现人与物的结合，需要消耗劳动时间，支付劳动时间的工时费用，可以把这种工时费用称为人与物的结合成本。人与物的这种结合成本越低，现场管理、作业、生产和工作效率就越高，反之亦然。

（5）人与物结合的三种基本状态

第一，A 状态。人与物处于能够立即结合并发挥效能的状态，A 状态是人与物结合的最佳状态，成本最低，效率最高。

第二，B 状态。人与物处于寻找状态，或尚不能很好发挥效能的状态。

第三，C 状态。人与物失去联系的状态。

（6）物与场所的关系

物与场所的有效结合是实现人与物合理结合的基础。研究物与场所的有效结合，就是对生产现场、人和物等进行作业分析和动作研究，使对象物品按生产需要、按工艺要求科学地固定在某一场所的特定位置上，达到物与场所的有效结合，缩短人取物的时间，消除人的重复动作，促进人与物的最佳结合。现场要素结合的状态如表 1-1 所示。

凡是"一切不产生附加价值的活动都是无效的活动"，就是浪费，比如：错误、重复、等待（拖延）、运输（传送）、过量、积压、缺料等。理想的作业应该是使作业完成的时间最短和重复次数最少，最终目标是消除非增值作业、提高增值作业的效率，使作业链达到最优。

◇ 表 1-1 现场三要素的三种状态与结合

要素	A 状态	B 状态	C 状态
场所	指良好的作业环境。如场所中工作面积、通道、加工方法、通风设施、安全设施、环境保护（包括温度、光照、噪声、粉尘、人的密度等）都应符合规定	指需不断改进的作业环境。如场所环境只能满足生产需要而不能满足人的生理需要，或相反。故应改进，以使其既满足生产需要，又满足人的生理需要	指应消除或彻底改进的环境。如场所环境既不能满足生产需要，又不能满足人的生理需要
人	指劳动者本身的心理、生理、情绪均处在高昂、充沛、旺盛的状态；技术水平熟练，能高质量地连续作业	指需要改进的状态。人的心理、生理、情绪、技术四要素，部分出现了波动和低潮状态	指不允许出现的状态。人的四要素均处于低潮，或某些要素如身体、技术居于极低潮等
物	指正在被使用的状态。如正在使用的设备、工具、加工工件，以及妥善、规范放置，处于随时和随手可取、可用状态的坯料、零件、工具等	指寻找状态。如现场混乱，库房不整，需用的东西要浪费时间逐一去找的零件与工具等物品的状态	指与生产和工作无关，但处于生产现场的物品状态。需要清理，即应放弃的状态

续表

要素	A 状态	B 状态	C 状态
人、物、场所的结合	三要素均处于良好与和谐的、紧密结合的、有利于连续作业的状态，即良好状态	三要素在配置上、结合程度上还有待进一步改进，还未能充分发挥各要素的潜力，或者部分要素处于不良好状态等，也称为需改进状态	指要取消或彻底改造的状态。如凡严重影响作业，妨碍作业，不利于现场生产与管理的状态

2. 现场管理的三个层级

从表 1-1 中可以了解到，由于人、物与场所的结合状态不一样，现场管理就显示出不一样的水平，可以根据现场人、物与场所结合的状态把现场管理分为三个层级：卓越现场管理、一般现场管理、低层现场管理。现场管理三个层级的内涵与现象如表 1-2 所示。

◎ 表 1-2　现场管理的三个层级的内涵与现象

层级	要求	标准	特点	现象
卓越现场管理	消除精益管理所提出的七种浪费，零事故、零缺陷、零浪费、零故障	干净、整洁，"对"与"错"一目了然，具有不断改进、追求高效的制度、机制，管理者、操作员工有成就感，也就是人、物、场所处于最佳结合状态	把 5S 当作现场有效管理的基础，通过 TPM、TQC、价值工程、精益管理等追求最大化的价值创造	• 制度与机制确保人、物、场所有效结合； • 注重透明管理； • 注重员工素养形成； • 强调标准制订与落地； • 强调持续改善
一般现场管理	确保安全状态下生产出符合质量要求的产品，或提供满意的服务，事故率、故障率、不良率较低	干净、整洁，"对"与"错"一目了然，制度、标准明确，但人、物状态以及三种结合处于需提升状态	强调现场管理的有效性	• 照搬标准与管理； • 物与人的状态处于 B 级水平； • 有一定制度、标准基础，但落地程度不够； • 5S 管理做得不扎实
低层现场管理	有活动结果就可，例如生产出产品、提供服务等	环境较为凌乱，人、物、场所处于需改善、提升状态，通道、物品放置等有较大问题，标准、制度、机制缺失	把现场管理当作一项额外的活动，只强调工作本身，忽视环境与要素状态	• 现场混乱； • 制度难落实； • 处罚较多； • 员工状态不佳； • 非安全环境

3. 现场管理中的歌剧院模式

日本企业特别重视现场管理，例如丰田，在向世界推出精益生产方式（模式）的同时，模式的创始人大野耐一先生被誉为"日本复活之父""穿着工装的圣贤"，他特别强调现场管理，认为企业控制成本只能依靠生产现场来实现，减少库存、降低成本，是为了让资金周转更加轻松，为了让其他部门的负担更轻，生产现场的管理就变得尤为重要，这是企业生存的命脉。为此，丰田生产方式应该总结为"必要的产品，只在必要的时间以最低的成本生产必要的数量"。丰田精益生产方式（TPS）有一个管理模型——现场管理的歌剧院模型❶，也就是一个生产型企业的现场运作有两大基础、若干支柱、五大目标和三大优势，如图 1-2 所示。

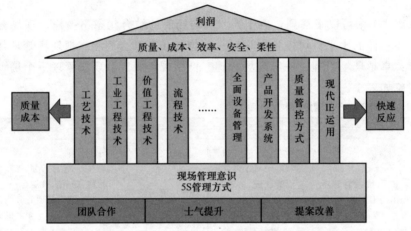

图 1-2　丰田精益生产方式的歌剧院模型图

歌剧院模型的基础在于现场管理意识与 5S 管理方式两大基础。

① 要有正确的现场管理意识。人的意识在先，如果想法不正确，现场的变化很多就不到位，做事情做不到位，所以要改变员工，要引导员工建立正确的意识观念，只有基于正确的意识观念，才能够掌握科学的方法，去有效地控制相关要素。

② 要有彻底的现场 5S 管理方式。如果 5S 做得不到位，会直接关联到企业的各项职能管理，如果 5S 实施中人的意识不到位，5S 做不好，效率、成本、设备管理、安全管理、人员管理、柔性提升、成本控制就很难做到位，因为它们之间有很密切的关联性，所以要把这两大基础工作做好，这是企业的基础管理。这两个地方要做到位，在这个基础上再抓，把 5S 管理延伸到各项职能，而这些职能管理在运用的时候要做到位，就必须有效运用管理技术。

由此可形成企业的三大优势：第一，高质量的优势；第二，低成本的优势；

---

❶ 大野耐一. 大野耐一的现场管理. 崔柳，等译. 北京：机械工业出版社，2021：131-135.

第三，快速反应的优势。

高质量是准时交货的基础，低成本是企业的总成本要最低，还要有快速响应市场的能力。

日本企业歌剧院的模式，其实是融合了美国的现代工业管理的核心思想和管理技术，也是日本企业在第二次世界大战后 30 年崛起过程中所创造的精益生产模式的一个全面概括。从这个模式当中，可以看到正确的现场管理意识和彻底的现场 5S 管理方式是一个企业的重要基础。一个企业要做大首先要做强，做强是做大的基础，如果某个企业生产过程很精益，浪费非常少，那就变成了一份创造价值的能力。歌剧院模型能够有效地指导生产型企业怎样去加强企业的系统建设，立足中长期的可持续发展。

五、企业现场管理的问题与要求

1. 企业现场管理的特点

从本质上说，任何企业的现场管理都是一种综合性管理，在理论和实践上具有鲜明的特点，如图 1-3 所示。尤其对于从自然界中获取产品与创造价值的煤炭企业，由于井下地质环境较为复杂多变，生产现场更有其自身特点。

图 1-3　企业现场管理的特点

① 综合性。任何企业的生产现场都是人、机、料、法、环、信息等诸生产要素的结合点，也是生产、技术、质量、成本、物资、设备、安全、劳动、环境等各项专业管理的落脚点，更是半成品、成品的转换场所。因此，任何企业的现场管理都具有十分鲜明的综合性，具有纵横交错的立体式的综合性管理特征。一般来说，企业生产现场综合性特点完全体现在对车间、班组以及独立生产作业单元的管理之中，企业所有管理内容都落实到车间、班组的管理中，有效的车间、

班组以及独立生产作业单元的管理是企业管理有效的根本。

② 基础性。任何企业的生产现场管理是产品生产的地方，也是价值创造的场所，无论什么样的作业现场都属于作业性质的基层管理，是企业管理的基础。它以管理基础工作为依据，离不开标准、定额、计量、信息、原始记录、规章制度和教育等基础工作，充分体现了现场管理的基础性。加强企业，尤其是作业现场管理可以进一步完善管理的基础工作，而企业基础管理的好坏直接关系到能否进行标准化管理，标准化管理是否落地、是否有效的问题。

③ 动态性。企业作业现场各生产要素的配置是在一定的生产技术组织条件下，在投入与产出的转换过程中实现的，这是一个不断变化的动态过程。尤其是当生产作业环境发生变化，生产作业方式也需要变化。企业的现场管理应根据变化了的现状，改变生产作业方式，不断提高生产现场对环境变化的适应能力，从而不断提高企业的市场竞争能力。可以说，企业是否有效进行动态化管理直接决定企业产品产量与质量、决定企业利润获取以及是否能形成核心竞争力。

④ 全员性。现场管理的核心是人，现场的一切活动都要由人去掌握、操作、完成。这就要求与生产现场有关的所有员工参与管理，而且必须主动参与到企业日常管理活动中，积极开展各项民主管理活动，实行自我管理，自我控制，不断提高员工的素质，发挥广大员工的积极性和创造性。

⑤ 复杂性。生产作业现场的复杂性表现在两个方面：人的行为与环境多样性。生产作业现场不同类型的员工，其对工作内容、职责的认知以及身心的差异，直接决定着个体行为的差异；现场产品生产与服务提供需要人、财、物等的投入，现场既有人的要素，也有设备、工具、半成品、产品等物的要素。人、物在现场的交叉以及各种流（人流、物流、信息流等）的方向差异，决定着生产作业现场极其复杂。

⑥ 直观性。企业的现场是输入输出的结合点，是输入输出转换点，必须要把这个转换的过程置于可控的状态中，把握生产过程中的问题，以便于资源支持，因而企业现场必须是一个开放性的系统，一方面可以了解生产过程中要素的状态以及产出物的状态，随时随地进行控制；另一方面通过现场来综合反映企业的素质，传递企业形象，企业的各方面素质优劣在现场均处于"曝光"状态。

2. 企业现场管理的问题

多年来，国内很多企业给社会传递的形象总是与管理粗放联系在一起，一个重要原因在于现场的问题很多，通过现场传递的是管理粗放、过程不佳、素养不高的形象。尽管我国很多企业也在不断通过技术、文化来改进企业的品牌、形象，但仍然存在一些问题，如图1-4所示。

① 企业管理者的现场意识不强。现场管理决定着企业生产作业的安全、成

本、运营效率等。我国很多生产型企业都强调管理者应该下沉到生产作业的一线去，了解生产作业现场的进度、问题等，但很多企业管理者的现场意识依然不强，主要是现场的问题意识不强，例如煤矿企业作业人员安全素质不高、安全质量标准化问题落实不好、现场管理责任落实不力等问题，其主要问题来源于现场，主要解决办法也是来源于现场，必须从现场实际出发探讨解决问题的办法。企业现场管理的核心在于流程有效问题、效率与士气问题、成本问题等，现场是这些问题获得解决的关键，解决企业运营问题必须到现场去，以问题意识去发现问题，有问题现场解决。

图 1-4　企业现场的主要问题

②企业现场员工素质相对不强。国内很多企业人员流失严重，尤其是车间、班组管理人员的素质直接决定着企业生产效率、安全等，必须要留住人才，优化现场管理人员素质，提升企业生产作业单元人员的整体合力。

第一，需要通过培训快速提升现场人员素质，企业培训部门、车间需要有办法来解决这个问题，例如把基础培训与专业培训结合起来，把现场培训与理论培训结合起来，通过激励形成学习的氛围，尤其是做好现场传帮带，通过一点课（OPL）让员工现身传导操作方法、经验。

第二，选好用好班组长，通过班组长带动团队学习气氛，提升团队整合能力。现场管理从车间、班组抓起，选好用好车间、班组长是抓好现场管理的必备条件，需要将经验丰富、沉稳果断、年富力强、有亲和力、敢抓敢管、责任心强的人放在区队、班组管理岗位上，并赋予作业现场任务分配权、临机决断权、工资核算权、奖惩处置权，保证车间主任、工长平时说话管用、指挥有力，遇到重大险情可以迅速停工撤人，避免因层层请示报告而贻误时机。

③企业现场标准化程度不够，尤其是现场操作标准、作业标准、现场管理标准等。

第一，企业的作业规程实施应有针对性。企业生产作业现场的情况千差万别，在制订作业规程和安全技术措施时要有针对性，使各级管理人员事先对可能遇到的情况和需采取的措施熟记于心，同时以图表、牌板形式挂在工作面显著位置，保证每个作业人员一到现场就能随时感知现场环境、找准角色定位，自发自觉地融入生产系统当中。

第二，岗位操作程序化。岗位操作是现场管理最重要的中心环节，对岗位作业人员强调操作重点、规范操作行为，反复实操练习，强制养成习惯的培训，进一步规范作业人员的规范操作，杜绝违章行为。

第三，通过现场 5S 活动把现场各类标准整合起来，形成集合国家安全质量标准、岗位操作标准、现场作业标准等于一体的现场岗位操作标准，通过培训强化，通过检查固化，使标准成为现场员工的日常操作行为的一个组成部分。

④ 企业现场管理的死角较多。实际上，企业作业环境是否整洁有序直接影响企业形象。

第一，企业必须注重清洁文明生产，消除现场管理的死角。人在杂乱的环境中，容易心情烦躁、冒险蛮干。尤其是一些企业的井下作业，现场空间狭窄，大块头装备较多，加上各种管线、材料、工具等必需品，留给工人行走作业、辗转腾挪的地方十分有限。如果作业现场杂乱无章，工人就会缠手绊脚，甚至情绪急躁、铤而走险。只有作业现场各部分清晰明了，才能保证立体空间宽敞、整洁，才能使职工在工作中始终保持良好的精神状态，精力充沛、干劲十足。

第二，环境整洁让现场员工视觉感知明晰。企业各级管理人员要上下左右审视作业点周边环境，对本班生产推进速度和可能遇到的困难做到心中有数，对自己及身边人所处的环境和位置一目了然，在生产中必须保持高度戒备，常环视、勤观察、多提醒，密切关注各个作业点每个人的动态和变化，只要有人操作就有人在旁边观察提醒。

第三，现场必须警示标识醒目。不同颜色对人会产生不同的心理暗示和感官触动。设立悬挂标准规范标牌，警示危险、指示方向、标示名称、显示动态，使作业人员一看就明白不能做什么、应该注意什么、该往哪里走等，习惯成自然。例如煤矿从大巷到工作面随处可见的牌板，防护栏、阻车器、压溜柱等要全部涂有警示性条纹。此外，安全管理人员入井全部穿戴橙色工作服、红色安全帽，警示纠偏、意识唤醒的视觉效果非常明显。

3. 企业现场管理的要求

企业生产作业现场较为复杂，设备多，管线管网多，某些企业各类设备笨重庞大，某些设备的智能化程度高，这就对企业生产作业现场管理提出了更高的要求，如何做好企业现场管理直接影响企业的生存与发展。基于国内很多企业现状与发展要求，企业现场管理的基本要求如下。

① 强调现场的安全管理特征。安全就是效益，任何企业的生产必须确保是在安全环境下的作业生产，现场的任何操作、管理必须以安全为基础，符合国家、行业、企业安全操作规定，现在的各种要素的质量以及专业管理、过程管理等都必须满足安全管理的要求。

② 强调现场的成本效益特征。市场经济环境下，任何企业都需要严格按照市场运行的要求为社会提供所需要的产品与服务，企业必须按照成本效益的市场

规则运行，通过为社会创造价值来获得利润，安全、高标准地挣钱是所有企业的第一要务。例如，煤炭企业的投入大头在开采作业现场以及与煤炭产品输送相关的运输、提升系统环节，需要通过持续的现场 5S 管理改善环境，消除浪费，通过全员设备养护（TPM）消除设备的劣化现象，确保所有的投入要素的品质。因而，企业需要强化现场员工的成本与效益意识，消除过程浪费。

③ 强调现场员工的士气提升。从心理学角度来说，当一个人处于较为暗淡、无序、不整洁的环境时，心情较为压抑，情绪总是会受到环境的影响。尤其是一些噪声较大、有化学污染的企业面临多重恶劣的环境因素，例如高温、高湿、噪声、照明不足、粉尘与有害气体等，长期处于这种环境下的员工生理与心理就会受到影响，不仅导致员工的士气低下，甚至可能导致他们的行为与行动出现偏差，产生人为失误，从而诱发事故。这类企业在通过技术创新、加大投入等改善生产作业环境的同时，必须想法提升员工的士气，通过员工士气提升来消除人的不安全行为，进而消除物的不安全状态。

④ 强调现场的持续改善特征。所有企业的管理目的在于通过 PDCA 循环达到持续改善。任何企业都应特别强调现场的持续改善，通过现场持续改善消除人的不安全行为与物的不安全状态，通过持续改善使得现场作业环境更加整洁有序，通过持续改善消除过程浪费，提升工作标准，进而改善企业自身的体质。

企业的生产作业现场是一个动态的作业环境，其实际的情况每时每刻都发生着变化，随着作业内容的变化，可能会出现新问题。从这个意义出发，事故的预测、预防工作必须贯彻到作业现场。加强现场管理，理顺人、机、料、法、环、信息之间的关系，建立起一个文明、整洁、有序、舒畅的生产作业现场，不仅对于提高安全程度起着巨大的作用，而且对于提高生产效率、降低成本有着深远的影响，真正使安全和生产做到高度的统一，如图 1-5 所示。

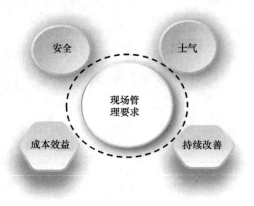

图 1-5　企业现场管理的要求

第二章
现场5S管理的
重新认识

一、现场 5S 管理的起源、含义与功能

1. 现场 5S 管理的起源与发展

现场 5S 管理已经成为世界的管理性标准，是非常有用、有效的管理方法。通过现场 5S 管理的彻底实施，可以改善现场，提升人的素质与推进企业文化建设，是现场管理、精益管理最有效的工具，其绩效体现在企业的安全、质量、成本与快速响应上，也就是通常说的 SQCD 上。

但现场 5S 管理并不复杂，就是整理、整顿、清扫、清洁、素养五项关联的项目与活动。现场 5S 不是个人发明与行为的总结，其起源有多种说法，例如：

① 是丰田生产方式中最早提出的；

② 是日本能率协会最早提出来的；

③ 是日本 IE 先驱新乡重夫在指导丰田汽车时提出的。

其实，从起源上来说，第一，首先要明确的是，5S 并非突然地一次冒出，而是在实践中根据所面临的环境逐步从 1S 扩展到 5S。第二，现场 5S 起源于日本，这是世界公认的。第三，现场 5S 最早源于家庭的日常生活，要对狭小的住宅进行整理整顿以扩大居住面积，例如对住宅进行优化设计、功能分区，通过各种方法优化空间布局、清理不常用的物品以便腾出空间等。从本质上说，现场 5S 是人类文明不断累积的成果，其思想与理念经过不断演变，直到被工业企业采用形成现在的标准，现场 5S 应该说是历史演变的必然产物。日本精益管理专家关田铁洪从五个方面探讨现场 5S 的来源[1]。

（1）泰勒科学管理方法与现场 5S 的起源

日本工业发展时期导入泰勒的科学管理方法，当时学习推行这一方法的第一个步骤，就是进行大扫除。通过大扫除产生清洁的工厂，通过整理整顿使得物品管理整洁有序。泰勒科学管理方法引入日本工厂管理中以后，工厂开始注重清洁、高效，原本生活中的整理整顿也被积极实施到工厂工作中。

（2）安全生产与现场 5S 的起源

20 世纪初期，一般工厂的标语是"品质第一，生产第二，安全第三"。"安全第一"的口号是从人本主义角度出发提出的生产管理准则，工厂通过对人员通道与场所的保证、作业可视化的实施等工作现场的整理整顿，使现场安全得到全方位的保障。通过"安全第一"活动，进一步丰富了整理整顿的内涵，提升了管

---

[1] ［日］关田铁洪. 5S 落地之道——关田法. 北京：机械工业出版社，2021：10-13.

理水平。

（3）消除浪费改善与5S的起源

在20世纪初期工厂清洁、整顿乃至模范工厂活动基础上，工厂开始考虑生产与产业的合理化，为消除浪费的整顿被积极推荐与实施。这样就从清洁开始，为保持清洁的工作环境，工人坚持随时清除垃圾，并进一步对物品进行整顿。通过整理整顿，减少工厂的生产材料用量和工具损耗，提高了工厂空间的利用率，降低了成本。

（4）人的素养与5S的起源

20世纪初期，日本许多私人企业工人经常怠工、缺勤，生产效率不高。日本企业开始学习英国工厂管理方式，从工资待遇、缩短工时等方面进行改革，以此提升员工的工作欲望；开始注重员工与老板之间的关系，改善食堂，提升福利，以此提升员工的工作与生活质量，也提升了员工的企业归属感、整理整顿的参与感。

（5）组织的执行力与5S的起源

通过5S的实施可以打造具有紧迫感的组织。这样的组织，从服装穿戴、作业活动，到设备养护、生产计划，全部以整理、整顿、清扫、清洁、素养为核心，通过整理、整顿、清扫，实现对内的紧迫感与对外的紧迫感，把企业打造成具有战斗力的组织，且使组织中的每一个人都具有强烈的工作欲望与自觉性。

随着现代大工业生产方式的演进，现场5S管理不断标准化，从而形成当下世界各国企业大力推行的现场5S管理的内容。

① 本田汽车的3S标准化。1956年10月本田汽车内部刊物《社内报》刊出本田安全卫生委员会对整理、整顿、安全的定义："实现彻底实施整理、整顿""安全以整理、整顿为始，安全以整理、整顿为终"。1960年，本田各个事业部以作业环境为管理重点，通过整理、整顿、清扫，形成安全有序的工作环境，第一次正式定义了3S：整理、整顿、清扫。本田汽车从1960年开始，将3S作为公司的标准用语，作为提升安全、改善工作环境的标准管理方法，持续实施。

② 丰田汽车的4S标准化。1959年，丰田汽车建立了安全推进员制度，1960年推出《安全新闻》，1961年9月在总结以往推行整理、整顿、清扫的经验与成果的基础上，进行了全场推行4S的动员。4S是整理、整顿、清扫、清洁，在本田3S定义的基础上，第一次定义了4S。4S从安全入手，进一步引申到消除浪费，提高劳动效率与作业效率的改善活动中。

③ 日本能率协会的5S标准化。从1971年开始，日本能率协会在全日本推行TPM（全员生产养护），咨询专家高桥义一在指导企业推进TPM活动中，导入了包括"素养"在内的5S改善。1976年7月日本杂志《工厂工程师》刊文

《5S推进和评价法》，对5S的形成作了以下描述："多年来4S作为安全管理的用语，已经被工厂广泛使用。整理、整顿、清扫、清洁用英文的第一个字母表达的4个S，被称为4S。最近很多企业开始认识到全员参与的重要性和一线人员自觉行动的必要性，由此认为企业中每个人的素养都十分重要。这样在4S的基础上增加一个S，Shitsuke，就是素养，这就是5S。"

2. 现场5S管理的含义

（1）日本能率协会现场5S的定义

日本能率协会早在20世纪70年代就提出现场5S的完整定义，就是如表2-1所示的内容。

◇ 表2-1 日本能率协会现场5S的定义

项目	定义
整理	区分需要与不需要的物品，处理不需要的物品
整顿	对需要的物品进行定置与可视化管理
清扫	使需要的物品保持最良好的状态，并随时进行清扫
清洁	确保前3S的持续进行与改善
素养	是前4S的人才培养

日本最早对5S的定义包括了以下几个方面的内容。

① 5S之间是有着内在关联的，如图2-1、图2-2以及表2-2。整理、整顿、清扫、清洁、素养五个项目之间有着紧密的内在关联，5S的所有项目必须在整理基础上展开，有了整理活动之后，才能展开整顿，否则就成了对一大堆无用物品或要素的定置、可视，这是对资源的极大浪费，也是没有任何意义的活动；有了整顿才需要进行清扫，确保所有价值创造的要素处于最佳状态；之后是清洁项目，确保前三个S的持续实施与现场改善；最后有了素养，确保员工的自觉自为。

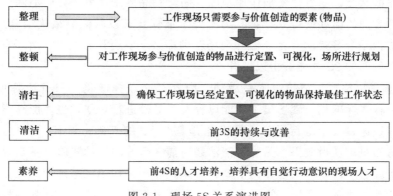

图2-1 现场5S关系演进图

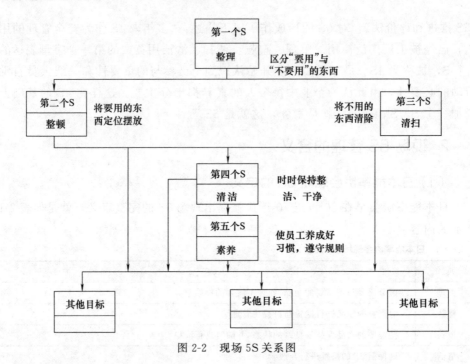

图 2-2　现场 5S 关系图

◈ 表 2-2　5 个 "S" 之间的关系口诀表

只有整理没有整顿,物品真难找得到	3S 之效果怎保证,清洁出来献一招
只有整顿没有整理,无法取舍乱糟糟	标准作业练素养,公司管理水平高
只有整理、整顿没清扫,物品使用不可靠	

② 整理、整顿、清扫是整个 5S 活动的基础。对整个工作场所、环境进行诊断,确定现场价值创造所需物品或要素,并对需要的物品进行定置管理、可视化管理,然后确保所有参与价值创造的要素处于最佳状态,这就是现场管理的 3S 活动。通过整理、整顿、清扫,规范价值创造的现场,使得现场处于清洁、整齐、有序的状态,一方面增加作业空间,防止物品误用,另一方面消除浪费,通过以上两方面的活动使得人、物、场所处于最佳状态以及能够最优结合。整理、整顿、清扫三个 S 是所有企业做好现场管理都必须要展开的工作,有了前 3 个 S 的基础,后面的 2S 才能够得以展开。

③ 整理、整顿、清扫的所有活动、内容都必须标准化。只有让各项活动、操作、过程等标准化,现场员工才能以标准为基础进行操作,也才能够通过可视化的内容快速、安全进行操作。标准化是整个 5S 的基础,没有标准化,整理、整顿与清扫很难获得效果。另外,清洁是对前 3 个 S 的持续实施,更重要的是这种持续实施必须以持续改善作为活动的结果,改善是在标准基础上的工作、操作与日常活动的改善,所以,标准是基础,需要做好整理、整顿、清扫的标准化工

作，这是开展现场 5S 必须强调的内容。

④ 安全项目蕴含在整个 5S 项目之中，强调的是安全理念与安全的要素、过程质量。本田汽车公司最早提出 3S 现场管理标准，其实是以安全为目的展开整理、整顿、清扫活动的，"安全以整理、整顿为始，安全以整理、整顿为终"，由此可见，安全已经蕴含在整理、整顿、清扫三个 S 的活动之中，通过前 3S 的标准化活动已经把安全理念、安全要素融入现场人、物、场所等要素之中，通过现场人、物、场所三个要素的状态与结合质量的要求确保安全。管理本来是简单化的活动，增加更加复杂的要素只会导致管理越来越难以达到目标，换句话说，管理活动也需要整理、整顿、清扫，消除管理过程中多余的内容。所以，现场只需要 5S 管理内容足够，不需要增加安全要素以形成所谓 6S 管理，更别说 7S、10S等，完全是画蛇添足。

⑤ 现场 5S 是人类文明不断累积的成果，是工业化时代企业现场管理最佳的手段。面向市场的企业首先需要僵化使用，拿来就用，通过僵化的现场 5S 实施使得企业价值创造的现场管理有效，而不是没学会走就跑，进行所谓"创新"。按照华为公司总裁任正非的说法，为了能够让管理改革成功，需要特别制订对系统"先僵化，后优化，再固化"的变革方针。对于现场 5S 管理也是一样。

（2）现场 5S 形成过程中的本义

从前面现场 5S 管理的起源与发展的叙述中可以看到，当初设置各个项目于现场 5S 中的本义，或者是初始意图，如表 2-3 所示，可以看到：

① 整理、整顿：从安全、成本、效率出发，解决物的问题。

② 清扫：从场所与物的角度出发，解决安全、环境的难题。

③ 清洁：从物、场所的角度出发，解决持续性与改善问题。

④ 素养：从人的角度出发，解决素养与人的成长问题。

由此可以看出，从整理到清洁，以物、场所为对象；素养与人有关。这就涉及现场管理的三个要素：物、人与场所。

◈ 表 2-3　现场 5S 发展过程中的本义

步骤	目的	事件与事由	效果
1	清扫	引入泰勒科学管理方法	发现问题解决问题,现场面貌发生变化
2	安全	整理整顿出发点是保证安全	创造安全、安心的工作环境
3	成本	整理整顿的成果是消除浪费	降低成本,形成现场整顿的管理方法
4	效率	解决员工积极性不高问题	整理整顿提高了员工热情与工作效率
5	3S	本田汽车对前任经验与成果总结	定义了3S:整理、整顿、清扫
6	4S	丰田汽车公司建立安全与消除浪费的管理制度	定义了4S:整理、整顿、清扫、清洁
7	5S	日本能率协会推行全员参与的TPM,倡导提升人素质的科学方法	定义了5S:整理、整顿、清扫、清洁、素养

现场 5S 的最初目的如表 2-4 所示。

◈ 表 2-4 现场 5S 初始目的

序号	追求目的	主要内容
1	安全	消除危险与隐患,确保安全与人安心工作的现场环境,安全第一
2	消除浪费	通过 5S 管理消除精益中的七种浪费
3	人才培养	通过 5S 的业务改善、流程改善,提升人的现场管理意识、工作质量与人的素养
4	企业文化	遵守标准,随时发现问题解决问题,形成按标准执行、管理、评价的企业文化
5	企业运营	适应环境变化,满足企业追求 SQCD 的要求,形成企业核心竞争力
6	持续改善	一切始于 5S,持续改善,持续追求彻底消除浪费

在推行现场 5S 管理过程中,需要回归 5S 的初始本义与目的。

(3)现场 5S 的基本内涵

现场 5S 管理能够让企业的员工更加自信与积极向上。现场 5S 管理各个阶段的具体内容如下所示。

① 整理:要与不要,一留一弃。整理是将工作场所的任何物品区分为有必要和没有必要的,除了有必要的留下来,其他的都消除掉,如图 2-3 所示。实质上是彻底把需要与不需要的人、事、物分开,再将不需要的人、事、物加以处理。整理是改善生产现场的第一步。其要点首先是对生产现场摆放和停滞的各种物品进行分类;其次,对于现场不需要的物品,诸如用剩的材料、多余的半成品、切下的料头、切屑、垃圾、废品、多余的工具、报废的设备、工人个人生活用品等,要坚决清理出现场。整理的目的是:改善和增加

图 2-3　整理的含义

作业面积;现场无杂物,行道通畅,提高工作效率;消除管理上的混放、混料等差错事故;有利于减少库存,节约资金。

整理的两个内容:在诊断现场价值创造的环节与内容之后,第一,对现场物品进行区分,哪些是工作需要的,哪些是不需要,或暂时不需要的;第二,对现场不需要的人、物、事加以处理。目的是拓展空间,防止误用。这是现场改善的第一步。

② 整顿:科学放置,取用快捷。整顿是把留下来的必要用的物品依规定位置摆放,并放置整齐加以标识,如图 2-4 所示。目的在于工作场所一目了然,消

除寻找物品的时间，保持整整齐齐的工作环境，消除过多的积压物品。实质上是把需要的人、事、物加以定量和定位，对生产现场需要留下的物品进行科学合理的布置和摆放，以便在最快速的情况下取得所要之物，在最简洁有效的规章、制度、流程下完成事务。简言之，整顿就是人和物放置方法的标准化。整顿的关键是要做到定位、定容、定量。抓住了上述三个要点，就可以制作看板，做到目视管理，从而提炼出适合本企业的物品的放置方法，进而使该方法标准化。

整顿是整理之后的步骤，基本内容包括：第一，对上一步骤现场需要留下的物品、场所进行布局、布置、摆放；第二，对场所摆放物品标识，透明化管理。

基本做法：明确场所、方法与标识的三要素；落实定点、定容（定物）与定量的三定工作。

目的是用最快速度取得所用之物，以最有效的方法和最简洁的流程完成作业。

图 2-4　整顿的含义

③ 清扫：消除脏污，美化环境。清扫是将工作场所内看得见与看不见的地方清扫干净，保持工作场所干净、亮丽的环境，如图 2-5 所示。目的在于稳定品质，减少工业伤害。实质上是把工作场所打扫干净，对出现异常的设备立刻进行修理，使之恢复正常。清扫过程是根据整理、整顿的结果，将不需要的部分清除掉，或者标示出来放在仓库之中。清扫活动的重点是必须按照企业具体情况决定清扫对象，清扫人员，清扫方法，准备清扫器具，实施清扫的步骤，方能真正起到效果。

清扫是整顿之后的环节，基本内容在于：第一，清除现场工作环境中的脏污，消除环境中的危险源与风险源；第二，创建一个明快、舒适的工作环境；第三，调动员工积极性，确保员工士气提升。

图 2-5　清扫的含义

目的是现场人、物、场所处于最佳的状态。

④ 清洁：洁净环境、固化到底。清洁是将整理、整顿、清扫进行到底，并且制度化，经常保持环境处在美观的状态，如图 2-6 所示。目的在于创造明朗现场，维持上面 3S 成果。实质上是在整理、整顿、清扫之后，认真维护、保持完善和最佳状态。在产品的生产过程中，永远会伴随着没用的物品的产生，这就需要不断加以区分，随时将它清除，这就是清洁的目的。清洁并不是单纯从字面上进行理解，它是对前三项活动的坚持和深入，从而消除产生安全事故的根源，创造一个良好的工作环境，使员工能愉快地工作。这对企业提高生产效率，改善整体的绩效有很大帮助。清洁活动的要点则是：坚持"三不要"的原则——即不要

图 2-6　清洁的含义

放置不用的东西，不要弄乱，不要弄脏；不仅物品需要清洁，现场工人同样需要清洁，工人不仅要做到形体上的清洁，而且要做到精神上的清洁。清洁活动实施时，需要秉持三个观念：

第一个观念：只有在清洁的工作场所才能生产出高效率、高品质的产品。

第二个观念：清洁是一种用心的行动，千万不要只在表面上下功夫。

第三个观念：清洁是一种随时随地的工作，而不是上下班前后的工作。

清洁是清扫之后的环节，是对前3S的固化与持续改善。基本内容如下：

第一，维护整理、整顿、清扫的成果。

第二，深入推进、执行前三项活动，消除发生安全事故的根源，着重在于解决问题。

第三，持续推进与持续改善。

目的是制度化与规范化。

⑤ 素养：养成习惯，提升士气。素养是每位成员养成良好的习惯，并遵守规则做事，培养积极主动的精神（也称习惯性），如图2-7所示。目的在于培养有好习惯、遵守规则的员工，营造团队精神。实质上是指养成良好的工作习惯，遵守纪律，努力提高人员的素质，养成严格遵守规章制度的习惯和作风，营造团队精神。这是5S活动的核心。没有人员素质的提高，各项活动就不能顺利开展，也不能持续下去。实施5S管理，要始终着眼于提高人的素质。5S活动始于素质，也终于素质。在开展5S活动中，要贯彻自我管理的原则。创造良好的工作环境，不能指望别人来代为办理，而应当充分依靠现场人员来改善。

在前4S基础上培养人，素养的基本内容如下：

图 2-7　素养的含义

第一，努力提升员工的素养。

第二，让员工养成严格遵守规章制度的习惯与作风。

第三，让员工从被动到主动，自觉自为参与现场改善。

目的是人的全面成长与主动性增强。

通过图 2-8 与表 2-5，对现场 5S 的含义与内容进行总结。

图 2-8　现场 5S 推行口诀

◇ 表 2-5　现场 5S 含义表

项目	内容	例子
整理	要与不要,弃与留,扔的智慧	作业现场只放置必要的物品
整顿	三定、三易,取用方便	在尽可能短的时间内找到需要的物品
清扫	点检,找出问题并解决	谁用谁管理
清洁	标准化	可视化、透明化
素养	养成好习惯	遵守标准作业,增强创新意识

（4）现场 5S 管理的真谛

尽管很多企业管理层都认为，现场 5S 管理是个好东西，但仅仅对改善现场环境是好东西，所以很多人还是会问，现场 5S 的推行真能提升效率、降低成本，可以让员工的素质得以提升吗？现场 5S 管理的真谛在于以下几个方面。

① 推进现场标准化管理。现场 5S 管理强调现场的各类标准化：操作标准化、流程标准化、作业标准化，等等，这种强调标准化管理的理念与模式是全球

企业共同的理念。对标准化管理模式的重视，体现的是一种工作生活哲学或者是理念：在诸如人的行为规范、场所与物的标准、分类、摆放、卫生等看似表面的环节与内容，体现的是人的素养，同时又影响到人在生产工作中的情绪、态度、工作的质量以及生活的质量。人、物、场所通过标准化管理之后达到的清新、舒适，以及三者有效融合后带给人工作的快乐，都直接影响到生产工作气氛、效率、安全、产品质量，等等。通过现场整理、整顿、清扫、清洁的标准化管理，直接影响的是人、物、场所的状态与结合的效果。

② 环境与人相互改变。企业内通过现场5S活动，对现场工作环境进行整理、整顿、清扫，创造出一种清新、整洁、有序的环境。企业内所有员工都希望有一个良好的工作环境，和谐融洽的人际关系和管理气氛。通过实施5S活动，创造安全、舒适、明亮的工作环境，提升员工真诚、友善、团结、合作的精神，制造高质量的产品，从而塑造企业良好形象。

另外，环境育人。环境对于一个人的发展至关重要，一个好的社会与工作环境，虽然不能给你直接的东西，但是会潜移默化地锻炼与影响一个人的品质、素养。1994年日本广岛亚运会，足足几万人的体育场，散场后居然没有一丁点儿的纸屑与垃圾，这就是国民的素养。比如在一个清洁、整齐、有序的工作环境中，我们就一定会抑制住乱扔垃圾的冲动，一定会消除把东西随意放置的冲动。好的环境规范人的行为，持续提升人的品质。现场5S强调的就是首先通过标准化的行为形成整洁有序的环境，进而通过环境规范员工的行为，提升员工的素养，让员工从被动遵守到主动参与、主动改善。

③ 还原本真，做该做的事。人、物与场所在现场价值创造之前的状态总是最优，随着工作的推进，这三个方面的状态总是会出现问题，例如机器设备因工作环境问题总是会出现灰尘、裂化等，或者还会出现一些小的毛病、故障，人的精神状态在持续工作之后也会受到环境的影响，出现疲劳、精神不佳等现象。通过持续的整理、整顿、清扫，还原人、物与场所的初始状态，或者本真状态，这是现场5S的本义，也是现场5S活动期望的结果。做好现场5S，创造出一个整洁、有序的环境，消除人、物、场所的非正常状态。

作为企业的员工，每一个人都有自己的本职工作，必须按照流程、管理的规定做好该做的事情。员工一到岗位，就得严格遵守现场的各项规定、要求，规范自己的操作、作业行为，以良好的风范做好本职工作。作为一个企业员工，与企业的发展息息相关，需要努力去做本职工作，努力做好本职工作，从严格遵守规定、按标准作业，到自觉去工作，持续进行整理、整顿、清扫，发现生产过程中的问题，并努力去解决。这就是企业员工的本真，也是通过推行5S所达到的提升员工素养的目的。

④ 有效促进全员参与。从企业整体来说，面对激烈的市场竞争，仅凭经营

者一人，再努力也是有限的。但是，如果每位员工都成为主角参与经营，就一定会大有作为。每位员工都把自己当作经营者，是经营者集体的一个部分，这就产生了所向披靡的力量。

从企业生产作业现场来看，仅靠班组长、仅靠区队长是很难发现现场问题，解决现场问题的。现场是复杂的、多方面的，其问题、危险可能来自不同的岗位、不同的场所，只有把员工的积极性调动起来，集中员工的智慧，才能切实找到现场的问题，消除风险。另外，现场员工持续做一线工作，他们最清楚人、物、场所的本真状态，最清楚如何还原人、物、场所的本真状态。现场5S的有效推行，重点在于促进全员参与，全方位参与，这样才能发现问题、解决问题。

⑤ 持续改善与PDCA。持续改善（Kaizen）方法最初是一个日本管理概念，指逐渐、连续地增加改善，最初是由日本持续改进之父今井正明在《改善：日本企业成功的关键》一书中提出的，Kaizen意味着改进，涉及每一个人、每一环节的连续不断的改进：从最高的管理部门、管理人员到工人。Kaizen实际上是生活方式哲学，它假设应当经常改进我们生活的每个方面，如图2-9所示。推行现场5S，进行持续改善，必须遵循以下基本原则。

a. 丢掉对工艺原有的僵化的看法。

b. 考虑怎样可以做事情，而不是找出不做的理由。

c. 不找借口，对现有方法质疑。

d. 不要追求完美，马上付诸实施，尽管只达到约定目标的5%。

e. 立即纠正错误。

f. Kaizen活动不一定是要花钱的。

g. 排除障碍，寻找解决方法。

h. 问上五次"为什么？"，并寻找真正的原因。

i. 集合大家的意见而不仅仅是个别人的主意。

j. Kaizen的可能性是无穷无尽的。

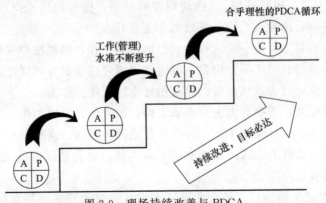

图2-9　现场持续改善与PDCA

3. 现场 5S 管理的功能

有效推行现场 5S 能给企业带来什么？尤其是煤矿企业，规范作业现场秩序、营造整洁环境、消除危险源与风险源等，所带来的变化是巨大的。

（1）营造整洁的环境

通过现场 5S 管理，一方面可以将不需要的物品清理出现场，将必要的物品放置整齐，能够有效腾出作业空间，减少空间占用；另一方面，通过对工作场所进行清扫、清洁，营造一个整洁、有序的工作现场，如图 2-10 所示。

① 通过现场 5S 管理的推进，能够营造出一个整洁、有序的作业现场，使人心情愉悦、积极向上，全面参与到现场改善活动中。

② 可视化、透明化的工作现场，员工积极主动参与现场生产活动，自觉自为，积极清扫、清洁，消除人、物、场所的异位状态。

③ 通过现场 5S 形成的整洁、有序的现场环境，能够让员工有好的心态，消除工作的疲劳感。

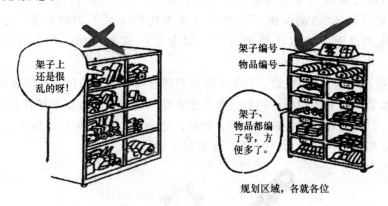

图 2-10　现场 5S 营造整洁环境

（2）杜绝失误浪费

通过现场 5S 的整理、整顿、清扫，不仅可以清除不用的物品，腾出空间，更为重要的是规避误用，规避因寻找物品影响正常工作，耽误工作时间等问题，减少失误，提升工作效率。

① 通过现场 5S 的实施造就整洁、有序的工作环境，使人心情愉悦，规避工作失误或者效率低下，消除安全隐患。

② 通过现场 5S 的实施形成一目了然的作业环境，透明化、可视化管理使得员工非常清楚所需物品的状态、数量是否在位、是否有数，规避已有物品的重新采购，消除浪费，如图 2-11 所示。

③ 通过现场 5S 的实施使得现场整洁、有序，减少员工寻找物品的时间，规避寻找的浪费，提升工作效率。

图 2-11　现场 5S 杜绝失误浪费　　　　图 2-12　现场 5S 降低库存成本

（3）降低各类成本

通过推行现场 5S 管理降低运营成本，是现场 5S 管理的目的。

① 通过现场 5S 的实施，企业可以解决现场杂乱不堪的问题，也就能够消除在生产过程中经常出错的现象，规避生产成本增加、作业效率低下的问题。

② 通过现场 5S 的实施，企业可以规避经营周转缓慢的现象，解决企业整体运营成本居高不下的问题。例如，有些企业整体运行成本较高，尽管这是个综合性问题，但通过现场的整理、整顿、清扫，完全可以消除冗员，加快企业周转，以此来降低企业运营成本，如图 2-12 和图 2-13 所示。

图 2-13　企业降低成本的路径

③ 通过有效推进现场 5S 管理，确保企业经营策略在现场得以有效实施，使得企业经营目标顺利达成。

（4）减少事故发生

减少事故，消除隐患，确保安全的工作环境，这是推行 5S 的本来之义。尤其是对于煤矿企业来说，安全是重中之重，安全就是效益。很明显，现场的脏乱差和混乱的生产作业秩序是容易导致发生安全事故的。

① 整理是保证现场安全的基础与前提。作业现场的非必需品妨碍现场的生产作业，是潜在的安全隐患；如果在设备周边有一些非必需品，不仅占用检修空间，而且可能会导致误用，带来安全隐患。所以现场需要把非必需品清理出去。

② 整顿是确保各类必需品定点放置、标识醒目，尤其是对于安全、消防设施的定点放置，易于取放，便于在应急过程中取用；同时，创造整洁、有序与一目了然的环境，通道顺畅而不被占用，消除事故隐患。

③ 清扫与清洁是为现场各类价值创造的要素提供一个良好的作业环境，使人、物、场所保持良好的状态，消除安全隐患；更为重要的是，清扫就是点检，对现场各类危险源、风险源进行清扫，发现问题与解决问题，如图 2-14 所示。

切削粉末飞散改善

对垃圾产生源改善

图 2-14　现场 5S 减少事故发生

④ 素养是让员工养成良好的习惯，严格遵守标准进行作业，减少事故发生，降低安全作业的风险。

（5）提升员工士气

员工士气通过环境改善、鼓励员工参与等方式得以提升，这正是现场 5S 的基本功能。

① 整理、整顿确保现场作业环境中没有非必需物品，必需物品定点放置，

现场人、物清晰明了，各类物品、作业过程一目了然，呈现透明化、可视化状态，现场的整洁、有序环境让员工心情愉悦，消除疲劳感。

② 清扫、清洁的目的在于持续改善作业环境，扫除环境中的异物、异位，使各类生产要素还原本真，现场有作业规范、标准，员工积极参与，严格执行标准，使员工有一个好的心态，如图 2-15 所示。

图 2-15　现场 5S 提升员工士气

图 2-16　现场 5S 活动
传递企业品牌形象

③ 素养的推进在于让员工形成习惯，让员工由被动参与、执行标准，到主动参与，自觉自为，充分调动起现场员工的积极性与参与度，为企业培养合格的现场作业与管理人才。

（6）传播良好形象

企业的品牌、形象直接与市场关联，企业为了获取利润，就必须让市场满意，给市场、社会传递正面的品牌与形象，这是现场 5S 的基本要求，如图 2-16 所示。

① 推行现场 5S 能够创造出一个干净、整洁、有序的工作环境。
② 推行现场 5S 能够缩短生产的前置时间，减少交货延迟现象。
③ 推行现场 5S 产生的整洁有序环境能够让客户有一种信任感。
④ 推行现场 5S 能够营造活跃的现场气氛提高员工工作积极性。
⑤ 推行现场 5S 能够定期对环境进行点检消除危险源与风险源。
⑥ 推行现场 5S 可以有效提升现场要素效能进而提高产品质量。

（7）塑造优秀团队

企业的团队管理从现场 5S 管理做起。如果现场肮脏不堪、生产无序，怎能生产出好的产品？这样的团队又怎能驾驭市场？现场 5S 管理是企业基础工作的基础，它创造的整洁有序的环境会提醒员工正在制造高品质的产品，现场 5S 留给人们的是革除马虎之心、凡事认真的品质，需要现场员工具有团队理念，形成优秀的现场工作团队。

① 对于企业来说，现场 5S 是一种态度。企业竞争的核心能力是执行力，执行力要靠纪律保障，把想到的事情做到，把做的事情做好，是执行力的基本要求。不是为现场 5S 而 5S，而是为了形成有纪律的文化。

② 对管理人员来说，现场 5S 是基本能力。现场每天都在发生变化，异常异位每天都在发生，现场管理无非就是管好人、机、料、法、环等要素，让现场井然有序是管理人员的基本能力。

③ 对员工来说，现场 5S 是每天必须要做的工作。如果闲时整理忙时忘，现场混乱，就难免会发生需要的物品找不着，设备经常坏，物料堆放混乱，投诉不断，生产不安全等情况。这样的现场，客户怎敢下单。

二、企业现场 5S 管理的理念与安全

1. 企业现场的内容与 5S 管理理念

（1）企业现场的内容

企业现场的内容主要包括以下五个方面。

① 生产现场的合理布置。搞好生产现场的合理布置是实现生产现场管理优化的一个重要内容，它是使各项生产要素合理结合的前提。生产现场合理布置对于提高生产效率、减少迂回运输、保证产品质量、实现安全和文明生产均有着重要的意义。这里所说的生产现场合理布置主要指在工厂总平面布置的基础上所进行的车间平面布置。

② 生产现场的日常工艺管理。工艺管理就是科学地组织工艺工作。工艺管理包括工艺准备管理和日常工艺管理。日常工艺管理是车间生产现场管理的一个重要内容，搞好生产现场的日常工艺管理工作，也是建立正常生产秩序、保证生产顺利进行的重要条件。生产现场日常工艺管理工作的主要内容有：组织职工学习工艺文件，加强遵守工艺纪律的宣传教育；及时整顿和改进工艺，不断提高工艺水平；保证工艺文件的完整和统一。

③ 工作地的组织与管理。现场是由许多个工作地场所组成的。所谓工作地就是指人工使用劳动手段对劳动对象进行生产或服务活动的地点，它是由一定的场地面积、机器设备和辅助工具组成的。企业的产品或服务就是经过许多工作地的加工或处理才完成的。因此，合理地组织工作地，搞好工作地的管理，是保证生产或服务活动有效进行的一个重要条件。在企业中，劳动

者、劳动工具与劳动对象这三者的有机结合都是通过工作地来实现的，合理地组织工作地就是要在一个工作地上把这三方面科学地组织起来，正确处理三者之间的相互关系，使人、机、物之间进行合理的布局与安排，以促进劳动生产率的提高。

④ 现场的劳动组织。劳动者是企业生产的一个重要因素。现场的劳动组织工作是现场科学地组织人的劳动，合理使用劳动力，采用先进的劳动组织形式，正确处理劳动过程中分工协作的关系，使劳动效率不断提高。根据生产或服务的需要，合理地配备职工是现场劳动组织工作的一个重要的内容。合理地配备职工就是要在企业劳动定员范围内，为完成各种不同的工作配备相应工种和等级的职工，是人尽其才，人事相宜，最大限度地发挥每个人的智慧和力量。

⑤ 文明生产与安全生产。文明生产要求劳动者从事各种生产活动必须讲求文明，反对不科学、不听指挥地蛮干、乱干。文明生产包括 3 个主要内容：一是劳动者必须是文明的生产者、管理者；二是对现场实行文明管理；三是要建设文明的工作环境。安全生产的基本含义就是"生产必须安全，安全促进生产"。做好生产现场的安全工作就是要在工人从事生产活动中，采取各种有效措施消除危害职工的安全、健康和损害设备、影响生产正常进行的各种因素。

（2）企业现场 5S 管理理念

企业现场 5S 管理的基本理念有四个，这是企业每一个现场员工必须要具备的理念。

① 第一个理念：现场 5S 强调地、物明朗化与人的行为规范化。

a. 地物明朗化。众所周知，如果道路指示不明确的话，就会让人走错路。企业生产现场也是一样，必须场地整洁、物品摆放有序，流程清晰，让新进员工只要按照操作流程与员工手册，就可进行操作。实际上，企业现场地物明朗化强调的是，以客人眼光与新进员工的眼光来看我们的职场，是否明明白白，清清楚楚。例如，煤矿井下错综复杂，巷道、道路等纵横交错，需要有明确的指示与识别，这样才能更好、更快到达作业现场，规避一系列不安全现象；对于井下的生产与运输设施设备、监控设施、管网与输变电设施等也需要明确标识，便于识别。

b. 人的行为规范化。在企业，必须建立起有效的操作规范、工作标准等，以标准与规范、流程等约束员工的行为。实际上，很多企业文化中的强制性也体现出了标准与规范的要求。人的行为规范化强调，每个员工做事非常用心、严谨，严格按照企业标准与规范的要求去做好本职工作，把各项工作都能做得很到位。通过 5S 来改变我们的行为品质，用心做事、用心做人，这也是这些企业的企业文化所要求的。

② 第二个理念：现场 5S 管理强调对象理念。

a. 人，必须严格按照企业文化中的员工行为准则的要求，规范自己的行为，所以前提就是，企业必须有员工行为规范、操作标准、操作规范等，这样确保员工有标准可依。

b. 事，必须梳理企业的作业流程、管理流程，对员工工作方法、作业流程管理程序化，这样才能使事情通畅，让事顺起来，实质是让工作流通畅。

c. 物，必须规划好物的位置，把现场的各类物品摆放整齐，使得现场整洁有序，所以需要对现场所有物品的管理规范化。

③ 第三个理念：5S 管理是人的品质提升之利器。一方面，人与环境的相互作用。5S 管理的倡导者认为，人可以改变环境，环境也可以培养一个人，这就是所谓的"人造环境，环境育人"。人与环境的关系是一个相互影响的过程。5S 管理的最终目的就是提升人的品质。很多企业领导只注意到 5S 管理能给本企业的生产现场带来很大的变化，却并没有意识到 5S 管理更能够改变人、提升人的品质。因此，作为一个企业领导，如果要成功推行 5S 管理，首先必须意识到推行 5S 管理的最终目的是改变企业员工的品质。人的品质是人的言行以及对待各种环境的社会责任感。

在 5S 管理中，"人的品质"的具体内容主要有三点：

第一，革除做事马虎的毛病，养成凡事认真的习惯，即认真对待每一件事情；

第二，遵守规定，养成按照规定去办事的习惯；

第三，养成文明礼貌的习惯。

通过推行 5S 管理，能够在这三个方面取得非常大的成效。

另一方面，5S 管理能提升人的品质，如图 2-17。如果员工出于习惯，看到什么地方有空位置就把文件放在什么地方，文件柜里乱七八糟。在这样的环境熏陶下，所有的员工都会无所顾忌，会误认为文件柜再乱一点也无妨。但是，实施 5S 管理之后，由责任人对文件柜负责，这时员工就会有所顾忌，也不忍随意破坏整洁亮丽的环境。他们会按照规定把文件放在恰当的位置。通过实施 5S 管理，环境起到了约束员工和提升员工品质的作用。在这个过程中，人的品质就得到了提升。5S 管理能改变环境，在环境改善的同时，企业工作现场也得以规范。物品存放的地点、数量和存取规定都有记录和标识，员工行为规范与否都能一目了然，使得每个员工必须要求自己按照规定去做。久而久之，员工就能养成遵守规定的习惯，会认真对待每一件事，进而促使自身的品质得以提升。

④ 第四个理念：5S 管理的本意理念（如表 2-6 所示）。

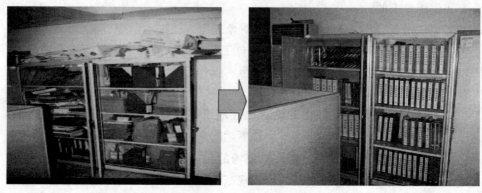

图 2-17　推行 5S 管理前后文件柜的变化

◈ 表 2-6　5S 管理的本意理念

序号	5S 要素	要素的本意	说明
1	整理	组织化:为使工作能发挥应有的机能,应具有哪些必备的物品及应有的流程	从作业机能的角度考量
2	整顿	考虑流程的合理化,即:寻找物品的时间与距离是否最短最少;消除混乱秩序产生的工作流程上的变动性,确保流程稳定运行	从作业流程合理化的角度来考量
3	清扫	点检、发现问题与解决问题(彻底改善)。一个地方一个地方去清扫,等于对每个地方做检查及确认,发现输入输出与过程中的问题,并有效解决。消除忽视、敷衍的心态	以发现问题的角度来考量,问题意识
4	清洁	彻底改善,问题点发现后,若不彻底加以解决,会养成忽视、敷衍的心态	以解决问题的思维对待工作
5	素养	训练与纪律	以如何贯彻实施教育的精神来考量

2. 企业现场 5S 管理落地与安全

安全是现场 5S 实施的基本内容，也是最初开始进行现场 5S 管理的理由，不讲安全的现场 5S 实施就是浪费。通过整理、整顿、清扫、清洁等项活动，造就了生产作业现场的整洁、整齐，消除了设备的隐患问题，这就是保证了安全。现场 5S 强调的安全是从本质上进行处理，这就是投入要素的质量与状态，只有通过现场 5S 的实施确保投入要素的状态与质量，人、物、场所就以最优状态结合，安全才有真实的保障。现场 5S 实施就是要对问题的发生源、风险源、危险源、污染源进行彻底的整理、整顿、清扫，所以现场 5S 本身就是安全高效最好的方法。

（1）现场 5S 管理以安全为第一要务

国内的企业，尤其是资源开采类企业特别重视安全，处处都有"安全第一"的标识与标语，所以很多企业推行的 5S 变成了 6S，这是突出安全的表现。重视安全，一方面是从人本主义角度考虑的，生命第一，健康第一；另一方面也是从效益角度考虑的，安全就是效益。企业通过对作业现场的通道、场所的整理、整顿，现场作业透明化、可视化，使现场安全得到全方位的保障。通过实施整理、整顿、清扫，确保生产现场的安全，这是一大创举；"安全第一"的理念贯彻于各项活动，进一步充实了整理、整顿的内涵。安全是现场 5S 的基本与首要目的。

精益生产七个零，其中"零"不良、"零"故障、"零"事故三个内容与安全直接有关，如表 2-7 所示。

◇ 表 2-7　精益生产中的"零"目标

序号	"零"目标	解释与要求
1	"零"转产工时浪费	将加工工序的品种切换与装配线的转产时间浪费降为"零"或接近为"零"
2	"零"库存	将加工与装配相连接流水化，消除中间库存，变市场预估生产为接单同步生产，将产品库存降为零
3	"零"浪费	消除多余制造、搬运、等待的浪费，实现零浪费
4	"零"不良	不良不是在检查位检出，而是应该在产生的源头消除它，追求零不良
5	"零"故障	消除机械设备的故障停机，实现零故障
6	"零"停滞	最大限度地压缩前置时间（lead time）。为此要消除中间停滞，实现"零"停滞
7	"零"事故	通过现场 5S、安全教育、危险预知演练、定期巡查、安全改善活动等，实现"零"事故

确保精益生产中三个与安全相关的"零"，一项重要的工作就是现场 5S。现场 5S 与安全的关系如表 2-8 所示。

◇ 表 2-8　现场 5S 管理与安全

现场 5S 问题	产生的安全问题
漏油、漏水	滑倒、跌伤
暴露的尖锐物件或工件	划伤
不容易清扫部位的清扫	肢体损伤
明火出的油气泄漏	烫伤、火灾
粉尘、油污排放	环境污染
通道阻塞	肢体损伤

彻底实施5S的现场就是安全的现场，自然就会减少伤害与灾害，所以就有了安全的口号："安全就是效益"。实际上，一切脱离安全而做的5S都是浪费，为确保安全而展开的整理、整顿、清扫至关重要。

第一，现场的整理是对非必需品的辨识与清除，这是对物品而言的，把整理的含义扩大，危险、有风险的状态与工作是不是也是非必需的，也是需要整理的内容。消除不安全的作业、不安全的环境、设备的不安全因素、不安全防护等，也是整理应有之义。

第二，现场的整顿强调定点、定容、定量，通过现场的可视化、透明化了解生产状态与过程，那么针对生产过程中必要的设备以及一些有安全风险的对象，制订安全作业与安全防护标准，是不是也是整顿应有之义；通过一些可视化标识，引起人们的注意，从而消除安全隐患，这也是整顿的目的。

第三，现场清扫是对于环境一点一点地扫除，包括设备内外，也就是对环境与工作进行盘点，找出不安全的工作方法、环境、状态，通过扫黑、扫漏、扫怪来消除危险源、风险源，消除设备、物品、通道的不安全状态与人的不安全行为。

第四，清洁是持续地进行整理、整顿、清扫，并将以上的行为标准化、规范化，确保持续的安全；素养在于培养遵守安全规定，自主实施的人才。

现场5S的每一项活动，其目的都在于安全，安全第一，安全是一切工作的前提。

（2）整理、整顿、清扫的目的在于安全

作业现场的物品越少越好，从效率、安全上这样就是最好的状态，整理中对非必需品的处理就是安全的基础；把作业场所需要的物品归置好，使整个生产作业过程、现场的投入要素都处于透明化、可视化状态，监控不安全的行为与不安全状态，这也是安全管理的内容；定期对环境进行扫除，消除环境中的危险源与风险源，消除各投入要素的异位状态，清扫也是从安全角度出发来展开的活动。尤其是对设备的整理、整顿，消除设备的不安全状态，如图2-18所示。

改善设备不安全状态的四个步骤如下。

① 对设备初期清扫，发现设备的隐患问题。

② 重点是改善设备的工作环境与工作条件。

③ 制订定期设备养护标准。

④ 组织人员定期对设备进行整体的自主养护。

人的不安全行为的三个方面如图2-18所示，也就是从被动到主动，这是素养的提升。从整理、整顿、清扫、清洁到素养，基础在整理、整顿，目的是安全。

（3）遵守规定与标准化就是确保安全

现场5S的实施，是从遵守安全规章制度开始的。整理、整顿、清扫的基础

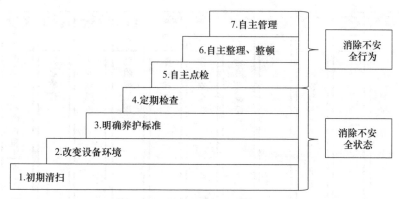

图 2-18　设备的自主整理、整顿

在于规章制度、标准化。

第一，企业必须建立健全安全生产的各项规章制度，包括现场安全操作、安全管理流程等。

第二，企业各层级的员工，尤其是现场各类员工必须熟悉企业所有安全规程，并了解安全管理流程，熟悉相关安全隐患、事故的处理办法。

第三，企业各层级的员工必须严格遵守安全规章制度，尤其是在作业现场，只有遵守了安全作业规程的要求，才能确保安全地工作、正确地工作。

第四，做好安全必须从标准化开始，对现场物的状态进行标准化管理，对人的行为进行规范化管理，确保物的状态安全与人的行为安全。

目前，《中华人民共和国安全生产法》中明确要求强制实施安全生产标准化体系，国务院安委会下发的《关于实施遏制重特大事故工作指南构建双重预防机制的意见》（安委办〔2016〕11号）中明确指出风险管控分级、隐患排查治理、安全生产标准化这三者之间的关系，即以安全生产标准化创建为主，在其过程中开展和融入风险分级管控和隐患排查治理的工作。对于现场5S来说，整理、整顿基础上的风险分级管控和隐患排查治理必须以标准化为基础来推进。没有了标准，整理、整顿很难有效果。例如某企业的安全标准化系统，如图2-19所示。

（4）标识、标志是通往安全的通道

现场5S的整顿之于安全的一个重要内容就是可视化，通过可视化的标识、标志的实施来确保安全。

① 安全通道。生产作业区域需要明确区分工作区域、物流通道，并用各类画线标识，特别是人行通道、安全通道。尤其是井下作业场所，人、物各行其道，消除隐患。

② 路线标志。企业内部应有明显、明确的标识、标志，例如禁止进入、临时停车、注意头顶、严禁火种等。

1	2	3	4	5	6	7	8	9	10	11	12	13
安全生产目标	组织机构和职责	安全投入	法律法规与安全管理制度	教育培训	生产设备设施	作业安全	隐患排查	危险源监控	职业健康	应急救援	事故报告、调查和处理	绩效评定和持续改进

图 2-19　某企业安全标准化系统

③ 定点管理。对于现场所用的材料、配件、工具，以及各类管线等，需要以颜色标识，一目了然，根据整顿的三定要求，人、物均需要定置，规避隐患。

④ 透明操作。各类设备的点检、清扫需要有明确的规程、标准的标识，各类场所也需要有标准的管理方法标识，便于员工按照标识的要求透明化操作，消除操作中的安全风险。

（5）现场 5S 管理中的设备安全

做好设备管理重点在于现场整理、整顿与清扫点检。

企业要成功推行 TPM（全员设备养护）管理活动，关键是要在生产现场先彻底执行 5S 管理活动，打造干净整洁的作业现场，而整理和整顿是现场管理的基础。加强整理、整顿，就是简化、改善管理对象，遵守管理标准，将现场的所有物件加以标准化，以便用肉眼进行管理。在进行现场整理、整顿工作之后，就需要开展清扫活动，5S 清扫就是点检，对设备的 5S 清扫本身也是对设备的维护，如图 2-20。对于设备的正常运转来说，操作人员熟悉设备、掌握设备是一

图 2-20　设备自主管理确保安全

个有效的措施，这样做可以使生产人员站在管理好设备的立场上来完成生产任务，让设备操作人员参与设备的自主维护，既可以激发使用者参与设备使用的责任感，又可以预先发现异常，避免故障的发生。

清扫就是点检，点检制是从预防维修制发展而来的，是全员、全过程对设备进行动态管理，即在设备运行阶段以点检为核心的一种管理模式。通过对设备定人、定点、定期地检查，发现和掌握设备的内在规律：找出设备的异状，发现隐患及时采取对策，把故障消除在萌芽状态；通过资料积累，提出合理的零部件维修、更换计划，不断总结经验，完善技术标准，保持设备性能的高度稳定，延长设备的使用寿命；有效防止"过维修"或"欠维修"，减少设备的故障发生率，大大降低设备的检修费用，提高设备管理水平，确保设备运行安全。

3. 企业现场5S管理与运营管理的关联

（1）现场5S管理与企业经营目标实现

现代企业都需要市场化的企业，必须制订符合市场实际的经营战略，并将这种战略有效落地，这样才能确保经营目标的有效实现。任何企业的经营目标无非就是成本、利润、收入、发展等财务性与非财务性指标。

① 通过现场5S的推行可消除浪费，降低运行成本。日本的企业管理有一个极其重要的特点，就是使用最低成本指导产品生产，他们会把好的产品制造得非常便宜。怎么做到的呢？就是通过现场5S的推行。日本企业在20世纪50年代以后能够迅速崛起的两大法宝中的第一个法宝就是品质圈活动（QCC），让全员参与来解决工商管理当中的问题，最终达到管理水平越来越高的目的；第二个法宝就是现场5S，也就是整理、整顿、清扫、清洁和素养五项活动。

通过整理、整顿活动，消除现场脏、乱、多现象，把非必需物品从现场剔除。现场必需品与非必需物品混在一起，数量一多必然会增加管理成本，还会掩盖很多问题。例如有一家企业的仓库管理，仓库有一个架子，上面有几百个品种的零件，这种情况下实物与卡上的登记能否对上就很存疑问了，如果对不上，就可能会重复购买。现场物品多了就没法管理，而且更重要的是生产成本必然增加，系统反应的速度下降。丰田汽车公司通过实施现场5S营造一个清洁、整齐、有序的现场环境，确保现场生产流程、运行过程合理化，现场运行透明化、可视化，进而消除了七种精益管理中的浪费：制造过多的浪费；待工、待料的浪费；搬运的浪费；加工本身的浪费；库存的浪费；动作的浪费；制造不良的浪费。

通过营造环境、消除浪费，从而达到降低企业运营成本的目的。

② 通过现场5S的推行可获得客户信赖，增加营收。企业营业收入怎么增加？是依靠市场，只有客户信赖你的产品、购买你的产品，企业营业收入才能增加。怎么让客户与市场信赖？通过高品质的产品、敏捷的服务等赢得市场信赖。

曾经有一个韩国市场人员去南京一家玻璃制造企业考察，这家企业以前非常脏、乱、多，但韩国人考察的时间正是该企业实施现场5S项目以后。韩国人绕着工厂参观了一圈后，说了一句话：你们工厂管理得非常好，特别有秩序、特别干净。只要质量达到要求，将签订10年的合同。实际上，当你的企业特别有秩序、特别干净，顾客对你的信赖程度将提高：看到你的企业工作步骤井井有条，员工工作态度非常严谨，士气高涨，所有的物品整齐有序，客户脑子里马上就形成产品质量肯定是高的印象。如果企业里乱七八糟，汽车到处乱停，遍地都是烟头废纸，办公室文件满桌子都是，是无法做出高质量产品的。

市场或客户通过对现场环境的了解就可以判断出企业以下几个方面的内容：产品质量；生产成本；员工士气；生产安全；交货周期。

这些内容是市场特别关注的，只有在以上方面满足客户的需求之后，企业才能获得客户的信赖，企业才能获得订单，进而增加营收。以上这些客户关注的需求都可通过现场5S项目实现，现场5S项目通过营造一个清洁、整齐、有序的环境，向市场传导企业负责任的品牌形象。

（2）现场5S管理与企业核心能力

① 通过现场5S的推行可提升设备性能。现场5S管理为企业TPM（全员设备养护）奠定管理的基础，能将设备维护在巅峰的状态。清扫就是点检，通过整理、整顿、清扫等项目推进，企业可以建立健全各职能部门对设备管理的责任制，通过层层管理考核，提高对设备故障与事故的预防能力；通过组织开展设备隐患排查和设备运行检查，降低设备事故和故障；通过培训教育，使企业管理人员树立设备故障可以达到零的新观念。

提升设备性能的关键在于优化设备作业环境。从现场管理来说，设备可能同时存在"污染源、危险源"，必须消除这些因设备引发的事故苗头，这就需要对设备清扫、点检，如检查各种安全设备是否完全可靠、设备运用的元器件是否符合国家有关规定、设备的运用保护修理标准是否符合安全要求等。根据设备特点和使用要求，满足设备使用过程中对温度、洁净度、环境的要求，通过整理、整顿设备周边作业环境，清除作业场所非必要的物品，并对非必需品进行处理，腾出空间，并且使作业场所透明化、可视化，增大作业空间，减少碰撞事端；通过整理、整顿、清扫寻找，收集设备异位信息后，进行源头控制、采取防护措施等办法加以解决。在现场5S管理基础之上，导入TPM，通过对设备的全面预防保养活动，可以扩大整理、整顿与清扫的成效。

TPM是全员参加设备保养活动，目标是设备零故障，现场5S管理是全体动员的环境维护活动，其中的清扫、清洁具有同样目的。当现场5S管理推行至一定水平时，可后接TPM活动，把设备维护在巅峰的状态。

② 通过现场5S的推行可强健企业体质。企业体质的强健是通过不断改善达

成的，现场 5S 管理的推行能不断改善企业环境，改善企业人、物、场所的状态，从而强健企业体质，如表 2-9 所示。

◇ 表 2-9　5S 与企业改善的关系

5S	对象	意义	目的	实施检查方法	使用工具	目标
整理	物品空间	1. 区分要与不要的东西；2. 丢弃或处理不要的东西；3. 保管要的东西	1. 有效利用空间；2. 消除死角	1. 分类；2. 红牌作战；3. 定点摄影	1. 照相机、录影机；2. 定点照相、红牌作战	创造一个"清清爽爽"的工作场所
整顿	时间空间	1. 物有定位；2. 空间标识；3. 易于归位	1. 缩短换线时间；2. 提高工作效率	1. 定位、定品、定量；2. 看板管理；3. 目标管理	1. 各类看板；2. 照相机、录影机	创造一个"井然有序"、可视化的工作场所
清扫	设备空间	1. 扫除异常现象；2. 实施设备自主保养	1. 维持责任区的整洁；2. 降低机器设备故障率	1. 责任区域；2. 定检管理	1. 定检表；2. 照相机、录影机	创造一个"零故障"的工作场所
清洁	环境	永远保持前 3S 的结果	1. 提高产品品位；2. 提升公司形象	1. 美化作战；2. 三要：要常用；要干净；要整齐	照相机、录影机	创造一个"干干净净"的工作场所
素养	人员	养成人员守纪律、守标准的习惯	1. 消除管理上的突发状况；2. 养成人员的自主管理；3. 规范化的员工行为	1. 礼仪活动；2. 5S 实施展览；3. 5S 表扬大会；4. 教育训练	1. 照相机、录影机；2. 点检表；3. 评核表	创造一个"自主管理"的工作场所

（3）现场 5S 管理与企业管理体系

① 现场 5S 管理与企业其他管理系统的关系。目前企业管理方式、手段、活动繁多，例如 ISO9000 全面质量管理、双基管理、质量安全环保认证管理等。5S 管理既然如此重要，那它与 TQM（全面质量管理）、TPM（全员生产性维护）、安全管理等活动又有什么关系？5S 管理是否要增加企业员工的负担，如何处理好与其他管理方式的关系？如何有效整合相关管理手段？

应该说，5S 管理是整个企业管理的基础，是 TPM 的前提，是 TQM 的第一步，是推行 ISO9000 的结晶，也是企业职能管理、双基管理等活动的深入。如果有了 5S 管理的推动，企业任何活动就能收到事半功倍的效果，5S 都推行不了的企业，一定无法成功地进行其他活动。如图 2-21 所示。

图 2-21　现场 5S 是企业管理的基础

　　a. 5S 管理是企业现场管理的基础，是全员生产性维护 TPM 的前提，是全面质量管理 TQM 的第一步，是 ISO9000 有效推行的保证，是企业职能管理深入的基础。

　　b. 5S 管理能够营造一种"人人积极参与，事事遵守标准"的良好氛围。有了这种氛围，推行 ISO、TQM 及 TPM 就更容易获得员工的支持和配合，有利于调动员工的积极性，形成强大的推动力。

　　c. 实施 ISO、TQM、TPM 等活动的效果是隐蔽的、长期性的，一时难以看到显著的效果，而 5S 管理活动的效果是立竿见影的。如果在推行 ISO、TQM、TPM 等活动的过程中导入 5S 管理，可以通过在短期内获得显著效果来增强企业员工的信心。

　　b. 5S 管理是现场管理的基础，5S 管理水平的高低，代表着管理者对现场管理认识的高低，这又决定了现场管理水平的高低，而现场管理水平的高低，制约着 ISO、TPM、TQM 活动能否顺利、有效地推行。通过 5S 管理活动，从现场管理着手改进企业体质，能起到事半功倍的效果。

　　e. 5S 管理是企业安全管理的基础。5S 管理为企业营造和形成一个安全生产的现场环境，消除现场一切安全生产隐患，同时提高员工的安全生产意识，对企业整个安全管理起到先行作用和基础作用。

　　进一步来说，可以把 5S 管理与企业其他管理活动的关系归总为三个方面。

　　一是 5S 管理为企业其他管理活动营造和谐的整体推进氛围。一个企业，无论是导入全面的体制管理，还是要推动 ISO 认证，TPM 管理，在导入这些管理活动之前，如果没有先行掀起 5S 管理，或推行 5S 管理，或推行其他方法的活动，就很难起到良好的促进作用。推动 5S 管理可以营造一种和谐的整体推进氛围，5S 管理能营造一种让一个组织或一个企业中的每一个人都养成一种习惯并积极地参与的氛围。每一件事情都有忠实的标准和良好的氛围，企业去推行 ISO，再去推动 TQM，或推动 TPM，就能很容易地获得员工的支持与配合，也有利于调动员工的积极性来形成强大的推动力，如图 2-22 所示。

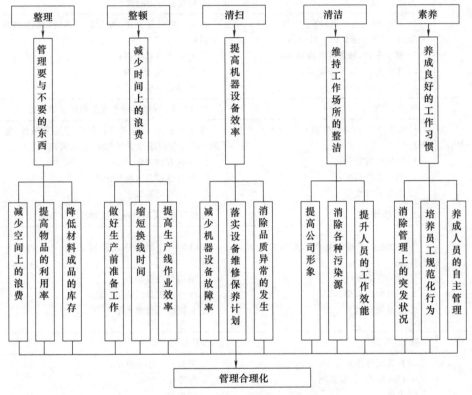

图 2-22　5S 与管理合理化的关系

二是 5S 管理为企业其他管理活动的推进体现效果，增强信心。推动 5S 管理，与 ISO、TQM、TPM 的关系可以体现出一种效果，也可以增强员工对企业的信心。实施 ISO，实施 TQM 或者是 TPM 的活动，它的效果是一种隐蔽和长期性的，一时难以看到的，而 5S 管理的推动效果则立竿见影，如果在推行 ISO、TQM、TPM 活动的过程中先导入了 5S 管理，可以在短期内获得显著效果来增强企业员工的信心。

三是 5S 管理为企业其他相关管理活动的推行打下坚实的基础。5S 管理是现场管理的基础，5S 管理水平的高低代表着现场管理水平的高低，而现场管理的水平高低则制约着 ISO、TPM、TQM 活动能否顺利地推动或推行。所以只有通过 5S 管理的推行和活动，从现场管理着手，来改进企业的体制，才能够起到事半功倍的效果，如表 2-10 所示。

◈ 表 2-10　5S 与 ISO9000 的关系

项目	5S	ISO9000
内容	整理、整顿、清扫、清洁、素养	ISO9001
方法	合理化过程	制度化过程
材料	整理、整顿 使用整理(要与不要)的手段与整顿(识别系统)的观念可达到以下目标。 1. 减少库存,增加资金周转率; 2. 先进先出,减少呆废料; 3. 明确管理责任	物料管制与追溯性 使用物料管制程序,配合识别系统,可达到以下目标。 1. 控制不合格材料; 2. 使材料易于追溯; 3. 明确管理责任
成品	整理、整顿 使用整理的手段与整顿的观念可达到以下目标。 1. 明确管理责任; 2. 提高生产效率; 3. 提高管理水平	首件检查、现场管理等控制程序及追溯性 首件检查、现场管理等控制程序及追溯性,使用各项控制程序及识别系统,可达到以下目标。 1. 明确管理责任; 2. 维持过程品质的稳定性; 3. 提高现场管理水平
半成品	整理、整顿 使用整理的手段与整顿的观念可达到以下目标。 1. 明确管理责任; 2. 提高生产效率; 3. 提高管理水平	首件检查、现场管理等控制程序及追溯性 使用各项控制程序及识别系统,可达到以下目标。 1. 明确管理责任; 2. 维持过程品质的稳定性; 3. 提高现场管理水平
文件	整理、整顿 1. 提高文件作业效率; 2. 减少浪费,节省空间; 3. 合理化	文件控制程序 1. 提高文件作业效率; 2. 标准化; 3. 制度化
目标	1. 提高企业整体管理水平; 2. 养成上下一体,守纪律、守标准的习惯	1. 提高企业品质管理水平; 2. 养成上下一体,守标准、守纪律的习惯
结论	5S 实际上是 ISO9000 的基础,也是提高企业的各项管理水平的手段	

　　② 管理体系的整合。企业管理体系越多,管理越混乱,容易导致员工无所适从。企业需要对内部采用的管理体系整合,达到最佳的管理效果。

　　管理体系整合的原则在于达成高效管理的目的,确保运营的成本、效率、安全、质量与柔性的目的;整合的基本要求在于确保员工积极性、主动性和能动性的发挥,建立起一个便于创新、自律管理的安全运营环境。任何管理体系都是工具,必须从有利于企业运营角度进行选择,从降低或减少员工工作负担角度去选择(长期角度),从培养员工的责任意识和自觉习惯角度去选择。

　　管理体系整合的方法很多,根据企业现有的管理体系内容进行比较筛选,从价值链增值环节选择整合的形式和方式，或者在确保体系完整性前提下进行归并，或者删除管理效果不佳的内容，形成能增强企业价值链的各环节价值的管理体系。

企业管理体系的内容整合在于，每一个管理体系的目的都是，强化企业基础管理，为企业战略目的的实现服务。而体系整合管理的效果就是各职能、各岗位在分工协调的基础上，为企业战略目标奋斗。由此，可以通过企业的流程基础整合、岗位基础整合、数量基础整合（数量指标）三位一体达成目的，三位一体就是流程基础整合、岗位基础整合和数量基础整合三者有机地融为一体，在一种管理机制中，同时具备流程基础整合、岗位基础整合和数量基础整合的特征。其特点就是以管理主体为架构来构建企业管理机制、以岗位为基础构建管理机制，体现经营岗位的理念进行层次整合、目标整合、利益整合、责权利整合、业务整合、信息整合以及全要素整合。

三、企业推行现场 5S 管理的理由以及误区

1. 企业为什么要推行现场 5S 管理

企业需要推行现场 5S 管理，基本原因在于企业现场问题多多，直接影响到企业的生产经营。从投入的人、机、料、法、环等因素来看，企业现场主要的问题如表 2-11 所示，企业如果要消除这些问题，就必须强力推行现场 5S 管理，改善企业运营水平。

◇ **表 2-11 企业现场主要问题的表现**

现场要素	主要问题	现场要素	主要问题
人	士气不振； 精神面貌不佳； 走动频繁； 消极工作； 面无表情	法	作业流程不清晰、不畅达； 违规、违标操作不断； 无标作业多
机	机器上污垢、积油、积尘； 设备漏油、漏水； 工装夹具摆放混乱，无标识； 闲置设备到处放置； 井下、地面很多地方线路散乱； 设备没有合理布局； 小型故障频发； 设备劣化严重； 设备周边无用物品多； 配件散乱放置	环	通道堵塞； 垃圾杂物随处可见； 积水、积油、积尘； 噪声超标； 粉尘、尘雾漫天； 物品摆放无序； 道路标识不清或无标识

现场要素	主要问题	现场要素	主要问题
料	材料随意放置； 物品标识不清； 数量不准确； 使用过与未使用过的物品混放； 材料堆积	信息	数据不准确； 信息传递不及时； 数据不记录； 计划调整频繁

2. 企业推行现场 5S 管理的误区和需要注意的问题

（1）企业推行现场 5S 管理的误区

对于推行现场 5S 管理，很多人对现场 5S 管理的内容并不了解，不具备现场 5S 管理的基本理念。所以在是否推行以及如何推行的问题上，存在很多误区，如表 2-12 所示。

◇ 表 2-12　关于现场 5S 管理的主要误区

序号	主要误区	问题说明	正确认识
1	企业业绩良好，为什么要做 5S 管理	认为业绩好就不需要 5S 管理和改善活动的认识是错误的，因为：不积极做好 5S 管理或其他业务改善活动，现有的高效率将很难得到持续；等到业绩出了问题再考虑做 5S 管理或改善的话，那时也许已经来不及了	5S 管理是现场管理的基础，不管现在的经营效益如何都应该予以重视
2	工作太忙，没有时间做 5S 管理	这是把 5S 管理与工作对立分开的错误认识。将 5S 管理当作一项额外附加的工作	5S 管理是工作的一部分，5S 管理（软性指标）和硬性指标一样，是工作内容重要的一部分
3	5S 管理就是把环境打扫干净	抱这种认识的人并不了解 5S 管理活动的真正意义，混淆了 5S 管理和大扫除之间的关系	5S 管理活动不仅要把现场搞干净，最重要的是通过持续不断的改善活动使现场管理水平不断提升，并且让员工养成良好的习惯
4	企业已经做过 5S 管理了	所谓做过了，有两种可能性：以为 5S 是一个阶段性项目，做完了事；曾经做过了，但效果不佳	5S 管理是一项持续推进的工作，只有进行时，没有过去时和完成时的概念
5	5S 管理活动看不到经济效益	企业高层的疑问：做 5S 管理到底能够带来什么效益上的好处？有些人的借口：既然 5S 管理并不能带来什么经济效益，不参与也罢	尽管从效益上并非带来立竿见影的效果，但是可以肯定，只要长期坚持这项活动，产生的经济效益是显而易见的
6	认为 5S 管理活动的推进就是 5S 检查	误认为推进 5S 管理就是定期对现场环境进行 5S 检查评比，用检查代替了整体活动的推进，将 5S 管理活动的内容僵化/固化	5S 管理活动应该按照要求循序渐进地推进，在活动过程中注入具体的活动内容，而评比检查只是活动内容的一部分

序号	主要误区	问题说明	正确认识
7	开展 5S 管理是靠员工自发的行动	这种认识大概是混淆了全员参与和自发行动的含义,认为强调全员参与就是要员工自发参与	5S 管理是全员参与的活动,但并不是可以放任不管的活动,要有效推进这项活动,从企业高层自上而下的推动力是十分必要的,特别是活动还处于初级水平
8	企业做 5S 管理是浪费时间	抱这种认识的人没有认识到 5S 管理对自身工作效率提升的作用	5S 管理是所有人工作的一部分,5S 管理都难做好,何谈企业的精益管理
9	特定行业中的企业不可能做好 5S 管理	这些人会以他的经验告诉你,某类企业就是这样脏乱不堪(有特定的发生源),无法做好 5S 管理。他不知道,所有的发生源都是可以治理的	5S 管理适用于所有行业,正因为有各种各样使得现场变得脏污的原因(发生源),才需要持续不断的 5S 管理活动来解决这些问题
10	5S 管理活动太形式化了,看不到什么实质内容	认为 5S 管理活动太多形式上的东西,看不到什么实质内容	只有在形式上(标准上)把 5S 管理活动的内容固化下来,并要求员工长期按要求重复这些活动,才能够真正让员工养成 5S 管理习惯
11	员工素质差,搞不好 5S 管理	认为员工的素质太差,做不好 5S 管理	事实上,做不好 5S 管理的根本原因不是员工的素质差,而是管理者自身出了问题
12	企业只是集团的一个单元,搞 5S 管理没什么用	认为企业自主权小,又不直接面向市场,用不着做 5S 管理活动	做不做 5S 管理活动与企业是否直接面向市场没有关系,让员工养成良好的 5S 管理习惯总是十分有益的。5S 管理活动是现场的 5S 管理

(2)实施现场 5S 管理需要注意的问题

为了有效推行现场 5S 管理,企业必须做到以下几个方面,以规避前面所提到的一系列现场 5S 管理的认识误区。

① 高层管理者强有力的支持。企业高层管理者强有力的支持对 5S 管理推行至关重要,最好由高层管理者发起。高层管理者的支持体现在以下几个方面:

a. 领导制订现场 5S 的推进目标、方针等。

b. 出席推行委员会会议,定期指导 5S 管理活动的评比。

c. 在每天的调度会、工作会议上,不断强调现场 5S 管理的重要性,对好的单位给予激励、表彰,对差的单位进行批评、督促。

d. 定期到相关单位检查现场 5S 管理的推行情况,发现问题及时纠正。

e. 调动企业内部各种力量为现场 5S 管理推行提供服务。

有了企业领导为现场5S管理推行站台，各种阻力就会大大减少，这对现场5S管理的推行非常有益。

② 高层管理者应经常巡视现场。本质上来说，导入任何管理体系、管理模式能成功的关键在于高层管理者的支持与亲身参与。就国内外具有广泛影响而且对企业运营管理具有极大推进作用的 ISO9000 认证来说，认证不是目的，ISO9000 认证的目的在于全面推进企业管理上台阶，但很多企业高层管理者并不参与这项活动，作为管理者代表的权限也很有限，导致很多企业的 ISO9000 认证流于形式，为认证而认证，做表面工作。尽管编制出很全面、丰富的质量体系认证的文件，但整个企业并没有质量管理理念，效果极差。对于现场 5S 管理的推进，如果流于形式，变成企业一次性的大扫除，就没有搞的必要。对于现场5S 管理的推行，高层管理者的重视必须体现在行动上，经常去基层、到现场去调研、巡查。

a. 把握大局，总揽方向。现场 5S 管理作为一种有效的管理方式与手段，主要是面向现场展开的，但面向现场必须有总的推行方针、目标。企业的高层管理者只有定期到基层、现场去考察、巡查，才能总体把握推行的情况，才能清楚推行过程中的问题与障碍。管理者去现场巡查不应受到检查表的影响，应从宏观上了解、把握推行的动向与问题，从企业运行的整体性出发提出现场 5S 推行的总体要求，为现在具体操作人员指明方向，督促现场部门、单位进行改善。

b. 及时为现场 5S 管理活动提供指导与支持。基层、现场在具体推行现场5S 管理过程中，总是会出现这样、那样的问题，高层管理者下基层、到现场除了要把握整体推进动态、宏观方向之外，还需要了解推行过程中的问题、障碍，及时为基层解决问题，为基层现场推行 5S 管理提供必要的指导、帮助；在具体推进 5S 管理的整改过程中，应该提供必需的资源支持。

c. 现场与员工有效沟通。有效推行现场 5S 管理的一个关键环节在于理念导入，培育员工现场 5S 管理的理念与 5S 管理意识，其路径除了通过专家培训外，一个重要的方式就是管理者在巡查过程中及时与员工进行沟通，表扬那些在现场5S 管理活动中做出成绩的单位与人员，关注其改善成果，以不同形式表达对他们推进 5S 管理的支持，这样不仅能激发员工开展下一步活动的激情与动力，也能够促进 5S 管理推进工作做得不好的单位仿效与跟进。

③ 全员参与。管理体系的导入需要激发起全员的热情，驱动全员参与。对于现场 5S 管理的推行来说，更是如此，原因在于现场 5S 管理的各项活动，如整理、整顿、清扫都是发生在现场的活动，是需要现场各类人员积极投入的活动，没有全员参与无法深入下去。全员参与是现场 5S 管理推行的基本要求。

a. 明确每个人每个岗位的 5S 管理职责。如表 2-13 所示。

◎ 表 2-13　某建工装备制造企业 5S 管理活动的岗位责任

序号	职位	5S管理职责
1	总经理	1. 对精益生产推进活动的重大问题进行核准； 2. 宣布 5S 管理的重大问题和召开 5S 管理会议； 3. 批准 5S 管理活动所需要的资源； 4. 主持召开 5S 管理季度会议、安排 5S 管理推进会议； 5. 对 5S 管理工作进行远景规划； 6. 对检查过程中出现的重大问题进行确认； 7. 相关 5S 管理工作的主持和批准
2	副总经理	1. 推进所负责部门的 5S 管理工作积极进行； 2. 对 5S 管理推行提出建设性意见和建议； 3. 支持 5S 管理的相关工作； 4. 协助总经理对 5S 管理进行整体规划,规划 5S 管理资源的调配； 5. 对持续改进提出好的方案
3	5S 管理推委会负责人	1. 5S 管理的总体规划与推行,5S 管理的实施与推广教材的编制与培训； 2. 5S 管理的日常检查与定期检查的组织； 3. 对一切 5S 管理活动的开展进行组织； 4. 拟订 5S 管理活动开展的优秀集体进行评比和奖励方案； 5. 拟订 5S 管理工作出现的不符合执行标准处罚的方案； 6. 负责对公司 5S 管理活动进行推广、宣导、组织、实施、总结； 7. 对 5S 的活动进行持续改进
4	5S 管理联络员（检察员）	1. 监督 5S 管理流程； 2. 为贴 5S 管理整理标签的物品找到待处理区,整理上报本单位 5S 管理需求资源并做到合理安排； 3. 每日维护 5S 管理自检表,确保 5S 管理工作有效实施； 4. 确保有 5S 管理整理红牌、清扫用品、标签可用； 5. 参加定期的 5S 管理回顾会和 5S 管理检查； 6. 帮助制订标准(标签、颜色代码、文件展示方法、工具储存等)； 7. 参加 5S 管理培训及 5S 管理会议； 8. 参加每周的 5S 管理检查小组的检查过程； 9. 及时配合整改在各项 5S 管理检查中发现的问题,及时反馈给相关部门； 10. 5S 管理协调员负责在管理看板上维护 5S 管理领导层检查改进问题跟踪表
5	基层负责人	1. 代表本部门出席和参与 5S 管理活动； 2. 对本部门的 5S 管理工作进行指导和监督； 3. 配合 5S 管理检查组完成日常检查工作； 4. 相关 5S 管理工作的协助与支持,调配本位资源； 5. 指导下属对 5S 管理检查不符合的措施及时进行整改

续表

序号	职位	5S管理职责
6	基层单位员工	1. 自己的工作环境必须不断地整理、整顿,物品、原材料及资料不可随意摆放; 2. 不用的物品立即处理,不能占用作业空间; 3. 通道必须经常维持清洁和畅通; 4. 物品、工具及文件等要放置于规定场所; 5. 灭火器、配电盘、电闸箱、风扇、电动机等周围要时刻保持清洁; 6. 物品、材料、设备要仔细存放、正确存放、安全存放,较大较重的码放在下层; 7. 管理的工具、设备及所负责的责任区域要不断地整理; 8. 纸屑、破布、原材料余料、铁屑要存放在规定的场所; 9. 不断清扫,保持清洁; 10. 对5S管理工作组的指导给予配合

b. 全员参与实施改善。现场5S管理的重点是前三个环节:整理、整顿与清扫,需要调动起现场的全体员工参与到清除非必需品的活动中,参与到定点存放必需物品的活动中,参与到对人、物、场所的清扫与点检活动中,创造一个整洁、有序的工作环境,消除工作过程中所有要素的异位状态,消除环境的危险源、风险源,使工作环境成为无垃圾、无污染、无安全隐患、有序的洁净场所。更为重要的是,不仅创造出表面舒适、洁净、有序的工作环境,而且通过清扫,消除潜在的、隐藏的风险。

c. 激发全员参与的热情。要激发起员工参与现场5S管理的热情,企业需要开展多种多样、内容丰富多彩的活动,来激发员工参与的热情。

第一,运用多种形式的宣传工具。通过企业内部的专栏、刊物、网络媒体例如微信、抖音、快手等宣传推介现场5S管理的理念、内容;通过制作5S管理宣传板报、悬挂、张贴5S管理标语、口号等进行宣传,例如,有些企业以每天3分钟在调度会上展示的精益日课来推介5S管理的理念、内容、好的做法等。

第二,开展多种形式、内容丰富的活动。定期召开5S管理活动的动员会、报告会;开展5S管理宣传画、标语、口号等的征集与表彰;开展5S管理的竞赛与检查评比活动;开展现场5S活动的演讲、沙龙等。

第三章

企业现场5S管理的基本内容

推行现场 5S 管理，必须首先了解其基本内容。现场 5S 管理的内容并不复杂，推行方式也不难。

一、整理——最精的要素

现场 5S 管理的基础和出发点在于整理，确保现场价值创造所需要的要素最为精炼、简洁，这是 5S 管理的第一步。

1. 初步诊断：实施整理的第一步

进行整理必须首先进行诊断，诊断主要是对现场的诊断，诊断现场价值创造所需要的物品，或者是投入的要素内容。

① 现场有哪些价值创造的活动（日常操作与活动）。

② 这些活动所需要的工用具等。

③ 这些活动所需要的材料配件类型。

④ 这些活动所需要的材料配件数量。

⑤ 这些物品（工用具、材料、配件等）的管理现状。

⑥ 哪些物品是持续需要的。

⑦ 哪些物品是临时需要的。

⑧ 工用具等管理的责任人。

⑨ 材料配件管理的责任人。

诊断以表 3-1 的形式进行。

◇ 表 3-1　整理之前的诊断表

序号	活动类型	所需物品	数量	管理现状	解决办法	责任人
1						
2						
3						
4						
5						
6						
7						
8						

经过现场的诊断分析，接下来就需要对现场进行检查，如表 3-2 所示。

◈ 表 3-2　现场诊断之后的检查表

日期	地点	检查人	发现问题	责任人	整改情况

2. 强化理念：整理的内涵与目的

（1）整理的概念及对象

整理是指区分需要与不需要的事、物，再对不需要的事、物加以处理。在现场工作环境中，区分需要的和不需要的工具及文件等物品对于提高工作效率很有必要。

整理是改善生产现场的第一步。首先应对生产现场摆放和停置的各种物品进行分类，然后对于现场不需要的物品，诸如用剩的材料、垃圾、废品、用完的工具、报废的设备、个人生活用品等，坚决清理出现场。

整理的对象主要是现场被占有而无效用的"空间"。

（2）整理的目的

基于工作效率提升以及安全生产的主要目的，整理是必需的，实际上是消除废物产生的工作流程上的变动性，确保流程稳定运行。具体来说，整理有以下几个基本目的。

① 腾出空间，空间活用。生产现场经常会有一些残余的物料、待修品、待返品、报废品等滞留现场，这些东西既占据现场空间又妨碍现场生产，必须将这些东西从生产现场清理出来，以便留给作业人员更多作业空间以方便其操作。

② 有利于减少库存，节约资金。生产现场摆放的不要的物品是浪费，如果不要的物品不经常清理，即使敞亮的工作现场也将越来越小，公司将要建各种名目的仓库，甚至要不断扩建厂房；货品杂乱无章地摆放，会增加盘点的难度，甚至使盘点的精度大打折扣，成本核算失准。通过整理，就会避免因摆放混乱找不到而重新采购所带来的资金浪费，同时有利于库存控制。

③ 减少磕碰机会，提高产品质量。现场往往有一些无法使用的工装夹具、量具、机器设备，如果不及时清理，时间长了会使现场变得凌乱不堪。这些地方通常是管理的死角，也是灰尘的堆场。在一些对无尘要求相当高的工厂，将会直接影响产品质量，通过整理就可以把这一质量影响因素消除。

④ 消除管理上的混放、混料等差错。未经整理的工作现场，大量的零部件

杂乱无章地堆放在一起，会给管理工作带来难度，也容易形成安全隐患，很容易带来工作上的差错。

（3）整理的作用

整理的作用主要表现在两个方面：规避浪费与提升效率，减少安全隐患。

① 整理的第一个作用——规避浪费。包括：

a. 空间造成浪费。

b. 资金浪费，例如因零件或产品因过期而不能使用造成的浪费。

c. 工时浪费，例如因场所狭窄，物品时常不断地移动造成的浪费。

d. 管理非必需品的场地和人力浪费，花时间去管那些没有必要的东西，就会造成场地和人力资源的浪费。

e. 库存管理以及盘点，造成时间浪费。

② 整理的第二个作用——提升工作效率与减少安全隐患。包括：

a. 能使现场无杂物，过道通畅，增大作业空间，提高工作效率。

b. 减少碰撞，保障生产安全，提高产品质量。

c. 消除混杂材料的差错。

d. 有利于减少库存，节约资金。

e. 使员工心情舒畅，工作热情高涨。

（4）整理的重点与实施流程

整理有侧重点。从工作现场的要求出发，重点在于以下几点。

① 明确定出实施整理的范围。

② 规划出"不要物"的暂放区，明确要与不要的标准。

③ 通过教育训练让全员了解"不要物"的标准及整理的概念。

④ 决定实施整理的时间，并将整理用具提前备妥。

⑤ 明确每个成员负责的区域，依照标准及范围实施整理。

⑥ 定期不断实施且定期巡回检查。

⑦ 整理后马上进行整顿的工作，二者连续不可分。

整理的实施流程如表 3-3 所示。

◈ 表 3-3　整理的实施流程表

流程	权责单位	重点事项	使用表单
定点摄影	5S 推行委员会	选定现场 5S 改善点，将现场的实际状况拍摄下来，作为企业未来改善的依据	
制订要与不要的标准	5S 推行委员会	制订现场物品要与不要的标准，作为 5S 整理的依据	要与不要的标准表

续表

流程	权责单位	重点事项	使用表单
红牌制作	5S推行委员会	制作红牌,让现场不要物品能够一目了然	
制订不要物品处理流程	5S推行委员会	制订不要物品处理流程和权限,使得现场整理出来的物品能够得到尽快处理	
实施整理	5S稽核员	红牌作战,严格根据标准实施各部门交叉整理,将不要物品清理出现场	
不要物品处理	权责部门	清理出来的不要物品按照处理流程和权限进行处理	不要物品一览表

3. 取舍得当：必需品与非必需品

（1）必需品与非必需品的判别及处理

必需物品是指经常必须使用的物品，如果没有它，就必须购入替代品，否则就会影响工作。

而非必需品则可分为两种：

① 使用周期较长的物品，即一个月，三个月，甚至半年才使用一次的物品，如样品、图纸、零配件等，如表3-4所示。

◈ 表3-4 必需品和非必需品的区分与处理方法

类别	使用频率		处理方法	备注
必需品	每小时		放工作台上或随身携带	
	每天		现场存放（工作台附近）	
	每周		现场存放	
非必需品	每月		仓库存储	
	三个月		仓库存储	定期检查
	半年		仓库存储	定期检查
	一年		仓库存储（封存）	定期检查
	二年		仓库存储（封存）	定期检查
	未定	有用	仓库存储	定期检查
		不需要用	变卖/废弃	定期清理
	不能用		废弃/变卖	立刻废弃

② 对目前的生产或工作无任何作用的，需要报废的物品。如过期的图纸、

样品等，如表 3-5 所示。

◈ 表 3-5　办公桌上允许及不允许放置的物品

要（允许放置）	不要（不允许放置）
电话号码本 1 个	照片（如玻璃板下）
台历 1 个	图片（如玻璃板下）
三层文件架 1 个	文件夹（工作时间除外）
电话机	工作服
笔筒 1 个	工作帽

（2）场所的基准

场所的基准指的是到底在什么地方放置要与不要的物品，可以根据物品的使用次数、使用频率来判定物品应该放在什么地方才合适。制订场所的基准时应对保管对象进行分析，根据物品的使用频率来明确应放置的适当场所，作出保管场所分析表。如表 3-6 所示。

◈ 表 3-6　保管场所分析表

序号	物品名称	使用频率	归类	是必需品还是非必需品	建议场所
1		一年没用过一次			
2		也许要用的物品			
3		三个月用一次			
4		一星期用一次			
5		三天用一次			
6		每天都用			

明确保管场所的标准，尽量不要按照个人的经验来判断，否则无法体会出 5S 管理的科学性。表 3-7 是某企业关于物品的使用频率与保管场所的范例。

◈ 表 3-7　某企业场所的基准表

类别	使用次数	处理方法	放置场所
不用	一年不用一次的物品	废弃或特别处理	待处理区
少用	平均 2 个月到 1 年使用 1 次的物品	分类管理	集中场所（如工具室、仓库）
普通	平均 1~2 个月使用 1 次的物品	置于工作场所	各摆放区
常用	1 周使用 1 次的物品	置于使用地点附近	如机台旁、流水线旁、个人工具箱
经常用	1 周内多次使用的物品	置于工作区随手可得的地方	

（3）废弃处理的原则

工作失误、市场变化等因素，是企业或个人无法控制的，因此，"不要物"是永远存在的。对于"不要物"的处理方法，通常要按照两个原则来执行：第一，区分申请部门与判定部门；第二，由一个统一的部门来处理"不要物"。例如，质检科负责不用物料的档案管理和判定；设备科负责不用设备、工具、仪表、计量器具的档案管理和判定；工厂办公室负责不用物品的审核、判定、申报；采运部、销售部负责不要物的处置；财务部负责不要物处置资金的管理，如表 3-8 所示。

◇ 表 3-8　不要物处理审核清单

单位：　　　　　　　　　　　　　　　　　　　　　　　　　　　　　　　　　年　月　日

物品名称	型号规格	数量	不用原因	责任部门处理意见	工厂处理意见	主管经理处理意见

主管经理审核：　　　　　　　申报单位主管审核：　　　　　　　　申报人：

在 5S 管理活动的整理过程中，需要强调的重要意识之一就是：我们看重的是物品的使用价值，而不是原来的购买价值。物品的原购买价格再高，如果企业在相当长的时间没有使用该物品的需要，那么这件物品的使用价值就不高，应该处理的就要及时处理掉。很多企业认为有些物品几年以后可能还会用到，舍不得处理掉，结果导致无用品过多堆积，既不利于现场的规范、整洁和高效率，又需要付出不菲的存储费用，最为重要的是妨碍管理人员树立科学的管理意识。因此，现场管理者一定要认识到，不要物品处理带来的效益远远大于物品的残值。

4. 适用工具：定点摄影与红牌作战

（1）定点摄影

① 定点摄影的含义与作用。

所谓定点摄影，就是在同一地点、同一方向，将企业现场不符合 5S 管理规定之处拍摄下来并张贴在大家都看得到的地方，然后将改善后的效果也拍摄下来公布，两相对比使大家了解改善的成果，如图 3-1 所示。

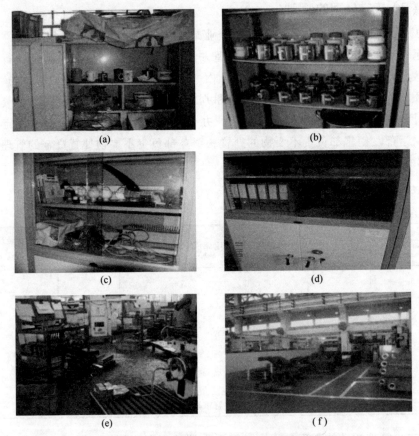

(a) (b) (c) (d) (e) (f)

图 3-1 整改前后的现场定点摄影对比

定点摄影主要包含以下内容：

a. 将实施 5S 管理前的情形与实施 5S 管理后的状况进行定点"摄影"。

b. 制作海报，将照片展示出来，使大家都能看到改善情形并相互比较。

定点摄影的作用有：

a. 定点摄影的照片可以作为各单位揭露问题和自我反省的材料。

b. 改善前的现场照片能促使各个部门尽快采取解决措施，而改善后的现场照片能让员工获得成就感与满足感，形成进一步改善的动力。

在定点摄影的运用过程中，每个单位只需要贴出一些有代表性的照片，并在照片上详细标明以下信息：单位负责人是谁、现场的责任人是谁、违反了 5S 管理的什么规定。这样，就能将问题揭露得清清楚楚，这对存在问题的单位产生的整改压力是相当大的。改善前的现场照片促使各个单位为了本部门形象与利益而采取解决措施，而改善后的现场照片能让各单位的员工获得成就感与满足感，从而形成进一步改善的动力。

定点摄影充分利用了各单位与员工的竞争心理和面子心理，能够有效地改善生产现场的脏、乱、差等不良状况，从而减少产品的不合格率与错误发生概率，保证现场的工作效率与现场安全。

② 摄影照片的运用与注意事项。

除了将照片贴在员工看得见的公告栏上之外，企业还应将其贴在特制的图表上，并以此为基础召开会议。

在"定点摄影图表"（如表3-9所示）上的第一阶段（通常安排四个阶段）记下拍摄日期，贴上照片，记入评分。评分从低到高依次为1分、2分、3分、4分、5分。建议栏的填写较随意，可以由上级填写建议，也可作为对员工的要求等。

◇ 表3-9　定点摄影图表

阶段	照 片	拍摄日期	评分	建议

企业实施定点摄影时，要做好以下工作：

a. 拍摄前必须征得被拍摄者的同意。

b. 拍摄时，拍摄者应尽量站在同一位置，面向同一方向。如果要变焦，应使用同一焦距。

c. 照片上要印上日期。定点拍摄的前后两张照片的不同点只是照片反映的改善前后的状况和拍摄的日期。

【案例 3-1】　某工程项目部 5S 管理定点摄影实行办法

定点摄影主要是通过对现场情况的前后对照和不同部门的横向比较，给各部门造成无形的压力，促使各部门做出整改措施。在定点摄影的运用过程中，每个施工地点、每个部门只需要贴出一些有代表性的照片，并在照片上详细标明以下信息：负责人是谁、现场的责任人是谁、违反了 5S 管理的什么规定。这样，就能将问题揭露得清清楚楚，这对存在问题的部门产生的整改压力是相当大的。改善前的现场照片促使各个部门为了本部门形象与利益而采取解决措施，而改善后的现场照片能让各部门的员工获得成就感与满足感，从而形成进一步改善的动力。

定点摄影充分利用了各部门与员工的竞争心理和面子心理，能够有效地改善生产现场的脏、乱、差等不良状况，从而减少产品的不合格率与错误发生概率，保证现场的工作效率与现场安全。

1. 定点摄影的具体做法

① 定点拍摄。在现场定点拍摄一些需改善现象，例如需区分要与不要的物品。

② 建立共识。将拍摄好的照片，交由精益管理办公室讨论，选定哪些照片的内容是改善主题。

③ 看板公告。将选定的照片打印，将照片在展板内进行张贴公示。

④ 后续确认。在改善完成或改善至某一阶段，可再针对主题做定点拍摄，公布于看板上，让所有人员均能确实明了目前改善进度。

2. 定点摄影的执行要点

① 位置相同。所谓定点摄影，其实就是站在同样一个地点，针对同样一个问题的选定进行拍摄动作，最好摄影镜头的高度、方向、位置均能相同，否则照片会造成事实记录有所误差。

② 记录日期。最好选用照片能显示日期的照相机，如果不能也应及时在冲洗好的照片上注明日期，以利于日后建档。

③ 彩色比。需做色别整顿的场合，尽量不用黑白改用彩色照片较为有效。

3. 定点摄影看板：二段式看板

定点摄影的二段式看板是在看板上，做改善前、改善后照片的比对。

第一阶段——改善前：将精益管理办公室选定的主题照片张贴在看板上，标明是改善前，让每位员工都知道改善的对象为何，并透过内部讨论找出对策。

第二阶段——改善后：透过对策实施改善完毕后，再于同样位置拍摄一张照片张贴于看板上，让改善前后进行强烈对比，以激励所有人员继续进行其他后续改善。

（2）红牌作战

红牌作战贯穿于5S管理的整个实施过程中，对于预先发现和彻底解决工作现场的问题具有十分重要的意义。企业的管理者应该掌握红牌作战的实施方法，在5S管理的实施过程中灵活运用。

① 红牌的内涵与贴牌标准。红牌是指用红色的纸做成的5S管理问题揭示单。其中红色代表警告、危险、不合格和不良。红牌的内容包括责任部门、对存在问题的描述和相应的对策、要求整改的时间、完成的时间以及审核人。

贴红牌的标准如下。

a. 管理水平较差的标准：凡是生产计划中没有用且上个月也没有用到的物品均属于不要物品，都要贴上红牌子。

b. 管理水平一般的标准：凡是生产计划中未来一个月内要用到的物品属于

要用的物品，其余均属于不要物品，要贴上红牌子。

c. 管理水平较高的标准：生产计划中未来一周内要用到的是必要物品，其余的均属于不要物品，要贴上红牌子。

d. 管理水平一流的标准：当天生产需要的才是必要物品，其余的均是不要物品，要贴上红牌子。

② 红牌的制作方法与说明。红牌制作方法如下。

a. 由于红牌子是表示重点提示的标志，因而必须醒目。

b. 必须用引人注目的颜色：红纸、红色的胶带、红色的胶合板、红色的圆形贴纸等都可以。

对于红牌作战项目，需要做以下说明。

区分：库存品或机械等。

原材料：在制品、制品、设备、工具、治具、模具、备品等。

品名：物品的名称。

编号：物品的料号或资产编号。

数量：粘贴品的数量。

理由：粘贴红牌子的原因，例如库存品就有不良品、不急品之分。

部门：被粘贴红牌子的管理责任部门。

时间：粘贴的日期和处理的日期。

红牌作战表如表 3-10 所示。

◇ 表 3-10 红牌作战表

类别区分	1. 原材料；2. 在制品；3. 半成品；4. 成品；5. 机器；6. 设备；7. 模具；8. 治具；9. 工具；10. 配品；11. 其他		
品名		规格	
物品编号			
数量	个	金额	元
理由	1. 不要；2. 不良；3. 不急；4. 加工余料；5. 不明；6. 其他		
处理部门			
处理结果	1. 丢弃；2. 退回；3. 移至红牌子物品放置场；4. 用别的方式来保管；5. 其他		
时间	张贴 年 月 日		处置 年 月 日
整理编号			

③ 红牌的粘贴步骤。

第一，红牌方案的出台。

成员：每个部门的领导。

时间：一至两个月。

重点：教育现场人员不可以将无用的东西藏起来，以制造假象。

第二，贴红牌子的人选。贴红牌子的人必须是与责任单位没有关系且能严格执行标准的人，也可用部门交叉检查的方式来执行。只有这样才能用铁腕的手段把原有的领发料、物品存放恶习坚决纠正并改善。与责任单位有关的人或执行力度不够的人都会因责任单位的意见而"手软"，无法将不该留在生产现场的物料和物品清理出去。

第三，挂红牌的对象。

库房：原材料、零部件、半成品、成品设备、机械。

设备工具：夹具、模具、桌椅。

防护用品：货架、流水线、电梯、车辆、卡板等。

注意：人不是挂红牌的对象，否则容易打击士气，或引起矛盾冲突。挂红牌对事而不是对人。

第四，判定的标准。明确什么是必需品，什么是非必需品，标准要明确。例如，工作台上当天要用的必需品，其他都是非必需品，非必需品放在工作台上就要挂红牌。目的就是要引导或要让所有的员工都养成习惯，把非必需品全部放在应该放的位置。

第五，红牌的发行。红牌应使用醒目的红色纸，记明发现区的问题、内容、理由。

第六，挂红牌。现场管理本来就该做到清楚、简单、明了，让人一目了然，这也是5S推行的真谛。企业必须有一批铁面无私的5S稽核员经常到车间进行巡查：凡是不合标准的物品、物料、机台、搬运工具等都要贴上红牌子并清理出现场；阻塞通道、超过物品摆放位置的物品、物料、机台、搬运工具也要清理出现场。这样经过几次清理，现场的物品会少一半以上。为此，企业一定要有决心和勇气，因为这决定了未来的整顿工作能不能顺利开展。

第七，挂牌的对策与评价。也就是对红牌要跟进，一旦这个区域或这个组，或这个机器挂出红牌，所有的人都应该有一种意识，马上都要跟进，赶上进度，对实施的效果要实施评价，甚至要对改善前后的实际状况拍照，作为经验或成果向大家展示。

④ 红牌粘贴后的注意事项。一是让问题凸显出来。解决问题的唯一办法不是掩盖问题而是要把它凸显出来。要想真正解决不要物品，不是把不要物品贴上红牌子和清理就可以了，而是引起大家对不要物品的重视。整理出来的物品一定要展示出来。

二是清除"企业死角"。5S管理推行最大的难点是企业死角，老板、总经理等企业高层比较少看得到，且不影响企业外观大局。因为企业高层看不到，现场人员有时就会把整理出来的不要物品堆在工厂后面的一个死角，那么不要物品将永远得不到处理。建议将清理出来的不要物品在显眼的位置展示出来。

三是在企业显眼的位置设置不要物品展示台。在显眼处设置不要物品展示台，让所有员工上下班都来看，这样才能起到警醒作用，现场也才能得到彻底的整治。

【案例 3-2】 某企业 5S 管理项目红牌作战活动方案

1. 红牌作战的目的

"红牌作战"即使用红色标签对各区域的"问题点"加以发掘，使任何员工一眼就能看出问题所在，从而加以整理改善的方法，进而达到积极迅速改善的目的。

2. 红牌作战的作用

① 找出问题点，提出整改对策。

② 明确期限，限期整改。

③ 提高每一个员工的改进意识和自觉性。

④ 引起责任部门注意和重视，及时改善。

⑤ 为 5S 管理工作的统计、分析提供依据。

3. 红牌适用范围

企业内的任何场所，包括生产区、生活区及办公区现场都适用红牌作战活动方案。

① 库存：原材料、外购件、半成品、成品。

② 设备：机器、工装、工具、量具、物流架、工作台。

③ 空间：地板、通道、工作区、墙壁。

4. 红牌使用部门

5S 管理推行委员会执行委员、事务局干事及督导小组成员。

5. 红牌作战实施时间

① 2020 年 10～12 月，全企业每月举行 2 次作战活动。

② 5S 管理活动制度落实后，每月举行 1 次，与现场考核同步进行。

6. 实施要点

① 用严格挑剔严厉的眼光看问题。

② 贴在"有问题"的对象上：设备、推车、踏板、工装或刀具架、桌椅、资料柜、模具或备品架、材料或产品容器、空间等。

③ 请勿贴在人身上。

④ 如果有犹豫，请贴上红牌。

7. 红牌作战实施步骤

红牌作战实施步骤如图 3-2 所示。

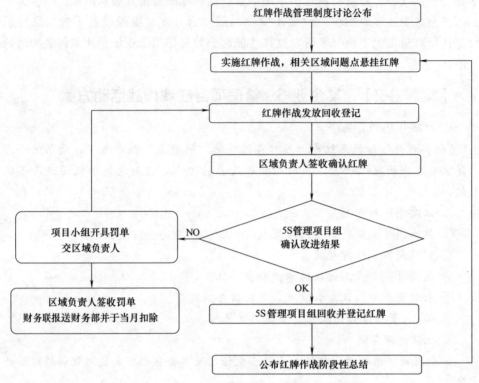

图 3-2　红牌作战实施步骤

8. 红牌作战实施细则

① 红牌作战前应填写"红牌作战安排表"，对作战人员进行分组、划分作战区域、明确作战路线。

② 作战组成员依照相关部门《5S查核表》对现场有问题的对象填写红牌、编号，清楚描述问题点和对策说明，并使用双面胶张贴。

③ 采用少数服从多数的原则，决定对某事物是否挂红牌。要求整改时间一般可分为：立刻、3天、1周、2周、1个月、待定6种。

④ 区域负责人签收确认红牌，并领导开展改进活动。如特殊原因不能按期整改完成的，应在红牌上予以说明并拟订整改计划上报确认。

⑤ 对每张发行的红牌进行记录，填写"红牌发放回收登记表"。

⑥ 检查结束应结合图表制作PPT文件，对所有问题点进行统计、描述、分析。

⑦ 5S管理项目组按时间检查整改结果，对不执行整改对策或执行不力的，应参照处罚规定做出相应处罚。

⑧ 检查结果按部门整理，汇总，制作"阶段性总结图表"，对每次红牌发行

数量、按期整改结果等作统计，并在宣传栏公布。

9. 红牌编号规定

红牌编号规定如图 3-3 所示。

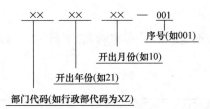

图 3-3　红牌编号规定

10. 实施对象

① 任何不满足"3定""3要素"要求的。

② 工作场所的不要物。

③ 需要改善的事、地、物：超出期限者（包括过期的标语、通告）；物品变质者（含损坏物）；物品可疑者（不明之物）；物品混杂者（合格品与不合格品、规格或状态混杂）；不使用的东西（不用但舍不得丢的物品）；过多的东西（虽要使用但过多）。

④ 有油污、不清洁的设备。

⑤ 卫生死角。

⑥ 不可贴在人身上。

11. 奖罚规定

① 故意损坏、丢失红牌，或在红牌上弄虚作假的，对于该区域责任人处以50元/次罚款，开具罚单经区域责任人签字后交财务部门扣除。

② 对红牌作战有明显抵触情绪，到期未执行整改措施的，对于该区域责任人处以50元/次罚款，开具罚单经区域责任人签字后交财务部门扣除，并再次确定整改日期，到期仍未整改的，处以200元罚款并在5S管理月度考核中作扣分处理。

③ 执行不力，到期未完成整改措施，或因特殊原因影响整改措施，但没有上报整改计划经5S项目组确认的，对于该区域责任人处以50元/次罚款。

④ 每月有超过30%红牌问题点未整改完成，并没有作原因说明和整改计划的，将在5S管理月度考核现场点检项目中作扣分处理。

⑤ 每月完成排名前三的团队，按照《5S奖惩制度》进行奖励：第一名奖励200元，第二名奖励100元，第三名奖励50元。

⑥ 所有罚款款项由行政部统一登记，纳入5S基金。

本制度由公司 5S 推行委员会负责解释，自颁布之日起执行。

5. 评估改善：整理的效果与持续改善

（1）整理的评估

整理进行到一定程度与阶段，必须对其进行评估，如表 3-11 所示。

◇ 表 3-11　作业现场整理评估表

地点：　　　　　　　　部门：　　　　　　　　　　日期：

序号	需要整理的区域	得分	分值低于 4 的对策、责任人
1	无用的货架、物料箱等		
2	废弃的工件、备件、设备等		
3	不需要的工具箱、手套、橱柜等		
4	剩余的材料、维修物品等		
5	个人物品		
6	过量材料配件		
7	无用的文件		
其他1			
其他2			
其他3			

分数：$4=100\%$，$3=(75\%\leqslant X<100\%)$，$2=(50\%\leqslant X<75\%)$，$1=(25\%\leqslant X<50\%)$，$0=(0\%\leqslant X<25\%)$

对于整理没有做好的要发出整改通知。

（2）整理的持续改善

整理是一个永无止境的过程，现场每天都在变化，昨天的必需品，今天就有可能是多余的。整理贵在坚持，如果仅是偶尔突击一下，做做样子，就完全失去了整理的意义。整理是一个循环的工作，根据需要随时进行，需要的留下，不需要的马上放在一边。

整理不是一时一事的工作，而是日常工作，是日常持续改善的工作，如图 3-4 所示。

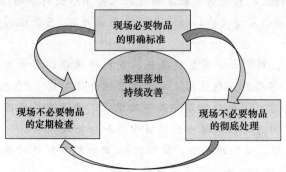

图 3-4　整理持续改善循环图

整理的持续改善重点在于：必要物品的明确化与共享化；不必要物品的随时整理预处理；考虑工作的方式，怎么样才能减少或不产生不必要物品。

【案例 3-3】某企业整理的方案

1. 编制目的

为规范公司现场的整理活动，区分需要与不需要的事物，有效推进5S管理，提高工作效率和产品质量。特制订本方案。

2. 适用范围

本方案适用于公司内部5S推进过程中的整理活动。

3. 整理活动目标

腾出空间，改善和增加作业面积；减少库存，节约资金；减少失误发生的机会，提高生产的安全性；消除管理死角，提高产品质量；构建整洁、清爽的工作场所，使员工心情舒畅，工作热情高涨。

4. 实施主体

5S推进小组负责整理活动的策划、组织、监督执行及效果评估。

生产现场各部门人员负责整理工作。

5. 实施时间

5S整理活动作为一个循环过程，在生产现场应每月定期进行。

6. 实施步骤

① 现场检查。5S推行小组组织生产现场员工在工作现场范围内进行全面检查，具体检查内容如表3-12所示。

◇ 表 3-12　整理活动内容检查列表

序号	检查区域	检查内容
1	生产作业区域	1. 机器设备、模具、零部件等； 2. 操作台面、设备机器上摆放的物品； 3. 工作场地及角落堆放的成品、半成品、不良品、材料、工具和垃圾等； 4. 生产场地各类容器及其所装物品
2	现场办公区域	1. 文件柜、抽屉内的文件、书籍、档案和图表； 2. 办公桌上放置的物品； 3. 看板、公共栏、标语、月历及各类办公用具等
3	室外生产区域	1. 堆放在场外的材料、废品、半成品及不良品等； 2. 堆放的工具、闲置的设备等； 3. 杂草、纸屑和垃圾等

序号	检查区域	检查内容
4	现场仓库	1. 原材料、半成品、成品、设备和用具等； 2. 废品、不良品、坏损的设备和用具等； 3. 存料架、柜、箱、标识牌和标签等
5	墙壁、天花板	1. 各种导线、照明器具、标识牌和指示牌等； 2. 蜘蛛网、尘网等

② 必需品与非必需品的判定。非必需品的判定应按照如表 3-13 所示的权限进行。

◇ 表 3-13　非必需品判定权限分配表

物品类别	初步判定者	最终判定者
一般物品	车间主任	生产主管
材料、零部件、成品	车间主任	生产主管
机器设备	生产主管	总经理

必需品与非必需品的判定标准如表 3-14 所示。

◇ 表 3-14　必需品与非必需品的判定标准

物品判定结果	判定标准
必需品	1. 经常使用； 2. 缺少时需要购入代替品，影响正常生产使用； 3. 在标准存量范围内
非必需品	1. 使用周期较长的； 2. 对目前生产无任何作用的； 3. 超出生产需要存量的

③ 物品的处理。必需品处理办法如表 3-15 所示。

◇ 表 3-15　必需品的处理办法

必需品类型	处理办法
经常使用的物品	摆放在生产作业人员附近
不经常使用的物品	摆放到较远的位置
偶尔使用的物品	安排专人保管
取用需耗用较长时间的物品	在生产现场只留必要的数量

非必需品处理办法如表 3-16 所示。

◈ 表 3-16　非必需品的处理办法

序号	非必需品类型	处理办法	具体操作
1	材料、零部件、设备、工具等	改用	改用于其他项目或转交其他有需要的部门
2	不良品、故障设备等	修理、修复	对其进行修复,恢复其使用价值
3	由于其他客观原因、无法使用的物品	作价出售	向供应商退货,或者以较低价格出售,回收价款
4	确实无法挖掘其使用价值及商品价值的物品	废弃	本着资源再利用原则,在不影响环境的条件下,进行废弃处理

④ 报废处理程序。物品所在部门向 5S 管理推进小组提出废弃申请;5S 管理推进小组受理申请,并交技术部门和其他相关部门对物品价值进行鉴定;由技术部对其再利用的可行性进行分析,并向 5S 管理推进小组反馈信息;经技术部确认无利用价值的,5S 管理推进小组向财务部对物品价值进行确认;经财务部确认无价值后,5S 管理推进小组编制废弃计划报总经理批准;5S 管理推进小组组织实施废弃处理,填写"废弃处理单",并保留单据备查。

⑤ 非必需品预防控制。生产部门主管根据生产计划严格控制领料数量和用具,防止领取多余的原材料和生产用具;对于多余的原材料、零部件及各类用具应及时退回仓库。

⑥ 结果运用。整理活动效果的评价结果分为五等,具体划分标准及处理办法如表 3-17 所示。

◈ 表 3-17　整理处理评价结果

等级	划分标准	处理措施
S	90(含)～100 分	工厂会议上进行表彰并颁发奖状,责任人员月度奖金提高 20%,在现场张贴光荣榜作为表扬
A	70(含)～90 分(不含)	由 5S 管理推进小组对其区域内不合格项目进行复查,直至合格
B	50(含)～70 分(不含)	区域负责人员接受 5S 管理培训,限期改善现场不合格项,责任人员月度奖金扣减 20%
C	50 以下	月度会议上提出批评,责令限期改正不合格项,责任人员月度奖金扣减 50%

⑦ 结果申诉。对考核结果有意见者,可直接向 5S 管理推进小组进行申诉,如对 5S 管理推进小组的解释不服,可向总经理提交报告进行申诉。

　　附:废弃处理单(表 3-18)。

◈ 表 3-18　废弃处理单

申请部门		申请人	
申请报废物品			
名称		型号	
编号		使用年限	
原用途		原价值	
管理部门		存放地点	
申请报废 理由			
审批处理意见			
部门意见			
技术部意见		行政部意见	
财务部意见 （提供相关财务数据）			
总经理审批			

二、整顿——最优的定位

1. 明确标准：整顿的三要素与"三定"

（1）整顿的概念与要求

整顿是把需要的事、物加以定量和定位。通过上一步整理后，对生产现场需要留下的物品进行科学合理的布置和摆放，以便最快速地取得所要之物，在最简捷、有效的规章、制度、流程下完成工作。生产现场物品的合理摆放使得工作场所一目了然，整齐的工作环境有利于提高工作效率，提高产品质量，保障生产安全。实际上，整顿是消除混乱秩序产生的工作流程上的变动性，确保流程稳定运行。

整顿的对象：工作场所容易造成时间浪费的区域。

整顿的目的：

① 工作场所一目了然。

② 整整齐齐的工作环境。

③ 消除找寻物品的时间。

④ 消除过多的积压物品。

整顿所达到的基本要求如下：

① 整顿的结果要成为任何人都能立即取出所需要的东西的状态。

② 要站在新人、其他职场人的立场来看，使得什么东西该放在什么地方更为明确。

③ 要想办法使物品能立即取出使用。

④ 使用后要能容易恢复到原位，没有恢复或误放时能马上知道。

很多企业在物品寻找过程中出现一系列的状态，如图 3-5 所示，这就是要通过整顿消除的。

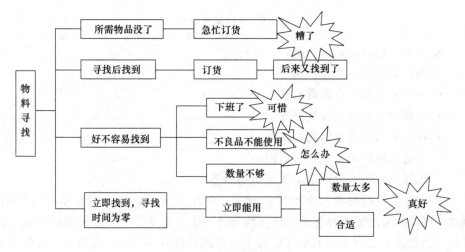

图 3-5 寻找物料百态图

（2）整顿三要素

整顿三要素指的是场所、方法和标识。判断整顿三要素是否合理的依据在于是否能够形成物品容易放回原地的状态，如图 3-6 所示。当寻找某一件物品时，能够通过定位、标识迅速找到，并且很方便地将物品归位。

① 场所。物品的放置场所原则上要 100% 设定，物品的保管要做到"定位、定品、定量"。场所的区分，通常是通过不同颜色的油

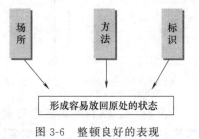

图 3-6 整顿良好的表现

漆和胶带来加以明确：黄色往往代表通道，白色代表半成品，绿色代表合格品，红色代表不合格品。5S管理强调尽量细化，对物品的放置场所要求有明确的区分方法。如图3-7所示，使用胶带和隔板将物料架划分为若干区域，这样使得每种零件的放置都有明确的区域，从而避免零件之间的混乱堆放。

不方便取用的情况举例说明，多种物品混放，未分类，难以寻找：

- 物品存放未定位，不知道到何处去找。
- 不知道物品的名称，盲目寻找。

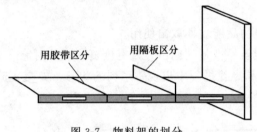

图 3-7　物料架的划分

- 不知道物品的标识规则，须查对。
- 物品无标识，视而不见。
- 存放地太远，存取费时。
- 不知物品去向，反复寻找。
- 存放不当，难以取用。
- 无适当的搬运工具，搬运困难。
- 无状态标识，取用了不适用的物品等。

②方法。整顿的第二个要素是方法。最佳方法必须符合容易拿取的原则。例如，图3-8给出了两种将锤子挂在墙上的方法，显然第一种方法要好得多；第二种方法要使钉子对准小孔后才能挂上，取的时候并不方便。现场管理人员应在物品的放置方法上多下功夫，用最好的放置方法保证物品的拿取既快又方便。

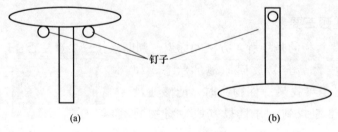

图 3-8　锤子挂法比较

③标识。整顿的第三个要素是标识。很多管理人员认为标识非常简单，但实施起来效果却不佳，其根本原因就在于没有掌握标识的要点。

第一，企业为什么要标识。企业管理强调的是清楚、简单、明了。国内很多企业尤其是生产型企业，材料或操作方法没有标识。企业进行系统标识，让管理流程清晰、明了，让大部分员工易懂、易操作，显得极为重要。

第二，部分企业标识存在的问题。在很多城市，许多建筑物、围墙、天桥、地下通道的两旁，都张贴着形形色色的小广告，内容繁多，形式各异，人们称其为城市的"牛皮癣"。企业标识同样要求清楚、简单、明了，不能乱标，否则不但不能起到任何作用，而且还会破坏企业原有的形象，如果标识没有系统，就会成为企业的"牛皮癣"。

第三，企业标识系统的建立。

• 需要标识的地方。企业并非每个角落、每件物品都需要标识，只有因为看不懂会导致出现错误或安全隐患的地方、物品和需要规范的行为才需要标识。企业到底需要哪些标识，应该成立一个小组探讨、确定，不能单纯模仿。

• 标识的字体。标识的字体体现企业的文化，应该用企业的标准字体、规范的书写进行标识，可参考企业的Ⅵ系统里对企业字体的规范，如果企业还没有制定Ⅵ系统，可由公司高层或有美术基础的人员探讨、设计、确定。字体一旦确定，就不得随意变动，所有部门必须统一执行。

• 标识牌的规格。对于标识牌的规格，要根据标识的位置及重要性进行具体设计，但是同种类别的标识牌必须大小统一。

• 标识牌的材质。标识牌的材质要根据标识的位置及重要性具体设计，但是同种类别的标识牌必须材质相同。

• 标识牌的颜色及形状。标识牌的颜色分为字体颜色、标识牌底色和标识牌边框颜色三种。

• 标识牌的类别。标识牌按其功能可分为：警告标识、禁令标识、指示标识、指路标识四类。

图 3-9 是一系列标识的例子。

(a) 文件识别

(b) 道路标识

图 3-9

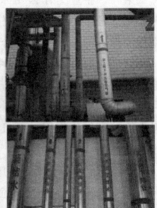

(c) 管道标识

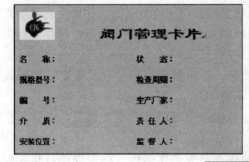
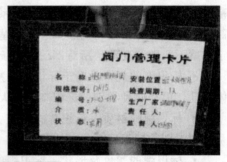

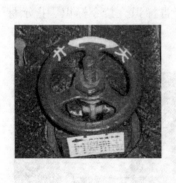
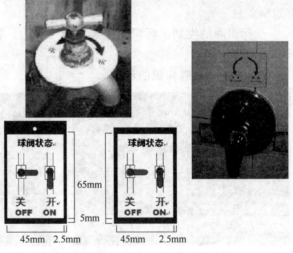

(d) 阀门标识

图 3-9　各类识别图例

（3）整顿的"三定"原则

衡量一个企业管理水平的高低最简单有效的方法就是看企业人、事、物的管理能否做到定位、定容（也有人说是定品）、定量。在企业里建立一套制度不难，但是好的制度是企业管理高度理论化的结晶，而"三定"则是企业管理实践和管理结果的结晶，没有良好的执行力和良好的职业培训，企业不可能做到真正的"三定"，"三定"的概念、内容与看板示例参见图 3-10～图 3-12 所示。

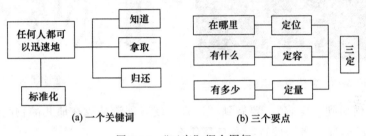

图 3-10 "三定"概念图解

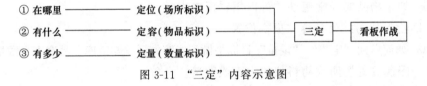

图 3-11 "三定"内容示意图

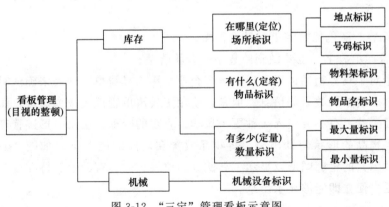

图 3-12 "三定"管理看板示意图

如何做好"三定"管理。

① 如何做到"定位"。要做到"定位"就必须清楚物品应该放在什么位置。

a. 将要存放的位置分成地域号码来表示。

b. 号码表示又可分为区域号和区位号表示。区域号可用英文字母（A、B、C）或数字（1、2、3）等来表示；区位号最好用数字来表示。没有区域或区位规划的地方绝对不能存放物品。参见图 3-13 示例。

图 3-13　定位原则示例

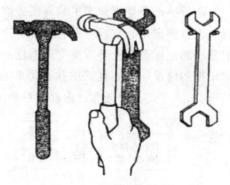

图 3-14　形迹管理的应用

② 如何做到"定容"。要做到"定容"就必须清楚放在那儿的物品是什么。

a. 物品名称，表示放置物本身是什么。

b. 物料架名称，表示这里放置的是什么。

c. 如果物品要经常搬动，可以用看板来表示。

d. 物料架的好处是容易更换位置。

③ 如何做到"定量"。"定量"目标是做到能够一看就知道库存品有多少数量。

a. 限制放置场所或物料架的大小或数量。

b. 明确表示最大量与最小量的库存标准，最大量用红色表示，最小量用黄色表示。

c. 标签、颜色比数字更容易看得懂。

d. 若标示数字，也要做到使数字一看就清楚。

为了对工具等物品进行管理，很多企业采用工具清单管理表来确认时间、序号、名称、规格、数量等信息。但是，使用工具清单管理表较为烦琐，而且无法做到一目了然，有必要引入一种更为科学、直观的管理方法——形迹管理。形迹管理是将物品的形状勾勒出来，将物品放置在对应的图案上。如图 3-14 所示，画出每件工具的轮廓图形以显示工具搁放的位置。这样有助于保持存放有序，某件工具丢失便立即能够显示出来。

（4）整顿的三分原则与三易要求

现场 5S 管理中整顿的三分原则是指，在将物件存放时要分区、分架、分层摆放，其目的是一目了然，提高管理效率。

① 分区管理，不同类别的物品存放于不同位置。

② 分架管理，不同货架放置不同的物品，并且货架有标识。

③ 分层管理，同一货架还需要分层管理，每层都要有标识。

现场 5S 管理整顿的三易原则是指，在将物件存放的时候要考虑易取、易放、易管理，其目的是提高工作效率，如图 3-15 所示。

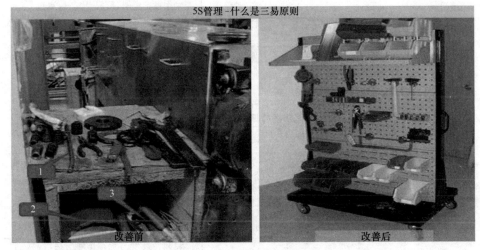

图 3-15　整顿的三易原则图

以下三种现象是需要通过整顿消除的。

① 不易放，但没定位，放回去，位置会不一样，每个人放的都不一样，需要寻找工具，如图 3-15 中的 1 处。

② 不易取，工具箱里有，但还要打开工具箱，多了一个动作浪费，如图 3-15 中的 2 处。

③ 不易管理，一眼看不出工具是否齐全，不好管理，如图 3-15 中的 3 处。

2. 科学规划：科学布局与合理规划

区域规划是一个企业的平面布局，包括工序流程设计、机台布置、物流动向规划、人流动向规划、物品存放区域规划。区域规划直接指向 5S 的核心，即三定：定位、定容、定量。

（1）企业区域规划的范围

在企业里，通常有一些必不可少的区域，必须进行详细的规划，明确区域规划的范围，详见表 3-19 所示。

（2）进行合理的区域规划

很多企业推行 5S 时会对每个区域画线，但在推行的过程中，因为区域规划过于草率或过于强调现场美观，没有合理检讨、设计就匆忙画线，往往导致员工在实际工作中没有办法按照规划的区域进行物品摆放和归位，从而使画线的区域规划形同虚设。区域规划的基本流程如表 3-20 所示。

◇ 表 3-19　企业一般需要进行规划的区域

单位	应有的区域	区域的功能	区域的基本要求
仓库	不合格品区	不合格原材料、成品、半成品的暂时存放区	应配置物料架、篮筐、物品搬运箱等,同时应考虑拿取、存放、搬运的方便,区域尽量小,超过即为异常
	退货区	不合格品经过评审后需要退货的暂时存放区	应配置物料架、篮筐、物品搬运箱等,同时应考虑拿取、存放、搬运的方便,区域尽量小,超过即为异常
	物品存放区	已经检验合格的原材料、成品、半成品的存放区	应对不同的物品再细分不同的区位,按照类别分开摆放。配置基本物料架、栈板、篮筐或其他物品存放容器
	呆滞物品存放区	不在计划订单内或超过库存期限的物品存放区	应配置物料架、篮筐、物品搬运箱等,同时应考虑拿取、存放、搬运的方便,区域尽量小,超过即为异常
	发货区	按发货单、领料单等提前备料、备货的暂时存放区	应配置物料架、篮筐、物品搬运箱等,同时应考虑拿取、存放、搬运的方便
	装卸区	物品搬运装卸区域	装卸台高度与货车车厢的高度最好平齐,使得装卸时可以直接用搬运车将物品装进车厢,以减少员工搬运时的负重
办公室	办公区	公司职员办公作业场所	宽敞、明亮、干净、整洁、安静,应配有计算机、电话、打印机、复印机、传真机、资料柜、办公桌椅等基本的办公设施
公共场所	休息室	公司职员休息场所	配置沙发、茶几、报纸、杂志、饮水机等,必要时可以配置咖啡、茶叶、水果等食品
	接待室	客户、供应商、外来访客的接待场所	配置沙发、茶几或洽谈桌椅、咖啡、茶叶、报纸、杂志、公司简介等,必要时可配置电视、VCD等可随时播放公司宣传片的设备
	会议室	公司召开会议或重大事情的召集场所	会议桌椅、白板、白板笔、投影仪、计算机、麦克风、音响等,必要时可摆设一些绿色植物、公司荣誉等
	自行车停放区	员工上下班自行车专属停放区	应有雨棚、自行车区隔栏等基本配置
	小轿车停放区	员工上下班小轿车专属停放区	应有雨棚、车位停放线、箭头等基本配置,专属车位应有车牌号标识
	货车停放区	本公司货车专属停放区	应有雨棚、车位停放线、箭头等基本配置,特殊车位应有车牌号标识
	外来车辆停放区	外来公司办事的车辆停放区	应有雨棚、车位停放线、箭头等基本配置,并明显标示出外来车辆,保安人员负责指挥客人按规定停放
	不要物品回收区	车间、办公室的不要物品堆积场	最好有一个专门的小空间,有围墙、遮盖/雨棚、门窗等

◇ 表 3-20　区域规划的基本流程

流程	权责单位	重点事项	使用表单
流程设计合理化	各部门主管	组织流程检讨修改小组一起探讨,具体参考流程规划的相关内容	
产能评估	生产部门	要分析评估车间产能、班组产能、工序产能、个人产能,根据不同的产能差别进行生产调整,使得生产工厂的各车间、班组、工序、个人的产能尽量平衡	
物流、人员流动设计	推委会成员	设计物流方向、通路;设计人员流动的方向、通路	
根据产能和生产实际情况规划区域	各部门主管	根据生产流程、产能状况、物流等的状况进行现场区域规划	
区域平面图设计	各部门主管	每个单位根据自己的实际状况设计制作区域平面规划图,再请相关主管、区域负责人到现场进行实地评估	
区域平面图检讨修改	推委会成员各部门主管	如果评估有异议,则要汇总大家的意见进行修改、完善	
按照平面图进行区域定位	各部门主管	没有异议后,就在现场进行区域的初步定位,最好使用有颜色的胶带进行画线定位,以便于将来更改	
根据实际状况修改区域定位	各部门主管	按照定位的区域进行物品的规划和现场管理,最好能够试行一个生产淡旺季的周期,这样才能真正检查设计的区域是否真正合理	
确定每个区域的定位、画线	各部门主管	一个淡旺季过后,若没有问题,就可以实施区域定位,此时可以用油漆或其他更加牢固的材料进行界定	
区域定位的修补、完善	各部门主管	每年或每半年必须对每个区域进行一次探讨、修改,以使区域规划更加完善,对于有破损或油漆剥落的区域要重新画线	

（3）现场细节的整顿——区位规划

当同一功能的区域里面有不同性质的区位模块时,必须对不同性质的区域模块再一次进行细部的区位规划,每个区位针对的是不同性质的物品,这样将更加有利于物品的"三定"管理。

① 进行区位规划,首先必须对现场的物品进行分类考虑:各类物品放在哪里,需要多大的空间?

② 物品分类做好了,才能进行下一步的区位规划。

③ 设计制作区域、区位规划平面图,包括:

• 生产现场的区域、区位规划平面图。

• 仓库的区域、区位规划平面图。

④ 做好现场的区位管理，要注意以下几点：

• 现场的区位都必须以汉字数字或阿拉伯数字进行规划和标示，以利于将来的物料系统电脑化。

• 所有的区位都必须进行标示。

• 根据不同的物品种类设计不同的物品盛装容器，每个容器上必须有物料卡。

• 区位编号必须和物料编号同步进行。

• 区位管理和物料管理必须进入电脑系统进行系统管理。

3. 适用工具：定置管理与目视管理

（1）看板管理

看板管理是把希望管理的项目通过各类看板显示出来，使管理状况众人皆知的管理方法。看板管理是一流现场管理的重要组成部分，是给客户信心及在企业内部营造竞争氛围，提高管理透明度非常重要的手段。

根据责任主管的不同，一般可以分为企业看板管理、部门看板管理、班组看板管理三类，如表 3-21 及图 3-16 所示。

◈ 表 3-21　看板管理的种类

区分	企业看板管理	部门看板管理	班组看板管理
责任主管	高层领导	中层管理干部	基层班组长
常用形式	各种 ERI 系统 大型标语/镜框/ 匾/现况板/移动看板	标语/现况板/移动看板/图表/电子屏 部门车间口号	现况板/移动看板/活动日志/活动板/图表
项目内容	企业愿景或口号 企业经营方针/ 战略 质量和环境方针 核心目标指标 目标分解体系图 部门竞赛评比 企业名人榜 企业成长历史 大型活动展示 员工才艺展示 总经理日程表 生产销售计划	部门方针战略 公司分解目标指标 费用分解体系图 PQCDSM 月别指标设备 MTBF/MTTR 改善提案活性化 班组评比 目标考核管理 QC 工序标准 部门优秀员工 部门日程表 进度管理板 员工去向板 部门生产计划 安全卫生现况板	区域分担图/清扫责任 小组活动现况板 活动日志 设备日常检查表 定期更换板 变更点管理 工艺条件确认表 作业指导书或标准 个人目标考核管理 PQCD 每日趋势 管理主题活动/QC 工具 个人生产计划 班组管理现况 报表 物品状况板 TPM 诊断现况板

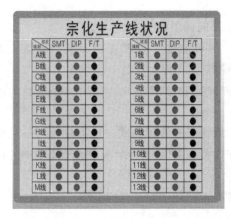

图 3-16　看板管理图例

（2）定置管理

定置管理是企业在工作现场活动中研究人、物、场所三者关系，科学地将物品放在场所（空间）的特定位置的一门管理科学。它研究物品的特定位置，从人、物、场所相互关系的内在联系上寻找解决生产现场各工序存在问题的方法；它为生产、工作的现场物品的定置进行设计、组织、实施、调整，使其达到科学化、规范化、标准化，从而优化企业物流系统，改善现场管理，建立起现场的文明生产秩序，为企业实现人尽其力、物尽其用、时尽其效而开辟新的有效途径。

企业定置管理的基本内容大致包括以下几方面。

① 全系统定置管理，包括生产制造子系统、经营子系统和行政后勤子系统等的定置管理。

② 区域定置管理，是按工艺流程把生产现场划分为若干定置区域，对每一区域中的人、机、物、法、环、测实行定置管理。区域定置是系统定置的最小单元。

③ 职能部门定置管理。

④ 仓库定置管理。

⑤ 特别定置管理，是指在生产制造过程中，把影响质量、安全问题的薄弱环节，切实实行人定置、物定置、时间定置。其内容有质量控制点定置管理、安全定置管理等。

（3）目视管理

① 目视管理的内涵与目的。目视管理是利用形象直观而又色彩适宜的各种视觉感知信息来组织现场生产活动，达到提高劳动生产率的一种管理手段，也是一种利用视觉来进行管理的科学方法，是一种以公开化和视觉显示为特征的管理

方式。目视管理的特点如下。

a. 以视觉信号显示为基本手段，大家都能够看得见。

b. 要以公开化、透明化的基本原则，尽可能地将管理者的要求和意图让大家看得见，借以推动自主管理或叫自主控制。

c. 现场的作业人员可以通过目视的方式将自己的建议、成果、感想展示出来，与领导、其他员工进行相互交流。

目视管理是一种以公开化和视觉显示为特征的管理方式，也可称为看得见的管理，或一目了然的管理。这种管理的方式可以贯穿于整个现场5S管理中。目视管理的三要点是：

a. 无论是谁都能判明是好是坏（异常）。

b. 能迅速判断，精度高。

c. 判断结果不会因人而异。

目视管理的目的在于：以视觉信号为基本手段，以公开化为基本原则，尽可能地将管理者的要求和意图让大家都看得见，借以推动看得见的管理、自主管理、自我控制。

目视管理的作用在于：

a. 暴露异常及问题。

b. 使员工了解应管理控制的项目。

c. 创造高效率的工作环境。

② 目视管理的水平。一般来说，目视管理要符合以下要求：

a. 无论谁都能判明异常和好坏。

b. 能迅速判断，且判断的准确程度高。

判断结果不会因人而异。

目视管理水平可分为三个级别：

a. 初级水平：有表示，能明白现在的状况。

b. 中级水平：谁都能判断当前的状态和问题。

c. 高级水平：列明管理方法（如异常处置办法等）。如表3-22所示。

③ 目视管理的类型。

a. 红牌。适宜于5S中的整理，是改善的基础起点，用来区分日常生产活动中非必需品，挂红牌的活动又称为红牌作战。

b. 看板。用在5S的看板作战中，是使用的物品放置场所等基本状况的显示板。包括它的具体位置在哪里，做什么，数量多少，谁负责，甚至说，谁来管理等重要的项目，让人一看就明白。因为5S的推动，它强调的是透明化、公开化，因为目视管理有一个先决条件，就是消除黑箱作业。

c. 信号灯或者异常信号灯。在生产现场，第一线的管理人员必须随时知道，

◇ 表 3-22 目视管理的层级

水平	目视管理内容	液体数量管理
初级水平	管理范围及现状明了	安装透明灯,使液体数量一目了然 150 50
中级水平	• 管理范围及现状明了; • 管理范围及现在的状况一目了然	明确上限、下限、投入范围、管理范围、现在正常与否一目了然 150 上限 管理范围 投入范围 50 下限
高级水平	• 管理范围及现状明了; • 管理范围及现在的状况一目了然; • 异常处置方法明确,异常管理装置化	异常处置、点检和清扫方法明确,异常管理装置化 下限报警器 上限报警器 上限 150 管理范围 投入范围 50 下限 原料缸管理标准 1.清扫方法 2.点检方法 3.异常处理

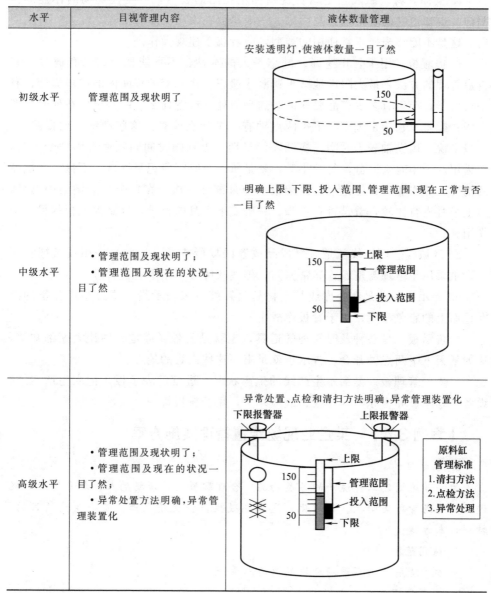

作业员或机器是否在正常开动,是否在正常作业,信号灯是工序内发生异常时,用于通知管理人员的工具。

　　d. 操作流程图。它本身是描述工序重点和作业顺序的简明指示书,也称为步骤图,用于指导生产作业。在一般的车间内,特别是工序比较复杂的车间,在看板管理上一定要有操作流程图。原材料进来后,第一个流程可能是签收,第二个工序可能是点料,第三个工序可能是转换,或者转制,这就叫操作流程图。

e. 反面教材。一般它是结合现物和柏拉图的表示，就是让现场的作业人员明白，也知道它的不良现象及后果。一般是放在人多的显著位置，让人一看就明白，这是不能够当作正常使用的类型，或者属于违规操作。

f. 提醒板。用于防止遗漏。健忘是人的本性，不可能杜绝，只有通过一些自主管理的方法来最大限度地减少遗漏或遗忘。比如有的车间内的进出口处，有一块板子，今天有多少产品要在何时送到何处，或者什么产品一定要在何时生产完毕；或者有领导来视察，下午两点钟有一个什么检查。这些都统称为提醒板。一般来说，用纵轴表示时间，横轴表示日期，纵轴的时间间隔通常为一个小时，一天用八个小时来区分，每一小时，就是每一个时间段记录正常、不良或者次品的情况，让作业者自己记录。提醒板一个月统计一次，在每个月的例会中总结，与上个月进行比较，看是否有进步，并确定下个月的目录，这是提醒板的另一个作用。

g. 区域线。区域线就是对半成品放置的场所或通道等区域，用线条把它画出，主要用于整理与整顿，异常原因，停线故障等，用于看板管理。

h. 警示线。就是在仓库或其他物品放置处用来表示最大或最小库存量的涂在地面上的彩色漆线，用于看板作战中。

i. 告示板。是一种及时管理的道具，也就是公告，或是一种让大家都知道，比如某天下午两点钟开会，告示板就是书写这些内容的地方。

j. 生产管理板。是揭示生产线的生产状况、进度的表示板，记入生产实绩、设备开动率、异常原因（停线、故障）等，用于看板管理。

【案例 3-4】 某企业现场定置管理实施方案

1. 编制目的

为科学地固定工作现场的各类物品，合理配置生产现场的人、物与场所，促进生产现场管理文明化、科学化，达到高效生产、优质生产、安全生产的目的，特制订本方案。

2. 适用范围

本方案适用于工厂现场环境的改善与管理。

3. 定置管理实施原则

① 有图必有物原则，每一个定置管理图都必然有与其对应的放置物品。

② 有物必有区原则，物品放置区域划分明确。

③ 有区必有牌原则，所有物品定置区域必须悬挂标识牌，标识牌内容应按照统一要求制作。

4. 定置管理实施计划

① 实施时间：定置管理工作应在5S推行活动中配合整理、整顿活动开展。

② 实施主体：在 5S 推进过程中，工厂建立定置管理小组，负责定置管理相关活动的组织实施。

③ 主要内容：工厂现场定置管理内容如表 3-23 所示。

◇ 表 3-23　工厂现场定置管理内容表

序号	区域	定置内容说明
1	生产车间	1. 根据车间生产需要,合理设计车间定置图; 2. 对工段、班组级工序、工位和机台定置; 3. 对工具箱定置; 4. 设备定置; 5. 对物品临时停滞区域定置; 6. 检查现场定置
2	现场区域	1. 材料区、半成品区、成品区、返修区和废品区定置; 2. 易燃、易爆、污染物停放区定置
3	可移动物	1. 劳动对象定置; 2. 工卡、量具定置; 3. 废弃物定置

5. 定置管理实施

（1）工艺研究

① 定置管理小组通过查阅相关资料以及现场观察、记录，了解生产现场现有的生产方法、机器设备和工艺流程的情况。

② 根据掌握的情况，分析记录事实，确定以下问题。

a. 生产方法是否属于先进水平。

b. 生产方法是否需要改进、更新。

c. 工艺路线、搬运路线是否科学、规范。

d. 现场信息流转是否通畅。

③ 根据确定的问题，定置管理小组组织相关人员讨论，并拟订改进方案。

（2）状态、信息分析

定置管理小组根据工艺研究改进结果，分析当前生产现场的人员、物品与场地的结合状态，具体状态划分标准与处理办法如表 3-24 所示。

◇ 表 3-24　状态划分标准与处理办法

状态类型	划分标准	实例说明	处理办法
A 状态	人与物处于能够立即结合并发挥效能的状态	操作人员使用的各种工具,由于摆放地点合理而且固定,当操作者需要时能立即拿到或做到得心应手	长期保持

续表

状态类型	划分标准	实例说明	处理办法
B状态	人与物处于寻找状态或尚不能很好发挥效能的状态	一名操作人员加工一个零件,需要使用某种工具,但由于现场杂乱或忘记了这一工具放在何处,结果因寻找而浪费了时间	改进
C状态	人与物处于没有联系的状态	生产现场中存在已报废的设备、工具和模具,生产中产生的垃圾、废品和切屑等	消除

（3）定置管理工具设计

① 定置管理小组绘制定置图，具体标准如表3-25所示。

◇ 表3-25　定置图的类型和绘制要求

定置图类型	安装位置	绘制要求
车间定置图	悬挂于车间醒目处	1. 现场中所有物品均应绘制在图上;
工段、班组工序定置图	张贴在班组责任区域内	2. 定置图应简明、扼要、完整,物体形状为大概轮廓,尺寸成比例,相对位置准确;
办公室、库房定置图	悬挂于办公室、库房醒目处	3. 现场暂时没有,但以后会出现的物品应在图上标示出来,准备清理的非必需品不必绘制;
工具定置图	贴于工具箱盖内表面	4. 定置物应用国家标准信息符号或自定信息符号进行标注,并在图上加以说明;
文件柜定置图	贴于资料柜内	5. 定置图应按定置管理标准的要求绘制,但应随着定置关系的变化而修改

② 定置管理小组对信息媒介物进行设计，具体标准如表3-26所示。

◇ 表3-26　信息媒介物设计标准

信息媒介物	说明	设计规则
信息符号	传递安全、环保、搬运、消防和交通等方面的符号	1. 有国家标准规定的符号,应直接使用国家标准; 2. 国家未规定的符号,应根据行业特点、产品特点和生产特点进行设计; 3. 设计符号应简明、形象、美观
定置图示板	表示现场定置情况的综合信息标志	1. 图示板应与相对应的定置蓝图相一致; 2. 底色应选用淡色调; 3. 图面应清洁、醒目,不易脱落

（4）定置管理执行

① 消除与生产无关的物品。将生产现场所有物品进行必要性分析，将判断为"非必需品"的物品进行处理，从生产现场清理出去。

② 按照定置图实施定置。各车间、各部门按照定置图的要求，将责任区域

内的设备、器具及其他物品进行分类、调整并定位，执行过程中应保证实物与定置图所绘的位置一致。

③ 放置标准信息标识。放置定置标识牌时，应保证牌、物、图相符，并指派专人进行管理，不得随意挪动。

【案例 3-5】 某企业设备目视管理方案

1. 编制目的

为正确、高效地实施设备清扫、点检、加油和紧固等日常保养工作，实现现场设备"零"故障，特制订本方案。

2. 适用范围

本方案适用于生产现场设备目视管理活动。

3. 职责划分

① 总经理负责设备目视管理推进的决策与监督工作。

② 目视管理小组负责设备目视管理计划的制订与组织执行。

③ 生产现场操作人员负责落实设备目视管理的各项具体工作。

4. 设备目视管理原则

① 注意事项明显化原则。将设备的规格型号、使用条件、工作程序及注意事项明显地呈现在操作人员的视线内。

② 正确操作标准化原则。明确提示设备操作的标准要求和安全要求。

③ 维护保养制度化原则。将设备维护保养制度向责任人员清晰展示，提醒其按照制度进行维护保养。

5. 设备目视管理实施步骤

① 由目视管理小组负责制订设备目视管理相关制度。

② 确定设备的操作方法、保养计划及注意事项，并在设备醒目位置悬挂标牌进行说明。

③ 设备阀门处应标明"开""关"状态。对于不同状态下需要切换的阀门应标注名称、功能和对应的状态，并用颜色加以区分。

④ 制作"设备保养日志""使用记录"及"设备保养检查表"，张贴在设备醒目处或附近墙壁上，作为设备保养及使用情况的记录。

⑤ 通过各种目视管理手法清晰呈现设备的重点部位、运行状态及参数标准，具体手法及实施要点如表 3-27 所示。

◇ 表 3-27　目视管理手法及实施要点

序号	手法	要点
1	使用不同颜色的涂料对设备加油口、管道和阀门进行标识	清楚明了地表示应该进行维护保养的部位

续表

序号	手法	要点
2	在设备的发动机、泵上使用温度感应标贴或涂刷温度感应油漆	迅速发现发热异常
3	在设备出风口处附近物品上设置连同玻璃管、飘带或小风车	对设备的正常供给、正常运转提供可视化的信号
4	将设备各种盖板尽可能地更换为透明材质的盖板	使设备重点部位运转情况清晰可见
5	用红色涂料对设备紧急停止开关进行标识	醒目标识危险动作部位
6	固定配合的零部件与设备部位用同一颜色的涂料进行标识	为设备安装、维修及保养活动提供清晰指示
7	用不同颜色的涂料对各类计量仪器的正常范围或异常范围进行标识	清楚、方便地显示计量仪器的状态范围及管理界限
8	标识出设备正常状态下的周期及运转速度	随时检验设备是否在正常状态下进行运转
9	为设备安装声光报警器	监控设备参数与故障情况

4. 评估改善：整顿的效果与持续改善

（1）整顿的评估

整顿进行到一定程度与阶段，也需要对其进行评估，如表 3-28 所示。这个表单只是一个范本，相关企业可以根据企业现场实际以及具体要求进行表单设计，以便有效检查整顿的实际效果。

◇ 表 3-28 作业现场整顿评估表

地点：　　　　　　　　部门：　　　　　　　　日期：

序号	需要整顿的区域	得分	分值低于 4 的对策、责任人
1	通道、巷道等的标识问题		
2	设备、工用具等的定置问题		
3	材料、配件等的定置与存放问题		
4	工用具等的摆放问题		
5	设备、工用具等的关键点标识问题		
6	设备、工用具的操作、检修标识问题		
7	工作流程与实际运行要求的符合性		
8	工用具取用方便性问题		
其他 1			
其他 2			
其他 3			

分数：$4 = 100\%$，$3 = (75\% \leqslant X < 100\%)$，$2 = (50\% \leqslant X < 75\%)$，$1 = (25\% \leqslant X < 50\%)$，$0 = (0\% \leqslant X < 25\%)$

对于整顿没有做好的要发出整改通知。

（2）整顿的持续改善

整顿不是一时一事的事情，是日常工作的组成部分，也是持续改善过程，关键在于责任到人，谁的区域谁负责，做到属地管理的责任到人，如表 3-29 所示。

◈ 表 3-29　通过责任到人确保整顿持续

岗位	责任人	岗位	责任人	岗位	责任人	岗位	责任人	岗位	责任人
1#	×××	4#	×××	7#	×××	10#	×××	13#	×××
2#	×××	5#	×××	8#	×××	11#	×××	…	…
3#	×××	6#	×××	9#	×××	12#	×××	…	…

班组概况	1#～13#岗位安全职责	班组区域5S管理责任人职责
设备设施 1. 压力机 2 台； 2. 起重机 2 台； 3. 输送带 2 根 **人员情况** 1. 班组人数 15 人； 2. 操作工 11 人； 3. 行车工 4 人	1. 上岗前穿戴好对应工种的劳保防护用品； 2. 开机前对设备进行检查，确保各安全防护设施良好； 3. 严格执行各工种、移动电器、输送带的安全操作规程； 4. 非本区域的人员、设施进入责任区域之前，确保符合安全评价标准； 5. 各所辖岗位交界处，由相邻区域责任人相互监督、共同负责； 6. 发生异常情况及时处理，并报班组长	1. 班组长是本区域 5S 管理工作的第一责任人，对本区域 5S 管理工作负全面责任； 2. 完成区队下达的年度 5S 管理工作指标，及时处理所辖区域内任何违反 5S 管理规定的行为，确保本区域内无违反 5S 管理规定的行为； 3. 随时检查与督促本区域人员严格遵守 5S 管理操作规程，监督职工正确使用劳保防护用品和劳动卫生防护措施，规范操作

（3）树立典型，持续实施

现场的对象不同，整顿的方法也千差万别。姑且不谈哪种方法最好，但必须要尝试去做。整顿的目的在于能够迅速取出想要的物品，虽谈不上一蹴而就，但必须想到每年甚至每天都要有所进步。

全面展开的整顿是没有尽头的，要从优先级别高的地方开始实施。建议企业树立一个整顿的典范，彻底进行改善，这样一定会有所收获，并且从中收获的经验可以水平扩展实施在其他事物上。虽然不可能完全相同，但稍加调整一定会对后面的整顿有所帮助。将典范进行彻底改善的话，效果会立竿见影。有成效就会有自信，自然能向下一个目标发起挑战，而且出了成效对周围人也能产生影响。

【案例 3-6】　某加工企业 5S 整顿实施方案

1. 编制目的

为科学合理地布置和摆放生产现场的物品，有效推进 5S 管理，提高工作效率和产品质量，特制订本方案。

2. 适用范围

本方案适用于公司内部 5S 管理推进过程中的整顿活动。

3. 整理活动目标

① 工作现场物品摆放整齐有序。

② 各类物品标识清晰，一目了然。

③ 物品取用方便，寻找时间为零。

4. 整顿时间

工作现场整顿时间应为结束整理活动一周之内。

5. 整顿步骤

（1）分析现状

① 在整理活动之后，由 5S 管理推进小组诊断现场实际情况，并进行分析。

② 分析步骤包括以下五点。

a. 检查整理工作是否全部完成，确认非必需品清理完毕。

b. 将现场工作过程中物品的传送情况用图纸表示出来。

c. 依据用品就近原则划分各类物品的摆放区域。

d. 查看各类物品是否摆放在规定区域内。

e. 将现场物品实际分布情况用表格进行记录。

（2）明确场所

① 对现场情况进行分析后，在 5S 管理推进小组的组织下，各生产车间按照各类物品的使用需求，详细划分各类物品的摆放场所。

② 用不同颜色的油漆及引线划分各区域用途，具体规定如表 3-30 区域划分说明表所示。

◇ 表 3-30　区域划分说明表

区域划分	说明
黄色实线	一般通道线、区域、固定物品的定位线
黄色虚线	机械设备定位线，表示移动台车、工具车等的停放位置
绿色区域	表示料区、成品区
红色区域	表示不合格区、废品区、危险区
红色斑马线	表示不得进入、不得放置，如配电装置、消防栓处、升降梯等区域
黄黑虎纹线	表示警告、警示，如地面突起物、易碰撞处、坑道、台阶等

（3）决定放置方法

① 整顿活动中的物品放置方法及适用对象如表 3-31 所示。

◈ 表 3-31　整顿活动中的物品放置方法及适用对象

放置形式		说明	放置对象
固定位置	场所固定	物品固定放置在区域线内或某一固定位置	产成品、机器设备、工具等
	标识固定	物品放置标识保持不变	需防潮、轻放的物品
自由位置		物品放置有一定的自由度，不必放回原处，按工艺流程、工序步骤进行流转移动	原材料、零部件、半成品等

② 物品放置具体要求。

a. 同类物品应集中放置，并按照"先进先出"的原则取用。

b. 长形物品应横放，或将多个长形物品用绳扎紧后竖放。

c. 各类使用频率高的工具，应依其形状画出外形轮廓，在固定场所定位，便于拿取存放。

d. 应将危险物品放置在特定场所，提高空间利用率。

e. 文件应按照不同类别装入不同的文件夹，并放入文件柜内，保证柜内物品明显易见。

f. 尽量使用物料架摆放物品，提高空间利用率。

（4）明确标识

对整顿区域内各类事物用标识牌标识区域、类别、物品名称、数量、用途和责任者等信息，具体标识内容如表 3-32 所示。

◈ 表 3-32　标识牌内容说明表

标识牌	标识内容
样板区域标识牌	车间名称、责任人、活动时间
工具架标识牌	班组名称、物品类别（如五金工具类、模具类等）、责任人，以及每层物品名称
工具柜标识牌	车间名称、所属货架类别编号、责任人，以及每层架上放置的物品名称
工具、物品定点标识牌	物品类别、物品名称、规格、数量、量大库存和安全库存
文件柜标识	部门名称、文件柜编号、责任人，以及每层放置文件的类别（如常用文件、表单等）
各类管理对象（如配电箱、消防用具等）	车间名称、班组名称、物品名称、物品编号和责任人

6. 整顿检查

（1）整顿合格标准

整顿活动结束后，由 5S 管理推进小组检查整顿的执行情况，具体检查标准如表 3-33 所示。

◈ 表 3-33 整顿活动检查标准

整顿项目	合格判定标准	是否合格	备注
机器设备	1. 设备之间的摆放距离远近适中,既不影响清扫维修,也不过于浪费空间; 2. 设备旁有《操作规程》和《操作注意事项》; 3. 设备维修保养的相关记录完整		
机台、台车	1. 无多余作业台或棚架,且位置摆放合理; 2. 台、架稳固,无晃动; 3. 放置需移动物品的台架有轮子,方便移动; 4. 台、架置于较高的地面上,便于清理		
工装夹具	1. 无多余或具有相同功能的工具; 2. 工具放置在离作业人员最近的地方,避免取用和归位时产生过多的步行和弯腰等动作; 3. 频繁使用的工具采用吊挂式或放置在双手展开的最大范围内; 4. 工具还原位置有定位标识		
切削工具	1. 常用工具由固定使用者负责管理,其他工具由专人负责管理; 2. 切削工具摆放方向一致、整齐,无堆压现象,且有定位标识; 3. 工具放置区域有防锈保护; 4. 采用插孔式放置的工具,其形状、大小应与放置的孔向相适应		
材料	1. 材料存放在放置界限内; 2. 摆放材料的转箱的边线一致,便于先进先出; 3. 将不良品放置在固定场所,并有标识		
配线、配管	1. 配线、配管直线、直角安装,中间安装束套,放置稳固; 2. 每条配线、配管的颜色标识准确		
备品配件	1. 摆放位置固定,且有标识; 2. 防潮、防锈设施完整		
危险品	1. 严格按照各类危险品的存放要求和标准存放; 2. 存放处使用警示标识,并标明《使用规定》及《注意事项》; 3. 存放处附近配备救护措施,并张贴警示标语; 4. 化学品标识注明化学品类型、名称、危险情况及安全措施		
油类 (润滑油等)	1. 分类放置,以颜色进行标识; 2. 标识牌清晰,可分辨名称、数量及加油周期; 3. 防火、公害、安全方面保护设施完备,无漏油等情况; 4. 容器内无灰尘、异物的混入		
清扫用具	1. 放置位置适合,不在配电房或出入口处放置; 2. 用悬挂方式放置,且下设滴水接盘; 3. 将簸箕、垃圾桶定位置且保证稳固		

续表

整顿项目	合格判定标准	是否合格	备注
仓库	1. 仓库内物品分区、分架、分层摆放； 2. 设置仓库总看板，可对现状一目了然； 3. 搬运工具定位摆放，便于使用； 4. 使用标准量具，严格遵守最高限量基准		
办公室	1. 部门标识准确完整； 2. 办公设备及用品定位准确，且保持整洁，由责任人定期点检； 3. 资料档案按大、中、小分类，并用颜色标识； 4. 看板、公告栏版面布局区分标识		

（2）不合格项整改

5S管理推进小组对各车间、部门的整顿项目判定为不合格的，应由责任部门对不合格项进行限期整改，经5S管理推进小组检验后才可确认合格，如表3-34所示。

◎ 表3-34 不合格项整改表

编号： 区域：

序号	整改内容	责任人	期限	检验人	检验时间	判定结果

三、清扫——最佳的状态

清扫是确保现场所有的要素，尤其是设备要素处于最佳状态，消除环境中的污染源、危险源。

1. 行动准备：清扫前的几项准备工作

（1）理念准备

① 清扫的内涵。清扫就是把脏的地方弄干净，把垃圾扫起来。但是，现代企业所需要的不仅仅是这种表面上的工作。清扫不仅仅是打扫，而是加工工程中的一部分。清扫除了清除脏污，保持工作场所内干干净净、明明亮亮，还要排除一切干扰正常工作的隐患，防止和杜绝各种污染源的产生。清扫要用心来做，必须人人动手，认真对待，保持良好的习惯。

现场在生产过程中会产生灰尘、油污、铁屑、垃圾等，从而使现场变脏。脏的设备会使设备精度下降，故障多发，影响产品质量，使安全事故防不胜防；脏的现场更会影响人们的工作情绪。必须通过清扫活动来清除那些杂物，创建一个明快、舒畅的工作环境，以保证安全、优质、高效率的工作。

② 清扫的实施对象。清扫主要是指将工作场所彻底清扫，杜绝污染源，及时维修异常的设备，以最快的速度使其恢复到正常的工作状态。通过整理和整顿两个步骤，将物品区分开来，把没有使用价值的物品清除掉。

一般来说，清扫的对象主要集中在以下几个方面。

一是清扫办公区域的所有物品。人们能看到的地方、在机器背后通常看不到的地方都需要进行认真彻底的清扫，从而使整个工作场所保持整洁。

二是彻底修理机器工具。各类机器和工具在使用过程中难免会受到不同程度的损伤。因此，清扫还包括彻底修理有缺陷的机器和工具，尽可能地降低故障率。

三是发现脏污问题。机器设备上经常会出现油渍污渍，因此需要工作人员定时清洗、上油、拧紧螺丝，这样在一定程度上可以提高机器设备的品质，减少工业伤害。

四是减少污染源。污染源是造成无法彻底清扫的主要原因之一。粉尘、刺激性气体、噪声、管道泄漏等都是污染源。只有解决了污染源，才能够彻底解决污染问题。

③ 清扫推行的目的。清扫是消除环境混乱产生的工作流程上的变动性，确保流程稳定运行。清扫的目的有三个方面：

第一，消除不利于产品质量、成本、功效等的因素。

第二，保证设备零故障地工作，确保设备正常运行。

第三，创造干净明亮的工作环境，创造无尘化办公区、无尘化车间，令人心情愉快，让员工身心健康。

以上三个方面的核心在于：故障为零、不良为零、灾害为零。员工需要带着三个为零的意识进行现场的清扫。清扫的目的就是去除问题的基本点，减少工业伤害，维护安全生产，培养发现问题的习惯，消除不利于提高产品质量的因素，减少对人们健康的伤害，消除导致故障发生的现象。清扫可以保证工具、物料、设备等处于正常使用状态，尤其是对强调高品质、高附加值的产品制造现场，更不容许有垃圾和灰尘的污染造成产品的质量问题，所以清扫可以起到提高设备性能的作用，更好地贯彻保养的计划，提升作业的质量，减少操作过程中的事故发生率，创造无尘化的工厂，减少脏污对产品的影响，最终提高产品的质量。

④ 推行清扫的作用。第一，清扫就是点检。拿着拖把或者抹布进行卫生清洁，这种"清扫"其实就是我们通常说的大扫除；清扫就是点检，对设备的清扫本身也是对设备的维护。根据"谁使用谁管理"的原则，让设备的使用者参与设备的维护，既可以激发使用者对设备使用的责任感，又可以使使用者对设备的性

能更为了解，因为使用者与设备朝夕相处，通过清扫与机器设备的"亲密接触"，可以预先发现异常，更好地避免故障的发生，降低事故发生率。

对设备的清扫有以下几个作用：

a. 使任何人都能够判断设备的性能状况，降低了使用、管理难度。

b. 点检位置、步骤有明确要求，操作易于进行。

c. 通过目视管理及异常警示，使维护保养容易进行。

d. 良好的运行管理机制，能够预防故障的发生。

第二，无尘化。清扫的最大作用是通过整理、整顿，使"必需物品"处于能立即取到的状态，取出的物品还必须完好可用。

目前国际上出现了很多无尘化、无人化的"无人化工厂"。所谓"无人化工厂"也并非真正没有人，而是自动化程度非常高，工作人员数量很少。日本人说，无人始于无尘，也就是说，高度自动化的企业若能真正保证无人运转顺利、稳定，首先就是要做到无尘。灰尘虽小，但不容忽视，因为它的破坏作用是极大的，如图 3-17 所示。机器上有灰尘，就会发生氧化反应，从而腐蚀设备，造成生锈。腐蚀、生锈易造成接口松动，使得零部件脱落、变形，甚至产生断裂，发生故障。清扫就是要让企业中的岗位以及机器设备完完全全没有灰尘。

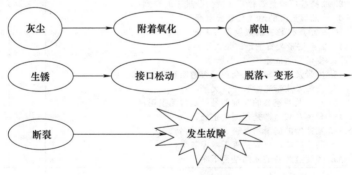

图 3-17　灰尘的影响图

（2）其他准备

清扫前的其他准备包括安全教育、设备常识教育与技术准备。

安全教育工作就是对员工做好清扫的安全教育，对可能发生的事故，包括触电、刷伤、捅伤，油漆的腐蚀，尘埃附落的扎伤、灼伤等不安全因素，进行警示。很多人往往会觉得，清扫是一件很简单的事情，其实清扫的准备工作首先要实施安全教育，这非常重要。对那些不安全的因素要警示。

企业应对员工就设备的老化、出现的故障、可以减少人为劣化因素的方法、减少损失的方法等进行教育，使他们通过学习设备基本构造，了解其工作原理，能够对出现尘垢、漏油、漏气、震动、异常等状况的原因进行分析。对于设备的耐用教育，比如用什么方法可以减少人为的劣化，从而避免过早地因老化而出现故障，如何减少损失、提高效率，等等。通过学习设备的基本构造来了解机器设备及其工作原理，绘制设备简图，对出现尘垢、漏油、漏气、振动、异常等状况的原因进行解析，使员工对设备有一定的了解。

技术准备是指清扫前制订相关作业指导书、相关表格，明确清扫工具、清扫重点、加油润滑的基本要求、螺丝钉卸除和紧固的方法及具体顺序步骤等。其中，要明确清扫重点，可以使用清扫重点检查表，如表 3-35 所示。指导并组织学习相关的指导书，明确清扫工具、清扫的位置，提出加油润滑、螺丝钉卸装的方法及具体的顺序、步骤等基本要求。

◈ 表 3-35　清扫重点检查表

方法	重点	是	否	备注
用眼睛看	1. 压力表位置是否容易点检； 2. 压力表的正常值是否容易判读； 3. 油量计位置是否适当； 4. 油面窗是否干净； 5. 油量是否处于正常范围内； 6. 油的颜色是否正常； 7. 给油口的盖子是否锁紧； 8. 油槽各部位是否存在让灰尘跑进去的空隙； 9. 给油口盖子的通气孔是否阻塞； 10. V 形皮带装置的数量是否正确； 11. V 形皮带装置的形式是否正确； 12. 皮带是否固定牢靠、不振动； 13. 皮带及皮带轮的安全盖是否透明且容易点检； 14. 皮带及皮带轮是否正常无倾斜； 15. 马达及减速器的联轴器是否正常无损耗； 16. 马达及减速器是否调整正确； 17. 减速器的润滑油是否干净、无污染； 18. 马达的冷却风扇是否干净无灰尘； 19. 吸气过滤器的滤网是否干净			
用耳朵听	1. 马达是否有异音； 2. 皮带、链条是否有滑动声； 3. 设备是否发出奇怪的声音			
用鼻子闻	气门阀运作时是否有异味			
用手摸	1. 马达的外表是否有异常的发热现象； 2. 马达是否有振动、转动不匀的现象； （以下各项均需关掉电源进行点检） 3. 马达及各处的安全盖是否松动； 4. 皮带的张力是否不足； 5. 各部的螺丝是否有松动的现象； 6. 各处配置是否有交叉接触现象； 7. 各处配置是否有摩擦而致破损的状况； 8. 设备各处是否有漏水的现象； 9. 设备各处是否有漏油的现象； 10. 如有漏水(油)，把设备擦干净，查看漏水(油)的状况是否严重			

2. 制订标准：清扫的程序化与标准化

很多企业没有做好5S管理的一个根本原因就是把清扫理解为就是打扫卫生，5S管理不是简单的打扫卫生。在推行清扫这个"S"之前，对清扫的正确认识十分重要，清扫不仅仅是打扫卫生，打扫卫生只是清扫里面的一个原则，清扫的三大原则分别是扫黑、扫漏、扫怪。

（1）清扫三原则

清扫是三点式的清扫，分别为扫黑、扫漏、扫怪，只有真正做到这三个方面的清扫，才能实现真正意义上的清扫，如图3-18所示。

① 扫黑。扫黑，就是扫除垃圾、灰尘、纸屑、蜘蛛网等。清扫是进行卫生清洁；看得见的，如台面、地面、墙面、天花板等；看不见的，如油管、气管、空气压缩机等不易发现、看不到的内部结构，电脑鼠标、打印机内侧和其他死角。

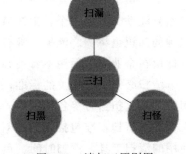

图 3-18　清扫三原则图

② 扫漏。扫漏，就是扫除漏水、漏油、漏气，进行漏处理等。

③ 扫怪。扫怪，就是扫除异常的声音、温度、震动等。

清扫是清除异常；清扫是维护、点检；清扫是警示、预防。如地面不平、离合器磨损、电风扇吊钩锈坏、仪器仪表失常、螺丝松动、电线老化、合页损坏等（车间的电风扇常年失修，容易掉下）。

（2）清扫的注意点

清扫的注意点包括责任化、标准化和污染源改善处理。

① 责任化。责任化是要明确责任和要求。在5S管理中，经常采用如表3-36所示的5S区域清扫责任表来确保责任化。在责任表中，对清扫区域、清扫部位、清扫周期、责任人、完成目标情况都应有明确的要求，提醒现场操作人员和责任人员需要做哪些事情，有些什么要求，明确用什么方法和工具去清扫。

◇ 表 3-36　5S 区域清扫责任表

内容	1 日	2 日	3 日	4 日	5 日	6 日
目标要求						
实际评估						
情况确认						

② 标准化。当不小心把一杯鲜奶洒在桌子上时，有人会先用干毛巾擦后再用湿毛巾擦，而有人会先用湿毛巾擦后再用干毛巾擦。对于如此简单的一个问题，竟然有两种完全不同的答案。现场管理遇到的问题比这要复杂得多，如果不能够实现标准化，同样的错误可能不同的人会重复犯。因此，清扫一定要标准化，共同采用不容易造成安全隐患的、效率高的方法。

标准化是用来确保改善的效果，使之能继续维持下去。"标准"的一种定义，是指"做事情的最佳方法"。如果现场员工都能遵照标准工作的话，就能确保顾客满意。如果标准是意味着"最佳的方法"，那么每一位员工每一次都必须遵照相同的标准、相同的方法去工作。

如果员工在其重复性的工作过程中不遵守标准，其后果将是导致质量的变动及差异波动。如果一个员工知道工作的最佳方法，却没有将此知识分享出来，他或她的知识也将随之流失。唯有予以标准化、制度化，这些在企业内的知识才得以保留在企业内，而用不着关心员工的流动率了。

清扫必须制订相关的标准，包括：明确清扫的对象、方法、重点、周期、使用的工具、担当者等各种项目。

建立清扫基准包括：清扫对象、清扫方法、重点、要求标准、周期、时机、使用的清扫工具、清扫时间、负责人。

建立清扫后的检查标准：检查对象、检查人员、检查时间、检查记录。清扫规范示意表如表 3-37 所示。

◇ 表 3-37 清扫规范示意表

对象	清扫要点、方法	工具	清扫标准要求	周期	清扫时间	负责人
职场	1. 通道、地面扫擦； 2. 工作台、椅自行扫擦； 3. 通风口铲垢； 4. 配管配线抹擦； 5. 开关，关灯后抹擦； 6. 覆盖、护盖抹扫； 7. 天花板抹扫	拖把、抹布、毛巾、纱布、刮刀、扫把、钢刷、洗涤剂，禁止使用化学危险品	1. 平整、无尘、亮丽、无杂物遗落； 2. 洁净、无残缺、无划痕； 3. 无沾附油渍、污垢； 4. 干净、无尘埃、无污垢，颜色鲜明； 5. 开关洁净，拨动灵活，标识清晰； 6. 洁净无污垢、虫网，灯管、灯盆明亮	每周一次，其中1和2点还需要每天5分钟清扫	每周六下午 4：30～5：00	各责任区所属单位的全体员工
办公设备	先用纱布蘸洗涤剂轻轻摩擦，再用干纱布擦净设备重点部位之处表面和容易积尘的地方。如：电脑、传真机、复印机、空调等	湿纱布、干纱布	主机和重点部位的正面、背面、颈部、送风口等容易积尘的地方无污垢	每周一次	每周六下午 4：30～5：00	各使用人

续表

对象	清扫要点、方法	工具	清扫标准要求	周期	清扫时间	负责人
机械设备	1. 空压系统，抹布擦拭； 2. 工作台、椅自行抹擦，油压润滑油系统，抹布擦拭，不能用风筒吹； 3. 机械传动、滑动部位，切屑污垢，抹布擦拭； 4. 电气系统，抹布擦拭附着灰尘，关电后轻拭开关等； 5. 工具、模具、量具，柔软纱布擦拭	抹布、纱布	1. 各系统无尘埃、污垢； 2. 机械传动、滑动部位无阻塞、污垢、杂物； 3. 电气系统洁净、干燥、无锈蚀； 4. 工具、模具、量具精确锃亮	每天一小扫，每周一中扫，每月一大扫	每天上下班时，每周末，每月盘点时	作业员、技术人员

在清扫作业标准中，要强调容易遗忘的角落、清扫困难部位、污染发生源等重点方面。清扫作业标准越详细，员工对待清扫的态度就越端正，效果会更好。

清扫作业标准还可以作为新员工进行清扫的培训教材。

③ 污染源处理改善。推行5S管理一定不能让员工们觉得只是不停地擦洗设备、搞卫生，每天都在付出。需要清扫的根本原因是存在污染源。如果不对污染源进行改善处理，仅仅是不断的扫地，员工一定会对5S管理产生抵触情绪。因此，必须引导员工在污染源发生方面做出一些有效的处理改善措施，很多污染源只需要采取一些简单的措施和较少的投入，就能予以有效杜绝。

3. 设备点检：消除危险确保状态最优

丰田汽车有一句名言：清扫就是点检，是清扫、复原、改善的行为过程。如图 3-19 所示。

清扫、复原、改善的行为过程

清扫就是点检	通过点检发现问题	对发现的问题加以改善
轻松清扫 清扫不是去除垃圾和污染，而是考虑如何不产生垃圾，如何不造成污染 ■ 寻找垃圾发生源的对策 ■ 寻找污染发生源的对策 ■ 寻找清扫困难点的对策 ■ 分区分时进行清扫 ■ 进行责任分工	五感清扫 通过五感培养发现问题的习惯与能力 ■ 泄漏污染 ■ 振动、发热 ■ 异味 ■ 异声 ■ 味觉	问题解决 培养寻找问题的原因和改善的能力 ■ 三现主义 ■ 原理、原则 ■ 原因、对策 ■ 标准化 ■ 横向展开（举一反三）

图 3-19　清扫、复原、改善的行为过程图

现场操作人员要自己动手清扫而非用清洁工来代替，清除常年堆积的灰尘污垢，不留死角，将地板、墙壁、天花板甚至灯罩的里边、工作现场都要打扫得干干净净。在工作岗位内，设置一个区域，在这个区域内，所有看得到的或看不到的一切物品与机器设备，都要进行清扫。而清扫的目的就是要扫除一切垃圾和灰尘。

清扫、检查机器设备是清扫的重要内容。设备应是一尘不染、干干净净的，每天都要保持设备原来的状态。设备本身及其所附属的辅助设备也要清扫。比如分析仪或气管、水槽容易发生跑气、冒烟、滴油或滴水现象，漏油、漏水的部位要重点检查和确认；油管、气管，空气压缩等不易发现，看不到的内部结构也要留心注意。清扫时，边清扫、边改善设备的状态，把设备的清扫与检查，保养润滑结合起来。清扫就是点检，通过清扫把污秽、灰尘尤其是原材料加工时剩余的那些东西清除掉，这样磨耗、瑕疵、漏油松动裂纹变形等问题就会彻底地全部暴露出来，也就可以采取相应的弥补措施，使设备处于完好整洁的状态。

对清扫中发现的问题，要及时进行整修，如地板凹凸不平，搬运的车辆走在上面会让产品摇晃甚至碰撞，导致发生问题，这样的地板就要及时整修。对于松动的螺栓要马上紧固，补上丢失的螺丝螺帽等配件，对于那些需要防锈保护、润滑的部位，要按照规定及时地加油或保养更换老化的或可能破损的水、气、油等各种管道。只有通过清扫，才能随时发现工作场所的机器设备或一些不容易看到的地方需要维修或保养，及时添置必要的安全防护装置，比如防电的鞋、绝缘手套等，要及时地更换绝缘层；已经老化或被老鼠咬坏的导线，要及时地更换并予以处理。

（1）设备清扫注意事项

实施设备的清扫需要注意以下问题。

① 不仅设备本身，其周围环境、附属、辅助设备也要清扫，如图 3-20 所示。

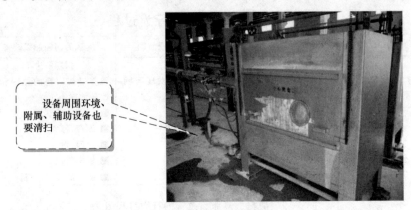

设备周围环境、附属、辅助设备也要清扫

图 3-20　设备周边环境清扫

② 对容易发生跑、冒、滴、漏部位要重点检查确认，并将漏出的油渍擦拭干净。

③ 清扫时油管、气管、空气压缩机等看不到的内部结构要特别留心。

④ 核查并清除注油口周围有无污垢和锈迹。

⑤ 核查并清除表面操作部分有无磨损、污垢和异物。

⑥ 检查操作部分、旋转部分和螺丝连接部分有无松动与磨损，如有则通知设备管理部前来处理。

⑦ 每完成一台设备的清扫工作之后，自行检查，确保设备干净整洁，如图 3-21 所示。

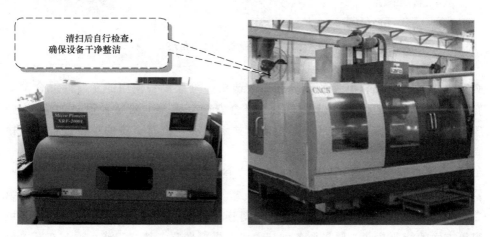

清扫后自行检查，
确保设备干净整洁

图 3-21　设备清扫后自行检查

（2）清扫设备需要查找设备的"六源"

现场员工在开展清扫工作的同时要注意查找设备的"六源"，具体要求如下。

① 查污染源。污染源是指由设备引起的灰尘、油污、废料等，甚至包括有毒气体、有毒液体、电磁辐射、光辐射以及噪声方面的污染。设备整顿人员要寻找、收集这些污染源的信息，通过源头控制、采取防护措施等办法加以解决。

② 查清扫困难源。清扫困难源是指设备难以清扫的部位，包括设备周边角落，如图 3-22 所示。

设备内部深层无法使用清扫工具的部位；污染频繁，无法随时清扫的部位；人员难以接触的区域，如高空、高温、设备高速运转部分等。解决清扫困难源的方法有：通过控制源头，采取措施使其不被污染；设计开发专门的清扫工具。

③ 查危险源。危险源是指和设备有关的安全事故发生源。由于现代企业的设备都有向大型、连续化方向发展的趋势，一旦出了事故，就会给企业乃至社会带来危害。设备安全工作必须做到"预防为主、防微杜渐、防患于未然"，

设备周边角落
是清扫困难源

图 3-22　清扫设备周边的角落

必须消除可能由设备引发的事故和事故苗头，确保设备使用的元器件符合国家有关规定、设备的使用维护修理规范符合安全要求等。对特种设备如输变电、压力容器等严格按照国家的有关规定和技术标准，由有资质的单位进行定期检查和维修。

④查浪费源。浪费源是指和设备相关的各种能源浪费。第一类浪费是"跑、冒、滴、漏"，包括漏水、漏油、漏电、漏气以及各种生产用介质等的泄漏；第二类是"开关"方面的浪费，如"人走灯还亮""设备空运转"，冷气、热风、风扇等方面的能源浪费。要采取各种技术手段做好防漏、堵漏工作，通过在开关处设置提示信息，帮助员工养成节约的好习惯。

⑤查故障源。故障源是指设备自身故障。要通过日常的统计分析逐步了解掌握设备故障发生的原因和规律，制订相应的措施以延长设备正常运转时间。如因润滑不良造成的故障，应采取加强改造润滑系统；因温度高、散热差引起的故障，应通过加强冷风机或冷却水来实现等。

⑥查缺陷源。缺陷源是指现有设备不能满足产品质量的要求。企业应围绕保障和提高产品质量，寻找影响产品质量的生产或加工环节，并通过对现有设备进行技术改造和更新来实现。

4. 评估改善：清扫的效果与持续改善

清扫活动也需要持续展开，尤其是要让清扫活动日常化。

（1）清扫的评估

清扫进行到一定程度与阶段，更是需要对其活动的结果进行有效评估，如表 3-38 所示。

◈ 表 3-38　作业现场清扫评估表

地点：　　　　　　　　　　　部门：　　　　　　　　　　日期：

序号	需要整理的区域	得分	分值低于 4 的对策、责任人
1	公共区域清扫的责任界定		
2	公共区域是否存在垃圾与污染		
3	公共区域是否存在危险源与污染源		
4	专属区域、设备是否点检		
5	专属区域、设备是否存在危险源与污染源		
6	设备设施的点检是否存在可视化标准		
7	设备设施的点检是否有记录		
8	设备设施点检出的问题是否有解决方案		
其他 1			
其他 2			
其他 3			

分数：$4＝100\%,3＝(75\%≤X<100\%),2＝(50\%≤X<75\%),1＝(25\%≤X<50\%),0＝(0\%≤X<25\%)$

对于清扫没有做好的，也需要发出整改通知，督促整改。

（2）清扫的持续改善

把现场清扫的工作日常化，自己的区域自己负责清扫。清扫不只是定期清扫，更重要的是随时清扫，随时保持安全、清洁、有序的工作环境。养成随时清扫的习惯，就会随时发现问题，就会持续改善，如图 3-23 所展示的就是清扫习惯的养成过程。

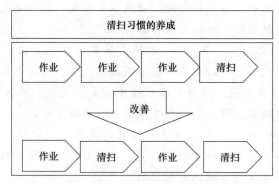

图 3-23　清扫习惯养成图

与此同时，对公共区域必须建立起清扫轮流值班制度。通过轮流值班制度，可在公共区域形成全员参与的清扫制度；通过可视化清扫看板，对清扫人、过程起到监督促进作用。清扫就是点检，对环境与环境中的设备进行点检，就是发现问题，防患于未然。

【案例 3-7】 某企业配电室清扫（点检）方案

1. 清扫目的

根据《用电单位电气设备运行管理规程》要求，配电装置应根据设备污秽情况、负荷重要程度及负荷运行情况等条件，每个时间段必须定期对设备进行清扫检查工作。

2. 清扫范围

配电室高压配电柜、低压配电柜、变压器、电容器柜、直流屏柜。

3. 清扫时间

计划于 2020 年 6 月 13 日 21 时至 2020 年 6 月 13 日 22 时进行清扫。

4. 清扫工作对设备运行的影响

由于清扫工作涉及单路供电的设备会在清扫期间全部断电，双路供电设备只能保障一路供电，双路供电设备就面临工作回路与备用回路自动切换的问题，因而对双路供电设备应采取相应措施应对。双路供电设备包括：EPS 应急电源柜、UPS 电源柜。

对产生影响设备采取的应对措施如下。

① 停电清扫工作前 2 个工作日以书面形式上报上级部门。

② EPS 应急电源柜、UPS 电源柜：检查逆变电路、确保双互投及输出电路正常可靠。

5. 清扫内容

① 高压柜。检查外观、仪表，紧固母排及二次线连接；检查进出及分合闸操作机构、触头触点；检查连接电缆、接线端子紧固；检查电气、机械连锁；清扫配电柜、紧固连接螺栓；接地电阻摇测。

② 直流屏、电池柜。检查外观、仪表，紧固电缆及二次线连接、检查电池容量、电池充放电试验；清扫配电柜，紧固连接螺栓；接地电阻摇测。

③ 变压器。检查外观；清扫尘土；检查母排、电缆、安装紧固件、紧固连接螺栓；检查冷却风机、仪表、保险及二次线；绝缘摇测。

④ 低压配电柜。检查外观、仪表，紧固母排及二次线连接；检查进出及分合闸操作机构、触头通断；检查连接电缆、母排及连接电缆，接线端子紧固；清扫配电柜，紧固连接螺栓；接地电阻摇测。

⑤ 电容器、电抗器、接触器、保险：检查外观；测量保险；紧固螺丝，检查紧固二次线；转换开关操作测试；电容补偿柜主电源开关操作测试；清扫尘土。

6. 具体实施方案

为保障清扫工作的顺利完成，结合供配电系统运行方式（两路供电），提高工作效率以尽可能降低检修工作对电气设备运行的潜在影响，同时考虑在停电清扫期间各变压器、开关的负荷变化情况以及工作量、人员配备情况，将此次清扫工作分两个时间段进行，每个时间段对一路高压供配电设备进行停电清扫检修。

① 第一个停电清扫时间段与范围。

2020 年 6 月 13 日 21：00 至 2020 年 6 月 13 日 21：30。

停电清扫范围：高压柜 1 号、1 号变压器、1 号母线侧低压柜区。

② 第二个停电清扫时间段与范围。

2020 年 6 月 13 日 21：30 至 2020 年 6 月 13 日 22：00。

停电清扫范围：高压柜 2 号、2 号变压器、2 号母线侧低压柜区。

7. 工具及安全措施准备

万用表 1 块，电流表 1 块，高、低压试电笔各 1 支，一字螺丝刀 3 把，十字螺丝刀 2 把，套桶扳手 1 套，吸尘器 1 台，抹布 5 块等。

8. 记录归档

① 工作完成后各小组填写电气设备清扫保养记录。

② 当值值班电工填写相应的变配室值班、运行记录。

③ 将"工作票""倒闸操作票"交档案室汇总归档。

四、清洁——最好的标准

清洁就是将干净、整洁持续下去，形成一种让员工坚持下去的标准。"清洁"这个词常用于美化印象的场合。

1. 强化理念：清洁的内涵与关注点

（1）清洁的内涵

清洁就是在整理、整顿、清扫之后的日常维持活动，即形成制度和标准。清洁，是对前三项活动的坚持和深入。这一管理手段要求每位员工随时检讨和确认自己的工作区域内有无不良现象。

在现场 5S 管理过程中，清洁被认为是重复地做好整理、整顿、清扫，形成制度化、规范化、标准化的内容，包含伤害发生的对策及成果的维持。如果将这个"清洁"的概念运用到工作现场中，就是切实遵守既定的规则，一丝不苟地进行打扫、彻底地清除垃圾，将这些行动持续下去的话，就是"干脆爽快的行动"，如果全体员工都能参与，其现场最终能营造出安心的工作氛围。

（2）清洁的目的

清洁是为了消除精神影响所产生的工作流程上的变动性，确保流程稳定运行。清洁的主要目的是维持和稳固整理、整顿和清扫的效果，保持生产现场任何时候都处于整齐、干净的状态。也就是将整理、整顿、清扫进行到底，并成为一种制度和习惯；工作环境始终保持清洁、卫生，无污染、无灰尘、无废物，环境优美，全体人员工作在既安全又健康的环境中。

① 维持洁净的状态。整理、整顿、清扫是动作，清洁是结果。即在工作现场进行整理、整顿、清扫过后呈现的状态是清洁，而要保持清洁，就要不断地进行整理、整顿和清扫。所以，清洁就是把整理、整顿、清扫的事情坚持地、重复地做下去，从而维持洁净的状态。工作现场洁净明亮，会使人产生愉悦的心情，有利于个人潜能的发挥和工作效率的提高。

② 通过制度化来维持成果。通过进一步的整理、整顿、清扫检查，发现 3S 管理工作中的不足，认真进行改善。将推行 5S 管理好的工作经验标准化和制度化，向广大员工宣传教育，通过制度化来维持成果，使 5S 管理的工作不断地向纵深发展。

③ 清洁是标准化的基础。所谓标准，就是"为了在一定范围内获得最佳秩序，经协商一致制订并由公认机构批准，共同使用和重复使用的一种规范性文件"。对整理、整顿、清扫如果不进行标准化，员工就只能按照自己的理解去做，实施的深度就会很有限，就只能进行诸如扫扫地、擦擦灰、摆放整齐一点之类的事情。

④ 企业文化开始形成。企业文化是一种现代企业的管理思想和管理模式，体现了企业及其员工的价值准则、经营哲学、行为规范、共同信念，是全体员工共同遵守的准则，并通过员工的行为表现出来。

（3）清洁的作用

"清洁"与前面所述的整理、整顿、清扫的 3 个 S 略微不同。前三部分是行动，清洁并不是"表面行动"，而是表示了"结果"的状态。它当然与整理、整顿有关，但与清扫的关系最为密切。为机器设备清除油垢、尘埃，谓之清扫，而"长期保持"这种状态就是"清洁"，将设备"漏水、漏油"现象设法找出原因，彻底解决，这也是"清洁"，是根除不良和脏乱的源头。因此"清洁"具有"追根究底"的科学精神，大事从小事做起，创造一个无污染、无垃圾的工作环境。

① 维持作用。清洁起维持的作用，将整理、整顿、清扫后取得的良好成绩维持下去，成为企业内必须人人严格遵守的固定的制度。

② 改善作用。对已取得的良好成绩，不断地进行改善；使之达到更高更好的境界。改善要做到以下几点：贯彻 5S 管理的意识，寻找有效的激励方法；坚持不懈；一时养成的坏习惯要花 10 倍的时间去改正；贯彻和推动 5S 管理；推行透明管理；运用激励的办法，目的是让企业内部的全体员工每天都对本企业正在进行的现场 5S 管理评价活动持有饱满的热情。

（4）清洁的关注点

清洁活动有三个原则，主要表现在以下方面：坚持"三不要"的原则，即不要放置不用的东西，不要弄乱，不要弄脏；不仅物品需要清洁，现场工人同样需要清洁，工人不仅要做到形体上的清洁，而且要做到精神上的清洁。

清洁并不是单纯从字面上进行理解，它是对前三项活动的坚持和深入，从而消除产生安全事故的根源，创造一个良好的工作环境，使员工能愉快地工作。这对企业提高生产效率、改善整体的绩效有很大帮助。清洁活动实施时，需要秉持三个要点：

① 只有在清洁的工作场所才能生产出高效率、高品质的产品。

② 清洁是一种用心的行动，千万不要只在表面上下功夫。

③ 清洁是一种随时随地的工作，而不是上下班前后的工作。

此外，清洁要取得成效，还要做到三点：一是制度化，二是要定期检查，三是坚持。通过制度化，可以使整理、整顿、清扫工作自始至终、持之以恒；通过定期检查，可以发现存在的问题，实现持续改进，组织可以不断创新发展。

2. 内容可视：现场作业过程的透明化

清洁活动中重要的是达到一目了然的现场效果，可视化是非常重要的思路。回想一下家里的电冰箱，什么物品放在哪里能够全部回答上来吗？现在的冰箱分为冷藏、冷冻、零度保鲜等若干区域，这与清洁的思路一致，缺点就是从外面无法看见。经常使用的物品在家庭中都有大致固定的摆放位置，所以寻找起来才不会很费力，但是寻找不常使用的物品就会很费劲，特别是在冰箱塞满的情况下寻找会更加吃力。带门的储物柜因为看不见里面，就无法对内部进行整顿，整理和清扫也一定很难进行。企业也是如此，如果看不见放置的地方，再怎么固定也无法立即取出，而且看不见的话往往有胡乱堆放的倾向。

可视化管理以企业内一切看得见摸得着的物品为对象，进行统一管理，使现场规范化、标准化。通过形象直观、色彩适宜的各种视觉感知信息来组织现场范围内的各项管理活动，并运用定位、画线、挂标示牌等可视化技巧及方法来实现管理的可视化，使员工能及时发现问题，达到提高劳动生产率和产品质量的目的。

可视化管理是指现场5S管理活动，尤其是其中的整理、整顿、清扫活动结束后，通过人的五感（视觉、触觉、听觉、嗅觉、味觉）能够感知现场现物的正常与异常状态的方法。可视化管理是用眼睛观察的管理，体现了主动性和有意识性。可视化管理也称为一目了然的管理，可视化最有效的方法是目视化管理。

① 可视化管理的目的在于：

• 明确告知应该做什么，做到早期发现异常情况，使检查有效。

• 防止人为失误或遗漏，并始终维持正常状态。

• 通过视觉，使问题点和浪费现象容易暴露，事先预防和消除各类隐患和浪费。

② 可视化管理有三个原则：

- 视觉化：彻底标示，进行色彩管理。
- 透明化：将需要看到的被遮隐的地方显露出来，情况也如此。
- 界限化：即标示管理界限，标示正常与异常的定量界限，一目了然。

③ 一般来说，企业可视化管理的范围有：

- 人的行动。
- 厂房、办公室的状态、名字、用途、使用或联络方法。
- 设备、装备的状态。
- 材料及备品的良/不良、数量、位置、品名、用途。
- 工器具的良/不良、数量、位置、品名、用途或使用方法。
- 制造方法、条件的标准。
- 生产的进行状态、显示看板。
- 文件的保管、拿取方法。
- 其他情报/管理信息。

④ 常用的可视化管理工具有：

- 油漆、胶带、看板、颜色。
- 文字、数字、线条、箭头。
- 一览表、图表、图形、照片。
- 感温纸、灯信号、有声信号。
- 特殊设施等。

⑤ 可视化管理的要点有：

- 从远方也能辨认出。
- 任何人使用都一样方便。
- 在想要管理的地方进行标示。
- 任何人都容易遵守，容易更改。
- 容易明白状态正常与否，且谁都能指出。
- 有助于把作业场所变得明亮、整洁。
- 有助于维持安全、愉快的环境。

可视化管理作业流程、类型如表 3-39、表 3-40 所示。

◇ 表 3-39　可视化管理作业流程

作业顺序	作业要点	理由
1. 完成现场 5S	①彻底进行 5S 活动； ②持续推进，持续完善	员工无法养成习惯； 好制度无法贯彻执行
2. 现场清扫	①清扫是从上到下、从里到外进行； ②使用抹布擦拭； ③全员参与	彻底清扫能发现设备隐患； 能够使可视化物清洁美观

续表

作业顺序	作业要点	理由
3. 划分区域	按部门划分区域,分为职能部门与生产部门,按工种分区域	便于目视化标示张贴,更方便车间统一管理
4. 选定颜色,标识	①选定合适的颜色,如休息室选用宁静的颜色; ②颜色选定符合公司 CI(企业形象)及整体可视化要求	颜色统一明确,规范
5. 粘贴标识	同一工种标准一致	
6. 库存标识	符合三定要求:定物品,定位置,定数量	
7. 标示名称	物品名称明确,同型号物品可以进行编号	

◇ 表 3-40 可视化管理的种类

可视化管理的种类	适用事例
颜色线条	工厂基本颜色标准、常用线条规格、重点工序
地面通道	通行线、地面导向、门管理
基础建设	厂房建筑、楼层牌、安全桩、安全护栏
设备电器	生产设备、风扇
物品材料	物品原位置、仓储货架、定量标识
工具器具	各类工具、手套、绳索、搬运车辆
安全警示	消防设施、安全护栏、危险品
办公部门	办公桌面物品、抽屉柜子、文件资料
管理看板	方针指示、公告栏
外围环境	厂区绿化、市政设施、道路路沿

3. 固化标准：清洁过程的方法与标准

（1）清洁过程中的方法

① 标准化，制订专门的手册、文件和规定。

- 标准、手册内容明确，便于实施。
- 制订工作现场的清扫程序、方法和清扫后状态。
- 确立区域和画线的原则。
- 设备的清扫、检查程序和完成后的状态。

• 设备的动力部分、传动部分、润滑、油压、气压等部位清扫、检查的程序及完成后状态。

• 清扫计划、责任者及日常的检查。

② 岗位规范化，明确清洁的状态。清洁的状态主要包括三个要素：干净、高效、安全，具体为：

• 地面的清洁。

• 窗户和墙壁的清洁。

• 工作台上的清洁。

• 工具与工装的清洁。

• 设备的清洁。

• 货架和放置物资场所的清洁。

③ 检查评比，持续改进。坚持日常自检和定期组织检查，检查现场的清洁状态和现场标志是否适宜高效作业和文实相符。

④ 环境色彩明亮化。明亮的工作环境给人的工作情绪以良好的影响，厂房、车间、设备、工作服都应采用明亮的色彩。

（2）清洁所要求的标准

① 检查有哪些不要的东西（整理）。

第一，不要物品的检查点。实施5S管理之后，员工应在身边检查是否有不要的东西，并做好相关记录，记录可用表格的形式，示例如表3-41所示。

◈ 表3-41　整理检查表示例

部门：　　　　　　　　检查人：　　　　　　　日期：

序号	检查点	检查		对策（完成日期）
		是	否	
1	放置场所有无不用的东西			
2	通道上是否放置不要的东西			
3	有无不用的机械			
4	栏架上下有无不用的东西			
5	机械周围有无不用的东西			
...				

第二，将废弃物品编制一览表并处理。处理原则是：库存与设备是公司的资产，个人不能任意处分；编制废弃库存品、废弃设备一览表（如表3-42～表3-44所示）；一定要全数显示；与财务部责任人协商后处理。

◇ 表 3-42　不要的库存品一览表

部门：　　　　　　　　　检查人：　　　　　　　　　日期：

序号	品名	规格	数量	单位	金额	不要品区分	价值	备注

◇ 表 3-43　不要的设备一览表

部门：　　　　　　　　　检查人：　　　　　　　　　日期：

序号	设备名	设备区分	资产号	数量	单价	取得金额	设备日期	累计折旧	账册	设备场所	备注

◇ 表 3-44　不要的设备存放位置一览表

部门：　　　　　　　　　检查人：　　　　　　　　　日期：

序号	地点	管理责任人	面积/平方米	使用预定	备注

② 检查物品的放置方法（整顿）。

第一，将废弃物品编制一览表并处理。检查物品的放置方法，首先就得明确物品的放置方法的检查点，做好检查记录。整顿检查表如表 3-45 所示。

◇ 表 3-45　整顿检查表 1

部门：　　　　　　　　　检查人：　　　　　　　　　日期：

序号	检查点	检查		对策
		是	否	（完成日期）
1	制品放置场所是否显得凌乱			
2	装配品放置场所是否做好"三定"（即定位、定品、定量）			
3	零件、材料放置场所是否做好"三定"（即定位、定品、定量）			
4	画线是否已完成 80％以上			
5	治工具存放是否以开放的形式来处理			
6	治工具是否显得凌乱			
7	模具放置是否一目了然			
…				

第二，列出整顿鉴定表。员工对自己负责的工作场所进行再次检查，有30个以上"否"的项目时则再进行整理，如表3-46所示。

整顿表的主要项目有：部门（填入对象部门或工程名）、检查者（填入检查者的姓名）、分类（将整顿的项目进行分类）、检查点（整顿对象的着眼点）、检查（检查者在现场巡视的同时做检查。"是"——有做到，"否"——没做到，必须采取对策处理）、对策和改善的完成期限（针对检查中"否"的场合，提出对策或改善方案，将其填入改善栏内）。

◈ 表3-46 整顿检查表2

部门： 检查人： 日期：

分类	序号	检查点	检查		对策
			是	否	（完成日期）
库存品	1	置物场有无揭示"三定"看板			
	2	是否一眼就能看出定量标识			
	3	物品放置方法是否呈水平、垂直、直角、平行状态			
	4	置物场有无立体化的余地			
	5	是否能够"先进先出"			
	6	为防止物品间发生碰撞是否有缓冲材料或隔板			
	7	是否能防止灰尘进入			
	8	物品是否直立摆放在地面上			
	9	不良品的保管是否有特定置物场			
	10	有无不良放置的看板			
	11	不良品是否容易看见			
	12	有没有不良品的放置场所			
工用具	13	放置场所是否有"三定"的看板			
	14	工用具本身是否贴上名称或代码			
	15	使用频率高的工用具是否放置在作业的附近			
	16	是否依制品的类别来处理			
	17	是否依作业程序来决定放置方式			
	18	工用具在作业揭示书中有无指定场所			
	19	工用具是否凌乱,能否在当场看出来			
	20	工用具显得凌乱能否当场给予处理			
	21	工用具能否依通用化而将其减少			
	22	工用具能否使用代替手段而将其减少			
	23	是否考虑归位的方便性			
	24	是否在使用场所的10厘米以内规定放置处			

续表

| 分类 | 序号 | 检查点 | 检查 | | 对策 |
			是	否	（完成日期）
工用具	25	是否放置在 10 步以外			
	26	放置方法是否恰当,保证不弯腰就可以拿到			
	27	是否能吊起来			
	28	即使不用眼睛看,是否也能大概地归位放好			
	29	目标尺寸范围是否很广			
	30	能否交替更换治工具			
	31	是否依外观整顿			
	32	是否依颜色整顿			
刀具	33	使用频率高的刀具是否放置在身边			
	34	使用频率低的刀具是否可以共同使用			
	35	能否以制品组合方式处理			
	36	有无采取防止碰撞的对策			
	37	抽屉有无使用波浪板			
	38	抽屉是否采用纵方向整理			
	39	研削砥石是否堆积放置			
	40	有无采取刀具的防锈对策			
计量器具	41	放置场所是否有防止灰尘或污物的措施			
	42	计量器具放置场所能否"三定"处理			
	43	能否知道计量器具的有效使用期限			
	44	微米量尺、转动量具是否放置在不震动处			
	45	有无垫避震材料			
	46	方量规、螺纹量规是否有防碰撞措施			
	47	测试单、直角尺有无吊挂,以防止变形			
油品	48	是否有做油罐→给油具→注油口的色别整顿			
	49	是否做油品种类汇总			
	50	在油品放置处是否有"三定"看板			
安全	51	通道有无放置物品			
	52	板材等长方形物品是否直立放置			
	53	对易倒的物品有无设置支撑物			
	54	物品的堆积方式是否容易倒塌			
	55	是否把物品堆积得很高			
	56	回转部分有没有用盖子盖上			

| 分类 | 序号 | 检查点 | 检查 | | 对策 |
			是	否	（完成日期）
安全	57	危险标识是否做得很清楚醒目			
	58	危险区域是否做得很清楚醒目			
	59	消防灭火器的标识是否从任意角度都能看见			
	60	消防灭火器的放置方式是否正确			
	61	防火水槽、消防栓的前面是否堆置物品			
	62	交叉路口有无暂停记号			
合计					
综合结论：					

③ 清除灰尘、垃圾的检查点（清扫）。

第一，清扫的检查点。在窗框上用手抹抹看，就大致可以知道工作场所的清扫程度，也可以运用白手套检查法。消除灰尘、垃圾检查表如表 3-47 所示。

◇ **表 3-47 消除灰尘、垃圾检查表**

部门： 　　　　　 检查人： 　　　　　 日期：

| 序号 | 检查点 | 检查 | | 对策 |
		是	否	（完成日期）
1	制品仓库里的物品或棚架上是否沾有灰尘			
2	零件材料或棚架上是否沾有灰尘			
3	机器上是否沾满油污或灰尘			
4	机器周围是否飞散着碎屑或油滴			
5	通道或地板上是否清洁			
6	是否执行油漆作战			
7	工厂周围是否有碎屑或铁片			
...				

第二，填写清扫检查表。"清扫检查表"的用途是列出库存、设备、空间的有关事项及清扫时的检查要点。其主要项目包括：部门（填入检查对象的部门或工程名）、检查者（填入检查者的姓名）、分类（清扫对象的类别）、检查点（与清扫有关的检查要点）、检查（检查者一边现场巡视一边进行检查，"是"——有做到，"否"——没做到，必须采取对策处理）、对策（对检查中"否"的场合，要明确记载对策与完成期限）。"清扫检查表"如表 3-48 所示。

◇ 表 3-48　清扫检查表

部门：　　　　　　　　检查人：　　　　　　　日期：

分类	序号	检查点	检查		对策
			是	否	（完成日期）
库存品	1	是否清除与制品或零件、材料有关的碎屑或灰尘			
	2	是否清除切削或洗净后的零件所产生的污锈			
	3	是否清除库存品保管棚上的污物			
	4	置物场有无立体化的余地			
	5	是否清除库存品、半成品的移动用栈板上的污物			
	6	是否清除机器设备周边的灰尘油污			
	7	是否清除机器设备下的水或油以及垃圾			
	8	是否清除设备上的灰尘、污垢、油污			
	9	是否清除机器设备侧面或控制板套盖上的油污、手污			
设备	10	是否清除油量显示或压力表等玻璃上的污物			
	11	是否将所有的套盖打开，清除其中的污物或灰尘			
	12	是否清除开关类的灰尘、污垢等			
	13	是否清除附着于气压管、电线上的尘埃、垃圾			
	14	是否清除附着于灯管上的灰尘（使用软布）			
	15	是否清除段差面的油垢或灰尘（使用湿抹布）			
	16	是否清除附着于刀具治具上的灰尘			
	17	是否清除模具上的污垢			
	18	是否清除测定器上的灰尘			
空间	19	是否清除地板或通道上的沙、土、灰尘等			
	20	是否清除地板或通道上的积水或油污			
	21	是否清除墙壁窗户等的灰尘或污垢			
	22	是否清除窗户玻璃上的手印、灰尘			
	23	是否清除天花板或梁柱上的灰尘、污垢			
	24	是否清除照明器具上的灰尘			
	25	是否清除照明器具盖罩上的灰尘			
	26	是否清除楼梯的油污、灰尘、垃圾			
	27	是否清除棚架或作业台上等处的灰尘			
	28	是否清除梁柱上、墙壁上、角落等处的灰尘、垃圾			
	29	是否清除建筑物周边的垃圾、空瓶			
	30	是否使用清洁剂清洁外墙上的污渍			
合计					
综合结论：					

当一个破坏规则与标准的人没有及时给予处罚，连续地破坏规则与标准的现象就会出现，这就是所谓的"破窗效应"。"破窗效应"理论认为如果有人打坏了一栋建筑物的窗户玻璃，而这扇窗户又得不到及时的维修，别人就可能受到某些暗示性的纵容去打烂更多的窗户玻璃。久而久之，这些破窗户就给人造成一种无序的感觉。结果在这种具有强烈暗示性的氛围中，攻击性的行为就会逐渐滋生、繁荣，并成为一种主流，甚至成为值得炫耀的行动。这个理论给我们的启示就是：环境具有强烈的暗示性和诱导性，必须及时修复"第一扇被打碎的玻璃窗"，以免给人造成一种无序的感觉。因此，标准一经制订，任何人都必须严格遵守，否则标准就失去了意义。

在5S管理制度制订与制度贯彻执行方面，破窗效应也同样起着作用。

"护窗"是关键，必须倡导和坚守每一条5S管理规范。每一条5S管理规范，都好比一栋建筑物的窗户。窗户必须经常擦拭维护，保持清洁完整，我们的5S管理规范也需要通过学习、宣传、倡导，使其得到很好的贯彻落实。

"补窗"是保证，必须及时喊停背离规范的行为，"破窗效应"已经告诉我们小问题不及时解决，任其发展，就会给人一种暗示作用，导致更大的问题。所以，现场的5S管理状态如果与企业的标准不一致，甚至是损害时，必须及时进行制止和纠正。把"破窗"及时修补好，给人一种整洁有序的感觉，坏风气、坏习惯就没有了可乘之机，企业风气会越来越好，从而形成一个良性循环。

为了保证5S管理标准与制度的落实，保证不出现"破窗"，就要进行5S管理检查。5S管理的检查主要包括自我检查、巡视检查、评比检查三种。

（3）良好5S管理标准的制订要求

许多企业都有这样或那样的5S管理标准，但仔细分析会发现许多5S管理标准存在操作性差、不明确等问题。其实，好的标准的制订要满足以下六点。

① 目标指向。标准必须是面对目标的：即遵循标准总是能保持生产出相同品质的产品。因此，与目标无关的词语、内容不应出现。

② 显示原因和结果。比如"安全地上紧螺丝"，这是一个结果，应该描述如何上紧螺丝。又比如"焊接厚度应是3微米"，这是一个结果，应该描述为："焊接工用3.0安电流20分钟来获得3.0微米的厚度"。

③ 准确、避免抽象。"上紧螺丝时要小心"。什么是要小心？这样模糊的词语是不宜出现的。

④ 数量化——具体。每个读标准的人必须能以相同的方式解释标准，标准中应该多使用图和数字。

⑤ 现实。标准必须是现实的，即可操作的。标准的可操作性非常重要。可操作性差是许多企业的通病。

⑥ 修订。标准在需要时必须修订。在优秀的企业里，工作是按标准进行的，

因此标准必须是最新的，是当时正确的操作情况的反映。永远不会有十全十美的标准。

4. 评估改善：清洁的效果与持续改善

清洁是形成保证前3S成果的制度，丰田汽车的清洁用语是：清洁是人格与品性的体现。

清洁让现场管理是看得见的管理，现场是看得见的状态。通过清洁活动，企业现场有看得见的安全、过程质量，更有看得见的标准。所以，清洁活动之后，需要对清洁活动进行评估，进一步持续改善。

（1）清洁的评估

清洁推行到一定程度与阶段，需要对其活动的结果进行有效评估，如表 3-49 所示。

◇ 表 3-49　作业现场清洁评估表

地点：　　　　　　　　　　部门：　　　　　　　　　　日期：

序号	需要整理的区域	得分	分值低于 4 的对策、责任人
1	是否有现场整理、整顿、清扫的检查表		
2	现场环境是否整齐、有序、整洁		
3	现场检查过程是否规范		
4	现场操作人员的操作是否有统一标准		
5	管理人员是否可以确认现场状况、发现问题		
6	现场的管理是否是看得见的管理，进而人人参与		
7	现场状态是否是看得见的状态		
8	现场安全隐患是否进行可视化管理		
9	现场是否有看得见的标准（作业指导书等）		
其他 1			
其他 2			
其他 3			

分数：$4=100\%$，$3=(75\% \leqslant X < 100\%)$，$2=(50\% \leqslant X < 75\%)$，$1=(25\% \leqslant X < 50\%)$，$0=(0\% \leqslant X < 25\%)$

对于清洁没有做好的，也需要发出整改通知，督促整改。

（2）清洁的持续改善

清洁的目的在于养成发现问题的习惯，维持保证 5S 管理成果的习惯，形成容易发现问题的系统。所以，清洁重点要考虑的是：如何不产生不必需品、如何不出现散乱的情况、如何不发生污染，等等。

① 统一标准。将5S的标准与人的行为标准在企业内部统一起来，例如，人行通道，当行走在其他地方时就会发现有问题；企业休息与作业时间应该统一，从而培养员工守时、整齐一致的习惯。

② 可视管理。现场的色彩、标识等需要规范，形成可视的状态；仪器、开关、设备等进行可视管理，使得非现场人员也能直接观察到其状态，从而随时注意问题的发生。

③ 适时深入培训。前3S开始的初期，现场作业人员接受的是大众化的培训内容，如果要与自己工作对号入座的话，有时又不知道从何做起。这就要求培训人员深入到作业的每一个环节，与现场作业人员沟通、交流，了解其需求，进而制订具体的3S项目。

清洁确保现场是看得见的管理，是看得见的状态。

【案例3-8】 某企业可视化管理的全部内容

1. 生产计划、进度可视化（如图3-24所示）

可视化内容：产品名称（工作令）、完成时间、生产进度、问题点等。

可视化方式：看板。

地点：现场办公室。

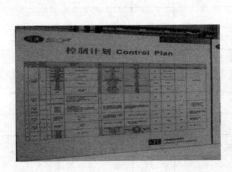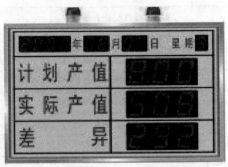

图 3-24　生产计划、进度可视化

2. 生产现场功能区域标识可视化（如图3-25所示）

可视化内容：车间各班、组区域标识、库房标识、产品总装区域标识等。

可视化方式：标识牌。

地点：生产现场。

3. 作业指导书、图纸可视化（如图3-26所示）

可视化内容：各工序、岗位作业指导书（操作规程）。

可视化方式：标识牌。

地点：各工位上。

图 3-25　生产现场功能区域标识可视化

图 3-26　作业指导书、图纸可视化

4. 物料看板（存放地、缺货）可视化（如图 3-27 所示）

可视化内容：各种生产材料数量、存放地、是否缺货等。

可视化方式：看板，标识。

地点：生产部、制造部办公室、库房、现场。

图 3-27　物料看板（存放地、缺货）可视化

5. 加工工件状态可视化（如图 3-28 所示）

可视化内容：在生产过程中各工件状态（合格、不合格、返修、废品等）。

可视化方式：标识牌。

地点：加工现场。

现场零配件状态，包括待检、返修、合格、废品等。

图 3-28　加工工件状态可视化

6. 电气开关状态可视化（如图 3-29 所示）

可视化内容：在生产现场各种电气、电源开关状态。

可视化方式：标识。

地点：各开关旁。

设备开关状态标识

  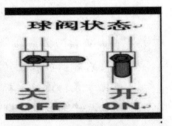

图 3-29　电气开关状态可视化

7. 品质管理可视化（如图 3-30 所示）

质量控制信息板　　　　　　　　　　　　质量信息板

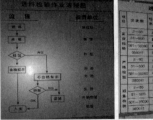 

图 3-30　品质管理可视化

可视化内容：质量计划、控制、检验信息等。

可视化方式：看板。

地点：办公室、现场。

8. 生产工具可视化、定置管理（如图 3-31 所示）

可视化内容：各种生产加工工具。

可视化方式：放置在固定的地方、定置线、标识。

地点：生产现场。

图 3-31 生产工具可视化、定置管理

9. 外协采购进度、交期可视化（如图 3-32 所示）

可视化内容：订购、加工、进度、交货期等。

可视化方式：看板。

地点：生产、制造部办公室。

图 3-32 外协采购进度、交期可视化

10. 工装设备保养状态可视化（如图 3-33 所示）

可视化内容：工装设备状态（正常、故障、保养、检修等）。

可视化方式：设备保养卡、设备状态标识。

地点：工装设备现场。

设备上张贴有点检卡、关键位置结构图解、电气原理图等，一目了然

图 3-33 工装设备保养状态可视化

11. 消防器材可视化（如图 3-34 所示）

可视化内容：消防器材的位置、状态、检查等。

可视化方式：看板、检查表。

地点：现场。

| 换粉时间1: | 年 月 日 | | 换粉时间2: | 年 月 日 | |
| 换粉时间3: | 年 月 日 | | 换粉时间4: | 年 月 日 | |
检查日期	状态	检查人	检查日期	状态	检查人

图 3-34 消防器材可视化

12. 工具箱内部工具可视化（如图 3-35 所示）

可视化内容：工具箱内部的工具摆放。

可视化方式：工具定置摆放。

地点：现场。

图 3-35 工具箱内部工具可视化

13. 易燃、易爆物品保管可视化（如图 3-36 所示）

可视化内容：存放位置、安全警示标识、责任人等。

可视化方式：定置线、警示牌。

地点：存放场所。

图 3-36　易燃、易爆物品保管可视化

14. 清洁工具定置可视化（如图 3-37 所示）

可视化内容：各类清扫、洁净工具。

可视化方式：定置线、标识。

地点：现场。

图 3-37　清洁工具定置可视化

15. 文件资料可视化（如图 3-38 所示）

可视化内容：有效版本的各类文件、图纸、资料。

可视化方式：定置摆放、标签。

地点：办公室、现场。

图 3-38　文件资料可视化

五、素养——最美的习惯

1. 5S 的核心：素养的内涵与内容展开

（1）素养的内涵与作用

素养是指企业每个员工都能自觉依照规定和制度行事，养成良好的习惯，培养积极的精神。企业应向每一位员工经常地灌输遵守规章制度的工作意识，此外还要强调创造一个良好的工作场所的意义。素养的目的是培养具有良好素质的人才，铸造团队精神，创造一个良好的人文环境。

素养的作用如下。

- 教育培训，保证人员基本素质。
- 塑造企业优良形象，形成和谐的工作环境，提高员工的工作热情和敬业精神。
- 使员工遵守标准。
- 形成温馨、明快、安全、舒适的工作氛围。
- 塑造优秀人才并铸造战斗型的团队。
- 是企业文化的起点和最终归属。
- 为其他管理活动的顺利开展打下基础。

（2）素养的基本内容

素养的基本内容包括工作态度、行为规范与道德规范三个方面。

① 工作态度。工作态度是对工作所持有的评价与行为倾向，包括工作的认真度、责任度、努力程度等。由于这些因素较为抽象，因此通常只能通过主观性评价来考评。

工作态度作为工作的内在心理动力，影响员工对工作的知觉与判断、促进学习、提高工作的忍耐力等。一般来说，积极的工作态度对工作的知觉、判断、学习、工作的忍耐力等都能发挥积极的影响，因而能提高工作效率，取得良好的工作绩效。这表明积极的工作态度与工作绩效之间有着一致性的关系。

企业要求员工应具有的工作态度，罗列为以下几点。

主动性：没有指示，也能主动做好工作。

积极性：即使困难的工作，也主动承担，积极去完成。

执行力：快速反应、不折不扣，确保上级领导安排的工作准确无误地执行。

敬业精神：爱岗敬业，始终保持饱满的工作热情，主动承担上级领导交办的临时任务，主动解决工作中的问题，任劳任怨，勤勤恳恳；能摆正个人利益和公司利益的关系，在个人的休息时间，公司有重大事件、活动、会议或有突发事件时，主动牺牲个人利益，以企业大局为重。

责任心：忠实履行责任，勇于承担责任，不推卸责任，诚实守信，廉洁奉公；工作踏实，一丝不苟，坚持原则，严格遵守公司各项规章制度，堪为表率。

纪律性：遵从公司各项规章制度，不迟到，不早退，认同、支持和维护组织目标。

约束力：随时随地以诚信开展业务，遵守社会道德规范；尊重他人；不让个人不良情绪反应影响自身工作和他人，遵守法律法规和社会公德，注意个人形象。

② 行为规范。行为规范分为基础规范、形象规范、岗位行为规范与礼仪规范四个方面。

第一，基础规范内容。对于企业员工来说，从三个角度：品质、技能、纪律概括基础规范。

一是品质：

• 具有职业责任心和事业感，确立大局意识，对工作兢兢业业；树立诚信观念，对同事满腔热情。

• 奉行"自律、友善、快捷、准确"的服务理念，为客户提供诚实、高效的服务，做到让公司放心，让客户满意。

• 强化市场观念和竞争意识，讲求优质服务和经济效益，维护集团公司和本企业的根本利益。

• 讲究文明礼貌、仪表仪容，做到尊重他人、礼貌待人，使用文明用语。

• 发扬团队精神，维护企业整体形象，部门之间、上下级之间、员工之间相互尊重，密切配合，团结协作。

• 严格遵守企业各项规章制度，做到令行禁止，执行力强。

• 培养正直的品格，做一个勤奋敬业的好员工、遵纪守法的好公民。

- 员工是企业形象的再现，因此必须具备强烈的形象意识，从基本做起，塑造良好的企业形象。

二是技能：

- 勤奋学习科学文化知识，积极参加文化、技术培训，不断提高自身的科学文化素质。

- 刻苦钻研业务，精通本职工作，熟练掌握与本职工作相关的业务知识，不断提高自身专业技术水平。

- 苦练基本功和操作技能，精通业务规程、岗位操作规范，不断提高分析、认识解决问题的能力。

- 不断充实更新现代业务知识和工作技能，努力学习和运用最新科学技术。

三是纪律：

- 遵纪守法，掌握与本职业务相关的法律知识，执行国家各项法律、法规。

- 遵守企业的各项规章制度，自觉执行劳动纪律、工作标准、作业规程和岗位规范。

- 遵守作息时间，不迟到、不早退，不擅自离岗、串岗，不做与工作无关的事情。

- 廉洁自律，秉公办事，不以权谋私，不吃、拿、卡、要，不损害客户利益和企业利益。

- 不搞特权，不酒后上岗，令行禁止，维护办公、工作秩序。

第二，形象规范内容。形象规范内容包括着装、仪容和举止。

一是着装：

- 正常工作日着装，按公司统一配发的服装着装，按季着装不得混装，工装应清洁。出席会议、迎宾、商务活动应根据要求统一着正装；特殊岗位根据工作需要和劳动保护的有关规定着装；特殊场合，根据公司主管部门通知要求着装。

- 着装保持整洁、完好；扣子齐全，不漏扣、错扣。

- 工作场所不赤膊，不赤脚；鞋、袜保持干净、卫生，不穿拖鞋。

- 工作日不可穿着的服装：汗衫、西短、透视装、吊带衫（裙）、超短裙（裤）及其他奇装异服。

二是仪容：

- 头发梳理整齐，不戴夸张的饰物；颜面和手臂保持清洁。

- 男员工修饰得当，头发长不覆额、侧不掩耳、后不触领，胡子不能太长，应经常修剪。

- 女员工淡妆上岗，修饰文雅，且与年龄、身份相符，不宜用香味浓烈的香水。

- 正常工作时间，口腔应保持清洁，上班前不能喝酒或吃有异味的食品。
- 员工在岗时间，除结婚、订婚戒指之外，不得佩戴其他任何饰物。

三是举止：

- 保持精神饱满，注意力集中。
- 与人交谈神情微笑，眼光平视，不左顾右盼。
- 坐姿良好，上身自然挺直，不抖动腿；椅子过低时，女员工双膝并拢侧向一边。
- 避免在他人面前打哈欠、伸懒腰、打喷嚏、挖耳朵等。实在难以控制时，应侧面回避。
- 接待来访或领导时，不要双手抱胸，尽量减少不必要的手势动作。
- 在正规场合要站姿端正；走路步伐有力，步幅适当，节奏适宜。
- 握手时要把握好握手的分寸，姿势端正，用力适度，左手不得揣兜，注视对方并示以微笑。

第三，岗位行为规范内容。岗位行为规范是企业员工根据所处岗位要求不同而规定不同的行为规范，主要包括企业高管层、普通管理型员工以及一般员工。企业性质差异也决定企业对员工岗位行为规范的要求差异，但一般企业员工存在通用岗位行为规范要求，加上企业对不同岗位的特殊要求，就是企业岗位行为规范要求。

第四，礼仪规范内容。与岗位行为规范一样，每个企业存在不一样的要求。但礼仪规范要求更多的是体现企业形象的一个角度和方面，尤其是对于与企业外部联系的岗位，根据企业特性，必须制订出企业详细的礼仪规范内容要求。

③ 道德规范。企业员工必须具有爱岗敬业、诚实守信、办事公道、服务企业、奉献社会的职业道德。同时结合企业要求，应该认同企业文化，践行公司核心经营管理理念。热爱本职，忠于职守，熟练掌握职业技能，自觉履行职业责任，注重工作效率。保护企业的合法利益等。任何企业都需要对本企业不同岗位的员工制订员工的道德行为规范，规范、约束员工在企业的行为，维护企业与员工的共同利益。

很多企业具有生产、环境等的特殊性，对员工素养要求的差异性较大，需要结合本企业发展历史、市场要求与生产环境来综合确定员工素养的基本要求。

（3）素养的本质

素养是为了消除个体因素差异所产生的工作流程上的变动性，确保流程稳定运行。5S管理中对于素养的界定是，一个人养成按规定办事的好习惯，素养最终表现为工作中的每一个细节，它的形成也源于完善工作中的每一个细节，进而形成习惯。素养通过过程使员工养成按照规定来做事的良好的工作习惯，工作当中讲究礼节，与同事友好相处，真诚善意，轻松和谐，而且营造一个积极向上的人际关系氛围。通过组织大家来做整理、整顿、清扫，达到清洁的效果，慢慢地去改变员工，特别是让员工养成一个按照规定做事的好习惯。这里有三个方面的内容。

一是工作场所与企业环境。员工必须是按照企业规章制度、行为准则的要求从事生产运营活动，企业必须有健全的规章制度系统以及行为规范系统，建立工作场所的规则，规范、约束员工的行为。

二是员工所处的团队。员工所处的团队需要有让员工遵守企业规章制度、行为规范要求，并养成习惯的氛围。

三是员工行为与表现。员工的行为、习惯是按照所在企业的制度规章、行为规范要求而形成的。

素养的本质在于，按照所在企业的规章制度、行为规范要求养成员工的行为习惯，养成自主工作的习惯。这也是5S管理推行的目的：员工素质提升并且是满足企业健康运行要求的员工素质提升。员工素养形成是文化层面的内容。员工是企业参与市场竞争的核心资源，员工的素养与能力是企业保持领先的核心竞争力，5S管理的核心目的就是提升人的素质。现代5S管理活动是一项从有形层面到无形层面的活动，改变现场从不规范行为到规范、标准环境；从规范、标准行为到改变、提升积极工作态度，提高创新工作能力。

2. 强化责任：明确责任区域与内容

（1）素养形成的三个阶段

第一阶段：形式化。素养最初的形成在于形式化的要求。企业为了达到某种效应，要开展一些诸如清扫设备上的脏污、擦玻璃、拖地板等大扫除活动。这个阶段的活动特点主要是使得全体员工都能响应领导号召，往往此时员工的行为多少存在一点应付因素在里面，此时的重点是必须运用一些形式的东西去改变环境，让人们感到与原先就是不一样，使用宣导造势、可视化管理等工具，形成比原来更好的工作现场。要想达到目的，必要的形式不可缺，但绝非"为形式而形式"。这时候需要导入各种各样有效的活动形式，并使这些形式得以固化。活动在开始阶段常常会遭到员工的质疑或消极抵制，因此这个阶段在执行中会带有一些强制性。

第二阶段：行事化。之前形式化的做事要求已经成了日常例行工作的一部分，不会再被看成是额外的负担。长期坚持统一的规章制度使得员工对行事标准不再抵触，并且逐渐认识到坚持执行标准工作是一件应该做的事情。行事化把要求的行为制订成制度或标准，让所有人都按一个标准做事，每时、每刻、任何人、任何环境都要按要求做事。行事化意味着"到了某一天、某个时段必须做什么"。例如：当企业制订了红牌作战活动的制度时，那么就必须做到每个星期按时完成这件事情。通过不断重复的例行公事，逐渐使员工认为做这些事情是工作的一部分，因此，行事化是培养员工习惯的重要过程。

第三阶段：习惯化。到了习惯化阶段，员工们不再感觉到刻意，就像每天穿衣吃饭一样自然。当例行工作得到长期坚持时，它就会变成员工的习惯。习惯是行为的自动化，不需要特别的意志努力，不需要别人的监控，在什么情况下就按什么规则去行动。

（2）问责制度与素养提升

现场5S管理的是能否形成一个清洁、整齐、有序的现场，确保生产的安全、质量、成本、交期等指标，一个关键在于员工是否养成规范化、标准化、制度化的习惯，这与现场的整理、整顿、清扫、清洁直接关联，素养就在于让员工养成整理、整顿、清扫、清洁的习惯。如果员工在这些项目中没有做好，达不到要求，就需要问责，通过问责来提升员工的素养。

① 明确责任区域与内容，强化员工的责任意识。

第一，员工必须立足本职，强化责任意识，做好"自己分内的事情"。严格按照企业现场管理的标准化、规范化要求去做整理、整顿、清扫工作，把本职工作与现场5S结合起来。

第二，现场工作必须责任到人，不留死角，营造清洁、整齐、有序的工作场所和环境。对于企业来说，现场5S管理难以维持的主要原因在于5S管理责任的划分与落实问题。

a. 明确责任区域。企业现场责任区域划分的方法，可按部门划分，也可按区域划分，也可将部门划分和区域划分相结合。区域划分可以是文字描述，也可用平面图表述。一般来说，5S策划人员划分的草案需征求各部门主管的意见，最后由最高管理者裁定、核准。

现实操作中，企业现场5S责任区域划分有三种：

一是按岗位划分，岗位所占的面积就是5S管理的区域，这个方式比较好，缺点就是有一些盲点，比如公共区域没划分到。

二是A岗位管理的5S区域会涵盖ABC岗位的区域，这种方式最不好，容易把现场岗位的人搞复杂。

三是图文并茂的岗位定置图加岗位区域图，如图3-39所示的岗位责任及定置平面图，让每个人都知道哪一个区域放什么，谁管理。这样检查起来，就不会出现员工不知道、不清楚、没人告诉等借口。

b. 明确责任内容。企业不同层级、不同岗位，其岗位职责差异很大。表3-50是按照企业管理层级列出的岗位责任内容。

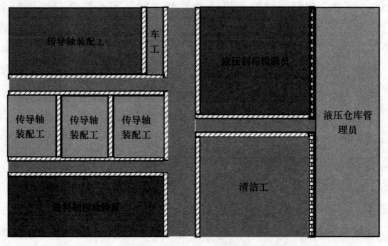

图 3-39　某零部件企业液压车间现场 5S 责任区划图

◈ 表 3-50　企业各层级的责任内容

企业层级	5S 管理的责任内容
决策层	1. 确认 5S 活动是企业管理的基础； 2. 参加 5S 活动有关教育训练与观摩； 3. 以身作则,展示企业推动 5S 的决心； 4. 担任企业 5S 推动组织的领导者； 5. 担任 5S 活动各项会议主席； 6. 仲裁有关 5S 活动检讨问题点； 7. 掌握 5S 活动的各项进度与实施成效； 8. 定期实施 5S 活动的上级诊断或评价工作； 9. 亲自主持各项奖惩活动
管理层	1. 结合企业的行动目标,学习现场 5S 知识、技巧； 2. 负责本部门 5S 活动宣传、教育； 3. 划分部门内部 5S 责任区域； 4. 按企业 5S 活动计划表,制订本部门活动计划； 5. 担当 5S 活动委员及评分委员； 6. 分析和改善现场 5S 活动中问题点； 7. 督导本部门员工的整理、整顿、清扫点检及安全巡查工作； 8. 检查员工服装仪容、行为规范
操作层	1. 及时处理不要物品并集中于规定场所,不可使其占用作业区域； 2. 在规定地方放置工具、物品,保持通道畅通、整洁； 3. 灭火器、配电盘、开关箱、电动机等操作设备的周围要时刻保持清洁； 4. 物品、设备要仔细地放、正确地放、安全地放,较大较重的堆在下层； 5. 不断清扫自己的责任区域,保持清洁； 6. 积极配合领导的工作

② 建立现场 5S 问责制度。

建立企业现场 5S 管理的问责制度，把问责当作日常管理的一个环节，形成规则化的问责制度，使员工的整理、整顿、清扫、清洁以及问题都习惯化，为企业员工素养提升创造一个好的环境。

③ 现场 5S 管理活动的习惯化。

习惯化就是素养相对应的最高表现，全员遵守 5S 规范，使之成为每天的习惯，将良好的状态保持下去，是全企业素养培育和提高的表现。"素养"讲的是坚持遵守规定，而推行好的生产现场管理体系应经历三个阶段：形式化—行事化—习惯化，所以，习惯化是"素养"和"坚持"追求的目标及结晶。

习惯化是 5S 管理活动的核心目的。通过 5S 管理活动的实施、监督、指导、考核，最终要实现全体员工对 5S 管理活动的一种坚持和习惯。做到企业通过四个 "S" 来改变现场，通过整理、整顿的习惯化，清扫、清洁的习惯化，来改变现场，来改变员工，通过改变员工来提高员工的素质和安全意识，通过促进 5S 管理活动的习惯化来促使生产的质量水平得到保障，效率得到提高，安全得到保障，同时消除现场的浪费，降低企业的成本。

企业素养培育，促进 5S 管理活动的习惯化需要做到以下三点。

a. 成为指责（发现问题）高手的领导者。

第一，5S 管理活动的习惯化的第一步从指责开始。一流企业一定有指责高手存在，指责即先指出问题点，没有改善应加以责备。目视现场是指责高手的舞台，通过目视化管理，要关注三定，即定容、定位、定量，询问和查找问题。如有没有画线区分？职场有无看板反映状态？是否做到物品放置的三定？在现场是否存有无指责的基本形态，主要是有关安全、品质和作业方面的。

第二，带有爱心来指责。指责意味带有爱心，不指责是不尽心的管理者，参见图 3-40。三种爱心打造习惯化：热爱制造物品的舞台；热爱自己所制造出来的制品；热爱部属能成长。

第三，当场指责。看见现场凌乱当场指责，这是指责高手的根本，也是使下属养成良好习惯的基础。以三现（现场、现况、现物）、三即（即时、即场、即刻）、三彻（彻头、彻尾、彻底），将造成凌乱的原因与现象一起责备，如图 3-41 所示。

图 3-40　三种爱心打造习惯化　　　　图 3-41　以"三现、三即、三彻"批评

b. 善于接受指责。

第一，员工对待指责的态度。受到上级指责是自己成长的机会，受指责时立即积极回应处理则是善于接受批评的表现。受到指责时，以三现、三即、三彻来对应处理。

第二，领导对待指责的态度。作为领导者，不但要善于批评，还要善于接受批评，还要敢于自我批评，领导现场对待批评和指责的态度会让现场人员产生深刻的影响。做好现场的榜样是为了促进5S管理活动的习惯化，这是每一位领导者必须做到的。经理、部长、主任是企业的领导者，而班、组长则是直接领导者；不管是领导者还是下属员工都必须以严肃的态度来面对现场的问题；对于现场的凌乱，上级不必直接责备作业员，而要责备班、组长；班、组长是改善现场体质的主要责任者；严肃认真地对待问题，解决问题，对现场人员的影响是很深刻的。

3. 评估改善：素养的检查与持续改善

（1）素养的检查

整个现场5S管理推行到一定程度与阶段，需要对其活动的结果进行检查，尤其是素养，如表3-51所示。

◇ **表3-51　5S素养检查要点及评价表（5大要点）**

序号	检查要点	配分	评价项目	得分	整改措施
1	规范制度	0	完全没有5S制度和宣贯意识		
		1	有5S制度目标，因宣教不力难以推行		
		2	已贯彻实施，但无制订目标，效果欠佳		
		3	明示5S实施计划，有定期检查制度		
		4	目标明确，全员参与，有专管员追踪检核制度		
2	日常活动	0	完全没有推行		
		1	虽然已推行，但无目标计划		
		2	每天朝礼或交接班提示		
		3	作业段落加以整理、整顿、清扫、保持清洁		
		4	以目视管理方式，使全员都感到工作环境舒适满意		
3	服饰	0	服装、发饰肮脏且有异味		
		1	服饰整洁，但拖鞋不干净		
		2	服饰整洁，但缺员工牌及相关配饰		
		3	服装、发饰清洁，有清洗规律制约		
		4	服饰等在品质、安全、美观上都符合要求		

续表

序号	检查要点	配分	评价项目	得分	整改措施
4	语言行为	0	没有礼貌用语、行为规范意识		
		1	作业时间吃零食或谈论与工作无关话题		
		2	平时已实施,但上下班不打招呼		
		3	全员已推行,某些细节忽略未加注意		
		4	礼貌用语、行为规范均满足纲领要求		
5	时间管理	0	大家对作业、会议的时间观念散漫		
		1	偶尔有会议、上班时间迟到,还在做准备工作		
		2	赶不上约定时间,但会提前联络		
		3	在预定时间内,能按时完成任务		
		4	没有无故迟到现象,并有相应制度约束		

也可像下列企业一样对素养与习惯化进行检查。该企业以一定的分值为参考标准,不同分值对应不同解决策略,以此来推进5S管理活动的习惯化和发展,以表3-52作为参考。

◇ 表3-52　某企业生产车间5S习惯化检查表

部门：　　　　　　检查人：　　　　　　检查日期：

5S	检查项目	不行	稍可	中	良	很好
整理	1. 是否定期实施红牌作战(清理不要品)？	0	1	2	3	4
	2. 有无不用或不急用的夹具、工具、模具？	0	1	2	3	4
	3. 有无剩余料或近期不用的物品？	0	1	2	3	4
	4. 是否有"不必要的隔间"影响现场视野？	0	1	2	3	4
	5. 作业场所是否规划清楚？	0	1	2	3	4
	小计					
整顿	1. 仓库、储物室的摆放是否有规定？	0	1	2	3	4
	2. 料架是否定位化,物品是否依规定放置？	0	1	2	3	4
	3. 工具是否易于取用,不用找寻？	0	1	2	3	4
	4. 工具是否用颜色区分？	0	1	2	3	4
	5. 材料有无放置区域,并加以管理？	0	1	2	3	4
	6. 废品或不良品放置有无规定,并加以管理？	0	1	2	3	4
	小计					
清扫	1. 作业场所是否杂乱？	0	1	2	3	4
	2. 作业台上是否杂乱及乱摆乱放？	0	1	2	3	4
	3. 各区域划分线是否明确？	0	1	2	3	4
	4. 作业段落或下班前有无清扫？	0	1	2	3	4
	小计					

续表

5S	检查项目	不行	稍可	中	良	很好
清洁	1. 3S 是否规则化？	0	1	2	3	4
	2. 机器设备有无定期检查？	0	1	2	3	4
	3. 是否对设备物料通道进行打扫？	0	1	2	3	4
	4. 工作场所有无放置私人物品？	0	1	2	3	4
	5. 吸烟场所有无规定，并被遵守？	0	1	2	3	4
	小计					
素养	1. 有无培训日程管理表？	0	1	2	3	4
	2. 需要用的护具有无使用？	0	1	2	3	4
	3. 有无遵照标准作业？	0	1	2	3	4
	4. 有无异常发生时的应对规定？	0	1	2	3	4
	5. 着装是否符合现场操作规范？	0	1	2	3	4
	小计					
	5S 习惯化综合评分			/100		

以 30 分为基本标准，根据评价结果确定对策。如表 3-53 所示。

◈ 表 3-53　5S 习惯化评价结果及其对策

序号	综合得分	评价	对策
1	0～30	不及格	返回第一阶段，重新开始
2	31～50	再考试	对分数低的项目重补习
3	51～70	刚及格	平均 5S，强化弱项
4	71～90	合格（一）	向更高一级努力
5	91～100	合格	努力争取更优秀

（2）素养的持续改善

素养不是学出来的，而是在不断实施现场 4S（整理、整顿、清扫、清洁）的过程中培育出来的。通过现场 4S 的推行与实施，形成自主自律的人才、现场、管理与文化。所以，没有必要特意进行素养的培训与教育，实施现场 5S 就是最好的素养培训方法，持续实施现场 5S 就是最好的素养教育。

整理与整顿是现场 5S 的基础和出发点，通过整理与整顿的情节，安全、高效的作业现场，持续实施整理、整顿，就会让员工的自觉性与自律性不断增强，就会养成遵守规范、制度与标准的习惯，这就是素养养成。

清扫与清洁是 5S 的现场改善，是发现问题、解决问题的改善活动。清扫就是点检，把潜在、隐形的问题显性化，清洁是把发现的问题解决掉，并且标准化、可视化，进而让员工持续习惯化，养成遵守制度、标准的习惯，这就是素养养成。

现场5S就是从人的行为、行动开始，以人的素养持续提升为目标。

【案例3-9】 某企业素养培育实施方案

1. 编制目的

为使现场工作人员牢记5S管理规范，并自觉整理、整顿、清扫、清洁，形成良好的工作习惯，铸造团队精神，特制订本方案。

2. 适用范围

本方案适用于公司内部5S推进过程中的素养活动。

3. 素养实施目标

① 做到生产现场人人有礼貌、重礼节，创造和睦团队。

② 现场员工遵守规章制度，按照标准作业。

③ 现场员工养成自觉执行整理、整顿、清扫的工作习惯，保持清洁的作业环境。

④ 营造一个环境良好的工作场所。

4. 素养实施程序

(1) 制订素养目的

5S推进小组根据生产现场状况及5S管理目标制订素养实施目的，主要包括以下三点。

① 全体员工认真维护现场环境。

② 现场工作人员自愿实施整理、整顿、清扫、清洁活动。

③ 所有人员遵守规章制度，形成良好的工作习惯。

(2) 制订规章制度

5S推进小组根据素养目的制订相关规章制度，并监督现场人员遵守执行。

① 语言礼仪规范内容如表3-54所示。

◇ 表3-54 生产现场人员语言礼仪规范

序号	语言礼仪	具体要求
1	态度亲切、诚恳、谦虚	1. 语言清晰、语气诚恳、语速适中、语调平和、语意明确、言简意赅； 2. 与他人交谈时应专心致志、面带微笑，不得心不在焉、反应冷漠； 3. 倾听别人讲话时不得随意打断，应适时搭话，确认对方的谈话内容； 4. 除技术交流外，尽量少用生僻的专业术语，以免影响交流效果
2	自我介绍	1. 按照工厂名称、所属部门、岗位名称和个人姓名的顺序介绍自己； 2. 根据情况，介绍自己的简历； 3. 对外部人员可使用名片介绍自己
3	文明用语	1. 严禁讲脏话、忌语； 2. 使用"您好""谢谢""不客气""再见""不远送"和"您走好"等文明用语

② 行为规范内容如表 3-55 所示。

◈ 表 3-55　生产现场人员行为规范

项目	具体要求
班前行为	1. 做好工作前准备,保持愉悦的心情; 2. 提前 10 分钟到岗,按照规定着装并佩戴工作胸牌; 3. 与同事及上级见面时应主动问好; 4. 因故迟到或请假时,须事先通知上级主管人员
工作台面及 抽屉管理	1. 办公桌上只放置必需的办公用品及文件; 2. 文具、茶杯、电话、文件应定位放置,做到方便取用; 3. 重要机密文件不应直接放置于工作台表面; 4. 定期清理抽屉内物品,不得存放私人物品
离开工作 区行为	1. 工作时间内不得随意离开现场工作区域; 2. 需要外出时,应将地点、目的、预定返回时间向上级报告或填"外出单"明确表示; 3. 离开工作区域时,应整理周围工具、文件等,将其归位; 4. 进出大门、电梯及通道走廊时,应让客人、上级先行
班后行为	1. 到下班时间后,收拾、整理当日使用的材料、工具、用品等,将其放置在规定位置; 2. 收拾工作台面,将各类物品归位,并保持台面清洁; 3. 关闭机器设备、电脑和空调; 4. 与上级、同事道别后离开,并确认门窗是否关闭

③ 工作态度规范内容如表 3-56 所示。

◈ 表 3-56　生产现场人员工作态度规范

工作态度	具体要求
守时	1. 严格遵守作息时间,不迟到,不早退; 2. 参加会议、培训、洽谈或与人约定时应严守时间
守序	1. 了解工厂历史、组织结构、规章制度和产品; 2. 保持工作气氛,不得在生产现场喧哗、嬉戏; 3. 上班时间不可处理私人事务,避免会见亲友; 4. 在生产现场不得吸烟、饮酒
履职	1. 对工作充满信心,积极、乐观、负责; 2. 对上级不唯唯诺诺,有问题及时提出; 3. 知错必改,不强辩,不掩饰,不断追求进步; 4. 按照生产现场的相关规定履行职责
惜物	1. 爱护企业设备,不挪作私用或随意破坏; 2. 未经允许不得随意使用他人负责物品,特殊情况下借用的,应在用后立即归还; 3. 节约使用材料、用品、用具及其他消耗物品; 4. 按时对责任区域内的机器设备、材料、物品等进行清洁活动

④ 仪容仪表规范内容主要有以下六项。

a. 现场工作人员上岗时穿工作装,保持服装整洁。

b. 内衣不得露在工作装外。

c. 不应佩戴贵重的饰品。

d. 女士化妆应淡雅朴实，不涂指甲油。

e. 工作期间应佩戴工作帽，男士不得留长发，女士长发应盘起。

f. 工作期间应保持个人卫生。

（3）实施员工培训

5S推进小组组织进行员工素养培训，具体培训内容如表3-57所示。

◎ 表3-57　生产现场人员素养培训内容

培训类别	培训内容
岗前培训	1. 岗位所需专门操作技能； 2. 与现场操作相关的各项规章制度； 3. 待人接物的基本礼仪； 4. 现场环境、作息时间、通信联络办法、现场应急处理办法等
在岗培训	1. 现场相关岗位的职责和沟通方式； 2. 现场操作相关的新知识、新观点和新工艺等； 3. 5S管理的相关活动

（4）执行现场素养

生产现场人员应如表3-58所示进行素养活动。

◎ 表3-58　生产现场素养活动内容

活动周期	活动内容
每天	1. 正确穿着工作服，保持整洁； 2. 保持台面、桌面干净无尘，每日擦拭用具，并去除油污； 3. 将工具、物品随手归位，摆放整齐； 4. 材料、产品、工具轻拿轻放，防止混放； 5. 不随地放置杂物、扔垃圾或烟头，要经常清扫地面； 6. 将不能确定位置的物品放到暂放区，或作暂放标识； 7. 按要求进行日常清洁检查，及时报告异常现象； 8. 遵守安全操作规程，避免不安全行为
每周	1. 整理一次工具柜，整理不需要的物品； 2. 全面整理工作区，对暂放物进行处置； 3. 清点现场堆积的物料，只保留必要的量，其余及时退库； 4. 更新破损、脱落、卷角、模糊和过期标识； 5. 清洁窗户、柜顶和货架等不常触及的部位； 6. 清洁周转用的托盘、容器和推车
不定期	1. 添置与工作任务相关的工装器具； 2. 提取改进工作效率、质量和安全的装置设施； 3. 及时更新信息栏中的内容，去掉过时和多余张贴物； 4. 根据工作任务调整工具、物品的定位和标识； 5. 经常使用礼貌用语，待人有礼有节

（5）素养效果检查

由5S管理推进小组对现场生产车间的素养实施效果进行检查，对不合格项提出改进要求，并监督、指导其改正，具体检查标准如表3-59所示。

◈ **表 3-59　素养效果检查表**

部门：　　　　　　　　　　　　　　　　　　　　　　　　　　　　　　　　　　　　日 期：

项次	检查项目	分数	检查状况	检查方法	得分	纠正跟踪
1	部门日常 5S活动	0	没有活动	查阅记录 观察座谈		
		5	虽有清洁工作,但未按5S计划进行			
		10	开会对5S进行宣导			
		15	平时能够做到按5S计划工作			
		20	5S活动热烈,大家均有感受			
2	个人服装	0	脏污,破损未修补	交谈考察		
		5	不整洁			
		10	纽扣或鞋带未弄好			
		15	依规定穿着厂服,佩戴识别证			
		20	依规定穿戴好其他服饰鞋帽			
3	个人仪容	0	不修边幅又脏	观察抽查 座谈		
		5	头发、胡须过长			
		10	上述两项,其中一项有缺点			
		15	均依规定整理			
		20	感觉精神有活力			
4	行为规范	0	举止粗暴,口出脏言	观察		
		5	衣衫不整,不讲卫生			
		10	自己的事可以做好,但缺乏公德心			
		15	能够遵守工厂规则			
		20	具备主动精神和团队精神			
5	时间观念	0	缺乏时间观念	观察		
		5	稍有时间观念,开会迟到次数较多			
		10	不愿受时间约束,但会尽力去做			
		15	约定时间会全力完成			
		20	约定时间会提早做好			
合计						

被检查人：　　　　　　　　　　　　　　　　　检查人：

【案例 3-10】　某企业 5S 管理责任制

1. 目的

通过推行5S管理工作，在工作场所开展"整理、整顿、清扫、清洁和素养"的管理活动，改善生产和办公现场环境、提升生产和工作效率、保障产品品质、营造企业管理氛围以及创建良好的企业文化。

① 整齐清洁的工作环境，提升企业形象。

② 员工从身边小事的变化上获得成就感；对自己的工作易付出爱心与耐心；人人变得有素养；提升员工归属感。

③ 物品摆放有序，不用花时间寻找，提升工作效率。

④ 员工上下形成做事讲究的风气，保障产品品质，减少机器设备的故障。

⑤ 时常清理无用的物品，减少场所的浪费，节约空间和时间。

2. 范围

公司各个部门、各个工作岗位、各个生产环节、各个生产办公区域。

3. 原则

① 通过组织机构的设置和运行，确保5S管理工作的有效性和有序性。

② 坚持"从细节做起，从自我做起"的5S管理方针。

③ 落实"管生产必须管5S""全员参与，持续改善"的管理理念。

④ 倡导"公司是我家，清洁靠大家"的企业文化。

4. 组织机构设置

（1）组织机构

5S管理委员会，5S管理小组，执行操作层（5S巡查员、5S区域负责人）。

（2）人员配置

① 5S管理委员会由生产总监、各部门负责人组成，由生产总监负责。

② 5S管理小组组长由行政经理担任，副组长由生产部负责人和品质部负责人担任。

③ 5S巡查员由行政部职员担任。

④ 5S区域负责工作由各工作区域负责人担任。

5. 管理责任

（1）生产总监

① 为全公司的5S管理总负责人。

② 审批5S规划，审批5S工作计划。

③ 对5S管理的工作效果进行考核和评价。

④ 主持5S会议。

（2）5S管理小组组长/副组长

在5S委员会的领导下，开展5S各项日常工作。

① 落实公司的5S管理制度和5S管理规范。

② 对员工进行5S知识和5S实施技能培训。

③ 督导5S区域负责人依5S管理制度和5S管理规范开展本责任区域的5S工作。

④ 组织人员进行5S检查和评比。

（3）5S巡查员

① 依据管理制度和作业标准对全公司的5S区域进行日常巡查。

② 及时向区域负责人通报不达标的方面，并协助其整改。

③ 对5S大检查的评分进行统计、排名次、公告。

④ 跟踪和评价各区域的整改效果。

（4）5S区域负责人

① 配合公司政策，全力支持与推行5S。

② 参加有关5S教育训练，吸收5S技巧。

③ 部门内5S的宣导及参与公司5S文宣活动。

④ 规划部门内工作区域的整理、定位工作。

⑤ 依公司的5S进度表，全面做好整理、定位、画线标识的作业。

⑥ 协助部属克服5S的障碍与困难点。

⑦ 熟读公司5S制度和规范，并向部属解释。

⑧ 5S评分缺点的改善和申述。

⑨ 督促部属执行定期的清扫点检。

⑩ 上班后的点名与服装仪容清查，下班前的安全巡查与保证。

（5）员工

① 自己的工作环境须不断地整理、整顿，物品、材料及资料不可乱放。

② 不用的东西要立即处理，不可使其占用作业空间。

③ 通路必须经常维持清洁和畅通。

④ 物品、工具及文件等要放置于规定场所。

⑤ 灭火器、开关箱、电动机、空调等周围要时刻保持清洁。

⑥ 物品、工具要仔细地、正确地、安全地放，较大较重的堆在下层。

⑦ 保管的工具、设备及所负责的责任区要整理。

⑧ 纸屑、布屑、材料屑等要集中于规定场所。

⑨ 不断清扫，保持清洁。

⑩ 注意上级的指示，并加以执行。

第四章
企业现场5S管理
的谋划与推行

企业在实施 5S 管理过程中，一般应遵循如图 4-1 所示的过程。整理、整顿、清扫是进行 5S 管理活动的具体内容，它是管理的最初阶段；清洁是对整理、整顿、清扫工作的规范化和制度化管理，以便能够使整理、整顿、清扫工作得以持续开展，并保持好的整理、整顿、清扫水平，它是 5S 管理的较高阶段；素养是要求员工建立自律精神，养成自觉、自发进行 5S 活动的良好习惯，进而成为自立、自主型员工，它是 5S 管理的最高阶段。企业只有达到了最高阶段的习惯化，才能算作成功实施 5S 管理。

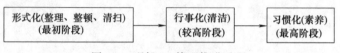

图 4-1　现场 5S 管理推进过程

5S 管理的核心是人"素养"的提高，因此，在实施 5S 管理时要特别关注员工素养的提高。员工素养提高的关键是培养员工认真、负责的主人翁意识和积极向上的进取精神。如果在推行 5S 管理过程中，不关注员工素养的提高，结果只能是前面所说的"走过场""搞形式"和"不了了之"，如图 4-2 所示。

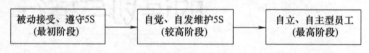

图 4-2　现场 5S 推进过程中人的素质提升阶段

一、现场 5S 管理的推行步骤

1. 现场 5S 管理推行前的现状审计

"知己知彼，百战不殆"，孙子兵法中的战争原则也适合 5S 活动的实施，对于企业来说，管理变革本身就是一场战争活动，这里敌方就是管理改进、提升，是 5S 管理的目标，而我方是目前的管理与企业运营现状。推行任何一项管理变革或实施一项管理活动，必须首先了解本企业的管理现状以及管理中经常出现的问题，也就是需要对企业的管理现状进行审计，明确将要推行的活动重点以及侧重点，有针对性地解决企业运营中的问题，提升企业运营与管理水平。把握现状，明确目标、理想、定位与现状的差距，这就是 5S 管理活动推行的内容，或者是 5S 管理要做的事情。

为此，企业在推进 5S 之前，必须根据 5S 的基本要求，对企业的现场进行诊断评论，通过诊断，可以比较客观地掌握企业的整体水平。对企业的现场进行诊断评论可从以下几方面入手。

① 迄今为止，企业实施过哪些管理活动以及做过哪些变革，这些变革、管理活动与 5S 活动在内容上有哪些交叉，是否覆盖相关部分？

② 这些管理变革以及管理活动在哪些部门实施，实施的时间多长，实施的效果如何？效果好与坏的原因有哪些？解决了管理上的哪些问题？

③ 员工是否能正确对待上述管理活动以及变革的推行，是否理解？

④ 与 5S 活动在内容上交叉的那部分员工是否理解，实施效果如何？

⑤ 企业员工对推行一项新的管理活动是什么态度？

⑥ 企业是否已经形成、确立起推行或实施 5S 活动的三大支柱：一是企业领导者推行与实施的意愿；二是现场工作人员的工作积极性、主动性；三是 5S 活动推行的方法准备。

⑦ 企业所处的 5S 管理水平。

⑧ 企业有哪些强项？有哪些薄弱的环节？

⑨ 在本企业，5S 推行的难易度在什么地方？

其实，以上对于企业管理的审计也就是推行 5S 活动前的活动策划，主要内容如下。

① 采取各种能采取的方式收集相关信息，例如通过内部网络、报刊、会议、建议书等方式收集信息。

② 记录下管理审计的各种审计或诊断结果。

③ 分析、研究推行或实施 5S 活动的效果测定方法。

2. 现场 5S 管理推行步骤："三阶段，六步骤"

在实践活动中，推行 5S 活动的步骤根据企业情况不同而有差异，有的是经历启动、实施、改善和标准化四个阶段，有的是经历局部推行（现场诊断、选定样板区、实施改善、确认效果）和整体推行两个步骤，有的是秩序化阶段、活力化阶段、透明化阶段三个阶段。但不管理论分析上还是实际做法上的差异多大，实质内容基本一样。本书以较通俗的"三阶段，六步骤"介绍现场 5S 管理推行步骤。

（1）现场 5S 管理推行步骤的三个阶段

① 准备阶段。首先必须了解什么是 5S，通过基础培训了解 5S 以后，对公司的现状要做对照检查，发现差距，同时在有条件的情况下，通过参观 5S 优秀企业，做一个外部交流、横向对比也容易发现不足，发现差距，从而对 5S 以及现场改善的必要性、紧迫性形成共识，在这个基础上建立公司的推进体制，也就是说公司的 5S 推行组织应该怎么做，应该划定哪些责任区，明确哪些责任人。

② 实施评估阶段。这个阶段就是要导入 5S，首先通过局部试点或样板工程的方法，对比现状，先创造一个局部的变化，由点到面；然后全面铺开，全员行动，全面进行改善，通过导入 5S 发现问题，推动问题解决，同时导入周检、月

检和月度评比的机制，而且做到奖优罚劣，推动相关问题的解决，推动现场亮点的创造，这样就形成一个全面的效果。这个机制是周检发现问题，推动解决，月检做月度的检查，月度的评比，形成激励机制，从而形成一个自主的推动方式。

③ 巩固阶段。通过改善现场，同时把5S管理活动与相关的质量管理、设备管理、标准化管理结合起来，做到让员工容易遵守，而且使员工形成良好的习惯，形成一个自主改善的状态。把这一个过程固化成企业的制度、企业的标准。

（2）现场5S管理推行的六个步骤

① 成立推行组织，明确职责。

② 5S活动策划与管理审计。

③ 宣传造势、教育训练。

④ 局部试行。

⑤ 全面导入。

⑥ 巩固，纳入日常管理活动。

（3）推进现场5S活动"六个步骤"的基本内容

1）成立5S活动推行组织，明确组织职责。

① 根据企业管理现状，制订5S活动导入程序框架与流程图。

② 成立企业5S推行小组，建议由企业主要领导人直接负责，结合组织力量，以形成体系的保障，如图4-3。建议企业的推行组织不要太复杂，有些企业成立"5S推进委员会"，下面有一个办公室，办公室有若干成员，再接下来是生产部、质量部等各部门，生产部下面又有各个车间，这样的组织结构的设立会流于形式，因为它层级太多，面积太大，所以一般建议扁平化，就是企业层面的推行小组，再接下来就直接划分责任区，这样非常扁平化。有了这样一个扁平化的推进组织，直接可以落实到一线，同时要有效划分责任区和责任人。

• 小组职位设置：组长、副组长、组员、干事、文员。

• 小组人数应控制在20人以内，可根据企业规模或现场要求具体确定。

③ 以文件形式明确推进小组的职责。

• 推行小组职责：负责5S活动的计划和工作的开展；设定5S方针和目标；确定5S推进的方法、方案；制订推进计划及策划推进活动；实施5S教育训练；制订5S考核评价标准；建立5S监督检查体系。

• 组长职责：负责5S小组的运作，指挥和监督所属组员。

• 组员职责：参与制订、修订5S活动计划，确实执行组长之命；拟订各种活动办法；负责进行本部门的宣传教育、推动5S落实；负责活动的定期审核；定期检讨、改善；进行活动指导及争议的处理；处理其他有关5S活动事务。

• 干事职责：拟订推行方案，召集会议和整理资料；筹划、推动相关活动。

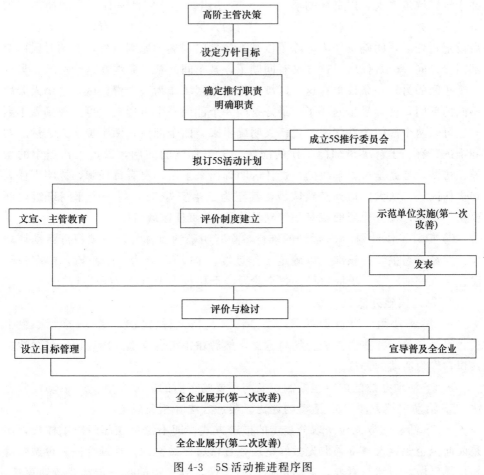

图 4-3　5S活动推进程序图

- 文员职责：负责小组的行政、文书工作，负责评比分数的统计和公布。

2）5S 活动策划与管理审计、划分责任区

① 拟订企业 5S 活动推行方针及目标。

- 推行方针：应制订方针作为 5S 活动的指导原则。

- 推行目标：5S 活动期望的目标应先设定，以作为活动努力的方向及用于执行过程的成果检讨。

② 管理审计与诊断：明确企业 5S 活动推行前的管理现状以及推行 5S 活动的重点、侧重点以及难点。

③ 收集资料：收集 5S 相关的资料，如推行手册、标语、培训资料、其他厂的案例等，为后面的工作做准备。

④ 划分责任区域：实行区域责任制，将现场划分为若干个区域并指定负责人。根据初次会议讨论的结果，由各部门主管负责将本部门划分为若干个区域，

并指定区域负责人，以书面的形式上交5S小组。办公室的责任人是职能部门的责任人，办公室的成员就不只是这个部门的人员，还有相关的责任区的人员，之后设定责任区，明确责任人。除了以基本的部门现场为原则以外，有的时候两个部门会是同一个责任区，这样又有问题了，某车间的某一条线在这个区域，另外一个车间的另外一条线也在这个区域，把这个区域作为一个责任区，两个人分属不同的部门，就容易出问题了，最好是同一个部门一个负责人，可是现场做不到时也可以两个部门合并起来，责任人明确出来，两个部门，两个责任人，然后共同推进，有利于解决跨部门工作的问题，至于具体的问题，通过工作当中的指导、协调，是完全可以解决的。责任区明确出来了后，要有责任牌，标明责任人和责任区域，从大区域到细致区域，甚至为了落实好5S，每一个车间班组内部要责任到人，在公司层面就只是管到具体的5S责任区就行了。

⑤ 拟订工作计划。5S活动的推行，除有明确的目标外，还须拟订活动计划表，并经最高主管的核准，以确定工作进度，5S活动分为三个阶段，即准备阶段、实施评估阶段、巩固阶段。每个阶段应严格按照PDCA循环进行。

⑥ 制定实施办法。

• 由5S小组干事负责草拟活动办法（包括试行方案），经5S推行小组组长、组员会签，并在会签表上签写意见，然后在小组会议上共同讨论，最终达成共识，作为活动的办法。

• 5S活动办法的内容包括制定要与不要的东西的区分方法、5S活动评分方法、5S活动审核方法、5S活动的评比、奖惩方法等相关规定。

• 5S活动的导入应采取分步走的推进方式，即不论是在部门内做样板，还是面向全企业导入，都采取先做好整理，合格后再做整顿，整顿合格后再做好清扫，最后做好清洁与素养，进而达到全面开展，分步走的每一步都要按期审核、验收，在做下一步的同时必须保持前一步的成果。

3）宣传造势、教育训练

推动5S活动除了要做好策划工作外，还一定要让整个企业的全体员工了解为何要做和如何去做，同时告知进行活动的必要性与好处在哪里，这样才能激发员工的参与感和投入感。因此，开展必要的宣传造势、教育训练是必不可少的环节，也是5S活动成败的关键。

① 活动前的宣传造势。

• 前期各项宣传活动的推行。企业各部门、单位主管负责利用部门（分组）例会向员工讲述实施5S的必要性和作用，使员工对5S有初步的了解，激发员工的好奇心。

• 制订推行手册及海报标语。为了让全员进一步了解，全员实行，应制订推行手册，并且做到人手一册（发放前向员工讲明，推行手册是否保存良好是要纳入评分项目的，丢失就要扣分），通过学习，确切掌握5S的定义、目的和推行要领等。另外，配合各项宣导活动，制作一些醒目的标语，营造气氛，以加强文宣效果。

• 最高领导的宣言。利用内部报刊、媒体、网络或者会议等形式，由企业最高领导强调和说明推动5S活动的决心、信心和重要性。

② 教育训练与考核。

• 培训：企业5S推行活动中的教育培训有管理人员与审核员的5S培训（由企业5S小组组长负责）；全员5S培训（新进人员由人力资源部门负责组织培训；现有员工由各部门自行负责组织培训）；现场审核前审核员的培训三种。

• 考核：由5S小组干事负责对所有接受培训的人员进行卷面考核，对于考核不合格者以下述方式处理：对管理人员和审核员采取每天补考一次，直到合格为止的方法；对于企业老员工采取由各部门再次组织培训（可采用实际操练的方式进行），干事于2天后再组织补考，直至合格的方法；对企业新员工每人给予一次补考的机会，补考不合格者，做试用不合格处理。

4）样板区局部试行，把握推行中的问题

① 依据试行方案集中力量在样板区试行。选择样板区局部推进的好处：

• 能集中所有的力量，推进效果明显，减少大家对推进的抗拒阻力，消除疑虑。

• 及时对试行期间的问题点加以收集和系统分析、总结，必要时可根据实际情况适当调整推进方案。

② 按5S推行计划组织审核员对样板区进行审核。针对审核中发现的不符合项应采取立即召开检讨会议，分析原因，采取纠正措施和验证的方式整改，必要时可根据实际情况适当调整试行方案。

③ 参观、学习。审核合格后由5S小组组织各部门、单位的代表分批到样板区参观、学习。

5）全面导入

在样板区局部推进达到预先目的后，就进入全面导入5S的阶段。

① 全面导入活动的实施。

• 将试行的结果经过分析、修订，确定正式的活动办法等相关文件。

• 下达决心。由企业最高领导通过内部网络、电视等，或者召集全体人员或企业主要人员，再次强调推行5S活动的决心，公布正式导入的日期以及最高领导的期望。

• 实施办法的公布。由5S小组组员签名的5S活动推行办法、推行时间、审核与评分标准应予公布，使全体员工能正确了解整个活动的进程，使每个员工都能清楚自己的5S活动内容，知道5W2H（即5W为什么要做、在哪里做、做什么、何时做、谁来做，2H怎么做、做到什么程度）。

- 活动办法说明。由5S小组召开组员会议，向小组组员说明活动方法。
- 由各组员对本部门、单位员工举行活动方法说明会。

② 审核。5S活动的推行，除了必须拟订详尽的计划和活动办法外，在推动过程中还要定期安排审核员依据5S检查标准表对每个责任区的实施情况进行检查、审核，以确认是否按照5S要求推行。

a. 审核的主要活动（分四步完成）。

审核的启动：包括指定审核组长和审核员，确定审核目的，编制审核计划，分配工作等。

现场审核的实施：包括召开首次会议，依据5S检查标准表对现场实施检查、评定，形成审核发现，准备审核结论，召开末次会议等。

编制、发放审核报告：审核报告包括5S活动评分表和整改通知书。注意：对于严重违反5S要求的，除了要扣分外，还必须开出整改通知书通知责任部门限期整改。

整改措施的验证：5S小组将依据整改通知书于一周内对审核中发现的严重不符合项进行验证，以确认是否按要求整改。

b. 审核周期。审核周期根据5S活动推行的进展情况而定，导入期的频率应较密，原则上每周一次，到巩固期后可过渡到每两周一次或每月一次，但连续两次审核的间隔不得超过1个月。

③ 审核结果公布、评比与奖惩办法。

a. 审核结果的公布。审核员必须于审核的当天将评分表交到5S小组文员处，由5S小组文员进行统计，并于次日12点前将成绩公布于5S公布栏。

b. 评比、奖惩办法。活动以月为单位进行评比，评比采取扣分制，每月确定每组基准分，根据每次审核的评分表对基准分进行扣减，于月底进行总评。对于基准分未扣完的小组，将所剩余的基准分按规定标准换算为相应金额人民币后奖给该组，以作鼓励；对于基准分为零的小组，不给予任何奖惩。对于基准分为负的小组，将对该组给予罚款处理，罚款金额即为所负的基准分按规定标准换算后所得人民币的金额，罚款由该组全体人员分担。对于总分排名第一的区域，每月还在公布栏相应部位粘贴红旗予以表扬。对于总分排在最后的小组，每月在公布栏相应部位粘贴黑旗以作激励。

c. 年终对活动的实施情况进行总评，对总分前2名的小组，发给锦旗和奖金。

④ 检讨及改善修正。推行5S活动和进行其他管理活动一样，必须导入PDCA循环，方能成功。PDCA循环由P（策划）、D（实施）、C（检查）、A（处置）四个阶段组成。P（策划）是拟订活动目标，进行活动计划及准备；D（实

施）是按照 P 阶段制订的计划去执行，如进行文宣、训练、执行工作；C（检查）是依据目标，对实施情况进行检查；A（处置）是把成功的经验加以肯定，形成标准，对失败的教训，也要认真总结。在推行期间 C 和 A 更是一种持之以恒的项目，若不能坚持，则 5S 很难成功，若能脚踏实地地加以改善，则 5S 活动将逐见功效。

a. 问题点的整理和检讨：由 5S 干事负责每周将各部门的问题点集中记录，整理在 "5S 整改措施表" 中，并发至责任部门。

b. 定期检讨：在 5S 推行的初期，一定要实施周检讨，若一个月才检讨一次，则堆积的问题太多，难有成效。相对稳定后，可改为每月检讨一次。针对重点问题、反复出现的问题，责任部门必须进行原因分析，制定改善对策，限期改善。

6）巩固，纳入日常管理活动

全面的 5S 导入达到预先目的后，就要进入巩固，纳入日常管理活动的步骤。5S 贵在坚持，要很好地坚持 5S，必须将 5S 做到标准化和制度化，让它成为员工工作中的一部分，所以，应将 5S 纳入日常管理活动，定期对推行过程中出现的问题进行检讨、总结，定期对 5S 推行的结果进行评比。

【案例 4-1】 某机械企业 5S 实施步骤

步骤一：成立 5S 推进组织

① 成立 5S 推进组织——5S 推进小组，主导全公司 5S 活动的开展，公司主管生产的总经理助理是当然的 5S 推进小组负责人。

② 生产管理部工业工程科为 5S 的归口管理部门，主持日常工作。

③ 公司各部门（或车间）必须指派一位员工为现场管理（联络）员。

④ 各部门领导是本部门 5S 推进的第一责任人。

步骤二：拟订推进方针及目标

① 推行 5S 活动，要依据公司的方针和目标，制订具体可行的 5S 方针，作为 5S 活动的准则。方针一旦制订，要广为宣传。如：全员参与 5S 活动，持续不断改善，消除浪费，实现 "零" 库存。

② 5S 活动推进时，应每年或每月设定一个目标，作为活动努力的方向和便于活动过程中成果的检讨。如：现场管理 100% 实现三定，定品、定位、定量。

目标是：对内营造一个有序高效的工作环境；对外成为一个让客户感动的公司。

步骤三：拟订推行计划及实施办法

① 5S 活动推行计划表。工业工程科年初制订公司 5S 网络计划交公司领导审批；各部门也必须在年初制订本部门 5S 网络计划，交工业工程科审核。5S 活动推行计划表如表 4-1 所示。

◇ 表 4-1　5S 活动推行计划表

项次	项目	计划												备注
		2月	3月	4月	5月	6月	7月	8月	9月	10月	11月	12月	1月	
1	5S外派培训													
2	筹建5S推进委员会													
3	5S的全员教育													培训等
4	推进5S改善样板													
5	5S日													
6	红牌作战													
7	看板作战													
8	全公司大扫除													
9	建立巡视制度													
10	建立评比制度													
11	5S之星													
12	表彰/报告会													

② 5S的实施办法。制订5S活动实施办法；制订"要"与"不要"的物品区分标准；制订5S活动评比办法；制订5S活动奖惩办法；其他相关规定等。

5S活动实施办法制订方法有两种：一种是由5S推进小组深入车间（部门）调查，拟订草案，然后再召集车间（部门）人员讨论认可，经5S推进小组修订、审核后发布实施；另一种是先对车间（部门）现场管理人员进行5S知识培训，由他们结合部门现实状况，拟订本部门5S执行规范，再收集起来，经5S推进小组采取文件会审的办法达成共识，经修订、审核后发布执行。

步骤四：教育

① 公司对管理人员、每个部门对全员进行教育：5S的内容及目的；5S的实施办法；5S的评比办法；到兄弟厂参观或参加交流会，吸取他人经验。

② 新员工的5S培训。

步骤五：宣传造势

① 召开动员大会，由公司领导和各部门领导表达推行5S活动的决心。

② 领导以身作则，定期或不定期地巡视现场，让员工感受到被重视。

③ 利用公司内部刊物宣传介绍5S。

④ 外购或制作5S海报及标语在现场张贴。

⑤ 每年规定一个5S月或每月规定一个5S日，定期进行5S的加强及再教育。

⑥ 举办各种活动及比赛（如征文、漫画活动等）。

步骤六：局部推进5S

① 选定样板区。对公司整个现场进行诊断，选定一个样板区。

② 实施改善。集中精锐力量对样板区现场改善，对改善前后的状况摄影。

③ 效果确认，经验交流，让其他部门进行参观并推广。

步骤七：全面推进 5S

① 红牌作战。

② 目视管理及目视板作战。

③ 识别管理。

④ 开展大扫除，将工厂的每个角落都彻底清扫。

⑤ 改善。

⑥ 标准化。

步骤八：5S 巡回诊断与评估

① 5S 推进小组定期或不定期地巡视现场，了解各部门是否有计划、有组织地开展活动。

② 5S 问题点的质疑、解答。

③ 了解各部门现场 5S 的实施状况，并针对问题点开具"现场'5S'整改措施表"，责令限期整改。

④ 对活动优秀部门和员工加以表扬、奖励，对最差部门给予曝光并惩罚。

【案例 4-2】 某化工企业的现场 5S 初步审计与实施

1. 现场 5S 初步审计

现场 5S 初步审计如表 4-2 所示。

◇ 表 4-2 现场 5S 初步审计表

直观印象	企业的整改更多的是依据客户的需要与要求； 有较好的现场管理基础； 人员的工作态度认真，有"客户永远是对的"理念			
不足	企业的现场管理缺乏系统性； 缺乏问题意识和自主改善意识； 现场的区域定置欠合理，目视化标识应进一步加强； 硫化车间与切割车间的产品交接过程有一定的问题(包括容器)； 切割车间的现场是整个企业现场的瓶颈			
实施设想	实施方式	由点及面，由样板区向全厂推广	实践区	切割车间
	益处	先期集中精力树立样板，以此为原点拉动相关部门工作； 使企业中其他的人员有一个学习与参观的场所，树立一个目视化的目标		
	项目建议	按照精益生产的思想进行现场的管理； 由生产部门牵头进行现场的推进； 改善作业方法，减少员工的劳动强度，使员工乐于参与改善(例如：切割车间员工使用的工具、胶管清洗后的分类，砂轮机的脏污源等都可以进行改善)		

2. 具体实施步骤

现场 5S 具体实施步骤如表 4-3 所示。

◎ 表 4-3　现场 5S 具体实施步骤

序号	实施阶段	咨询公司的任务	企业的配合	备注
1	评估阶段	依据现场点检表的相关内容对企业现场进行评估；提交评估报告	熟悉企业整个生产、物流的人员和相关的数据	在此过程中需要数码相机对现场的原始状态进行确认
2	培训阶段	成立推进小组，按照实施目的，对人员培训；对实践区的全体成员进行意识、方法培训；在项目进行过程中，针对出现的问题进行培训，强化员工问题意识	企业高层必须对 5S 足够重视，积极参与其中；生产部门的领导参与协调；提供培训场地与相关设施	高层的决心与积极程度是至关重要的（5S 活动是企业体质的训练，更多的是枯燥与痛苦）
3	实践区的实施	制订要与不要的标准，清理现场；对可能出现的废弃物资，明确去处；依据生产情况进行物品的三定与目视；改善员工的作业方法；制订 5S 检查考核方法；试运行，对效果进行检查与整改	在此过程中需要企业的大力配合，需要涉及生产、物资等部门。用数码相机对实施后的效果进行确认与对比	可能涉及物品的领用方式的改善
4	全厂推广	全员培训（意识、方法的培训，实践区实施前后的变化，现场的培训，增强感性的认识）；各部门实施，明确效果；定期进行全厂 5S 点检与评比，针对问题整改	建立全厂的 5S 考核评价体系；企业高层定期参加点检	5S 工作是生产过程的一部分，不应该是工作以外的额外部分

二、现场 5S 管理的推行规划与推行方式

1. 现场 5S 管理的推行规划

（1）规划原则

对 5S 活动的推行进行规划的基本目的在于，明确企业推进 5S 活动的整体思路和行动方案。5S 活动规划的基本原则如下。

一是现场环境的整洁原则。现场要横平竖直，美观大方，有一个很规矩的布局方式，并且有干净清爽、追求洁净度的效果，一进入环境就能够看得舒服，做得舒心。虽然讲究横平竖直，但是有时也是可以有点变化，围绕实际带来的一个效果，让员工在作业过程当中感觉到非常舒服，非常适合。最为重要的是，要创造一个能够影响员工的现场环境，让员工在环境当中下意识地去遵守作业规范，而且把现场的整理、整顿工作做得更好，这是规划实施的一个基本原则。

二是工作效率提升的原则。企业流程管理、现场操作管理等需要以现场工作效率提升为基本要求，根据工作效率要求来进行区域规划或者划分、责任区域规划等。对于现场来说，规划是从大局、从整体向局部再向细部来推进的。所谓大局整体，就是从企业整个厂区、整个区域的物流环节的角度去考虑，怎么样去做到物流顺畅，搬运的距离最短，而且有弹性能够去应变，有弹性是指一旦有需要的时候，能够去调整现场布局，能够去创造空间，去应对市场需求的一个变化，所以这是它的一个规划原则。企业提高整个生产的物流效率，使现场有序化，一定要对流程线路进行分析，把一个产品从前到后的生产过程，每一个步骤相应的加工环节、加工工序、设备的区域、中间材料半成品，成品放在什么地方，把它的流动路线画出来。根据这样一个线条画出来的流动路线，很容易暴露现场的浪费，物料摆放不太合适，设备摆放也不太合适，取用东西的路线非常长，这样就可以遵循程序流程经济原则，找出浪费，消除浪费。

三是活动推进有效的原则。规划需要确保推进5S活动的资源配置，以便活动的有效推进。

四是习惯全面养成的原则。推行5S活动的目的不在于仅仅大扫除，重要的是企业文化，是习惯、规范的养成以及标准的形成，这是规划必须考虑的内容。

（2）规划内容

5S活动规划的主要内容如下。

一是行动策划。制订整个5S活动推进的方针、目标体系，从宏观上策划整个企业推进5S活动的内容、过程与目的达成，建立组织认同与标准、规范、习惯养成体系。结果是行动策划方案书。

二是工作计划。规划整个5S活动的进行阶段、推进步骤、推进内容、时间安排以及责任体系建设等。其结果是企业5S活动推进工作计划书。

三是区域规划。根据企业性质以及特征要求，对整个企业进行大区的区域规划。区域规划的要求是服务于企业整体水平的提升，对企业管路、线路、空间、场所等建立一个基本的规划意识和操作标准，从大局、从整体向局部再向细部来推进的。所谓大局、整体，就是从企业整个厂区、整个区域的物流环节的角度去考虑，怎么样去做到物流顺畅，搬运的距离最短，而且有弹性能够去应变。有弹性是指一旦有需要的时候，能够去调整现场布局，能够去创造空间，去应对市场需求的一个变化。大区域规划的要求缩短物料搬运和行走路线，禁止孤岛加工，尽可能减少物料在中间的停滞，消除重叠停滞，消除交叉路线，禁止逆行。区域规划的主要内容有物流路线、现场作业体系、作业配置、目视管理、企业文化、功能区域。例如煤炭企业有井上井下两个大的区域，两个区域的功能完全不同，必须对两个区域分别规划。

四是功能规划。区域规划的明确也就使区域的功能明确，两者基本一致。

（3）工作计划

对5S活动的推进进行比较深入、细致的工作安排，明确5S活动推行过程中的程序、步骤、每个阶段的工作内容、责任体系、工作标准、时间要求等，企业根据工作计划有序推进5S活动，如表4-4和表4-5所示。

◇ 表4-4　5S精益管理活动的推行计划

阶段	项次	项目	三月	四月	五月	六月	七月	八月	九月
准备阶段	1	推行组织建立							
	2	活动计划书制订							
	3	前期工作准备							
	4	活动宣导、教育训练							
样板阶段	5	现场诊断、样板区选定							
	6	破冰行动—誓师大会							
	7	样板区整理、整顿作战							
全面展开阶段	8	全厂整理、整顿展开							
	9	寻宝活动							
	10	红牌作战							
	11	洗澡活动							
	12	目视管理							
	13	设备清扫的实施							
	14	看板管理							
	15	可视化方案策划与确定							
	16	区域责任制度							
	17	三级晨会制度							
	18	安全巡查制度的实施							
	19	考核标准的制订							
	20	考核评分							
改善提升阶段	21	整改跟进确认							
	22	领导巡视，现场巡查的实施							

续表

阶段	项次	项目	三月	四月	五月	六月	七月	八月	九月
改善提升阶段	23	创意改善制度导入							
	24	改善发表制度的建立							
	25	问候、礼仪和岗位规范制度							
	26	总结和进一步提升							

◈ 表4-5　5S工作计划表

阶段	项目	进度	备注
阶段一 （前期准备）	制订5S实施方案初稿		
	讨论确定责任区域和负责人		
	讨论确定5S实施方案		
	讨论确定培训计划		
	5S导入前的宣传教育		
	5S"整理"活动的开始		
阶段二 （方案实施）	在总体5S实施方案的基础上，各区域责任人牵头制定各区域实施5S的具体规范（实施标准及考核、奖惩办法），并经推行小组批准		
	顺序开展整理、整顿、清扫活动		
	建立早会、夕会等例会制度，固化5S行为方式		
	导入5S推进技巧		
	推行效果阶段性考核评价		
	改善的实施		
	奖惩及问题探讨		
阶段三	形成规范化、标准化的5S流程和制度，并及时修订		
	观摩学习其他部门、单位的好经验		
	请顾问指导，并持续改善		

【案例4-3】　德沃企业5S推行计划

德沃企业5S推行计划见表4-6所示。

◈ 表4-6　德沃企业5S推行计划

序号	阶段	步骤内容
1	初步诊断并进行组织宣传动员	①对现行5S运作进行诊断并得出诊断报告； ②指导建立5S推行小组并明确职责； ③指导划分各区域并落实责任人； ④开展动员大会，在公司醒目的地方张贴宣传画

续表

序号	阶段	步骤内容
2	拟订计划表、评分标准及竞赛方法	①企业拟订 5S 活动实施计划表； ②企业拟订 5S 评分标准； ③企业拟订竞赛实施方法
3	全面展开 5S 活动	①改善诊断报告中的问题； ②依教材所谈，依照各责任区展开 5S 活动
4	评述、改进及修订	①确认有首次诊断报告中问题的改善情况并决定是否需提出新问题； ②改善不足，并依评分标准及竞赛办法进行日常检查及周期检查； ③将 5S 活动好的与差的摄影做成照片，张贴于公告栏，让全员周知； ④确定是否需修订相关标准(如评分标准,竞赛标准)
5	奖惩、总结及成果维持	①在集体场合颁奖，并鼓励落后单位要加油； ②总结前期 5S 工作的情况，维持首期成果做出下期计划并实施

备注:咨询师每次入厂可能会对 5S 的相关工作不提前通知而进行临时抽查,如发现未按计划进行或进行不彻底,则直接追究管理者代表的责任

2. 现场 5S 管理的推行方式

从企业实战活动来看，企业推行 5S 的做法可以分为两种：点式和面式，如表 4-7 和表 4-8。两种方式的内容基本一样，差异就在于推行的角度。根据企业管理现状以及行业性质等，企业可以选择不同形式。

◇ 表 4-7 推行 5S 活动的点式方法

序号	推动步骤	执行事项	责任者
1	计划	①有关资料收集、观摩他厂案例； ②整理整顿方式及行动目标规划； ③教育训练及文宣活动计划； ④部门区域或个人责任区的规划； ⑤整理整顿推动办法的设计； ⑥整理整顿推动计划表排定； ⑦权责划分； ⑧整理整顿看板及缺点公告表的制作； ⑨"整理"活动的规划； ⑩"整理"画线、定位、标示的规划	办公室
2	宣导	①全员及干部训练(N 次)； ②整理整顿标语、征文、有奖惩活动； ③成绩优秀工厂观摩及心得照片发表； ④整理整顿推动办法讨论及宣达； ⑤标语及海报制作,营造气氛	办公室
3	整理作战	选一适当日期,实施"红牌作战",全厂大清理,区分要与不要的东西	各部门主管

续表

序号	推动步骤	执行事项	责任者
4	整顿作战	选一适当日期,全厂执行定位、画线、标示,建立地、物的标准	
5	推动实施方法	正式公告、下达决心	总经理办公室
6	缺点摄影	①违反整理整顿条文事实、摄影; ②记住摄影位置(可做标记)	办公室
7	照片公布改善	①及时公告; ②标示事实、日期、地点、要求改正; ③在公告栏公告,限时改正; ④改正后,在同一地点再拍,作前后比较	办公室
8	奖惩对策	①定期检讨; ②对屡劝不改善者进行惩罚,对表现绩优者进行表扬; ③推动软体与硬体障碍对策、克服	总经理

◈ 表 4-8 推行 5S 活动的面式方法

序号	推动步骤	执行事项	责任者
1	计划	①资料收集与他厂的观摩; ②引进外部顾问协助; ③行动目标规划; ④训练与宣导活动计划; ⑤方案与推动日程设计; ⑥责任区域划分; ⑦整理整顿施行规划; ⑧5S周边设施的设计	办公室或准5S活动干事
2	组织	①推动委员会的成立; ②权责划分; ③部门主管全身心投入; ④执行评述作业; ⑤行动庶务支援; ⑥协助改善工作	经营者核决
3	宣导	①教育训练; ②标语、征文……比赛; ③参观工厂; ④海报、推行手册制作; ⑤照片展; ⑥经营者下达决心	5S活动干事
4	整理作战	①找出不要的东西; ②红牌作战……大扫除; ③废弃物登记、分类、整理; ④成果统计	各部门主管

序号	推动步骤	执行事项	责任者
5	整顿作战	①定位； ②标示； ③画线； ④建立全面目视管理	各部门主管
6	推动方法实施	①全面说明会、经营者公布； ②公告实行，要求严守	5S活动主任委员
7	办法讨论修正	①问题点收集与记录； ②每周开会检讨，修正条文	5S活动干事
8	推动方法 正式施行	①全员集合宣布； ②部门集合宣布	5S活动干事
9	考核评分	①日评核； ②月评核； ③纠正、申诉、统计、评价	各评审委员
10	上级巡回诊断	①最高主管或顾问师亲自巡查(每月、每季)； ②巡查诊断结果记录与说明(优、缺点提出)	经营者或顾问师
11	检讨与奖惩	①定期检讨、记录对策(周、月、年度检讨)； ②全员集合宣布成绩； ③锦旗与黑旗的运用； ④精神与实物的奖励	5S活动干事
12	推动后续 新方案	①人员5S活动纪律作战； ②设备5S活动TPM作战	5S活动主任 委员、干事

三、现场 5S 管理推行的宣传与教育培训

1. 现场 5S 管理推行的宣传造势

5S不只是一项管理活动。首先意识层面要有5S的意识，要有整理、整顿的意识，清扫、清洁的意识，要有素养、安全的意识，这个地方的意识会决定我们对待5S和其他相关工作的基本态度，而且5S确确实实在意识层面也是一样存在，例如我们大脑里是不是有一些意识观念、行为准则应该整理、整顿、清扫、清洁了？做事情的时候，是不是应该有所讲究，有自己的思路，有自己的方法，要不断地进行观念的改善、观念的革新，这也是一个非常重要的基础，所以5S首先是意识层面的意识到位，后面的5S才能抓到位。

5S推进活动的组织体系建立起来以后，相关准备工作已经基本就绪，如何让员工了解5S，从心里、意识上理解、认识、认同5S活动。这个时候就必须采

取宣传造势的方式，通过企业所能把握的方式进行广泛的宣传造势，创造良好的活动氛围。

（1）5S活动宣传的阶段和内容

匹配5S活动推进过程，宣传造势有三个阶段，不同阶段的内容有所差异，重点不同。

① 造势宣传（发起宣传）。这是5S活动准备推进阶段的宣传，目的在于渲染环境，烘托气氛。这个阶段的主要内容是营造声势，结合企业管理问题、运营问题进行造势，广泛宣传推进5S活动的目的、方针等，把企业决策者推进5S活动的意图、决心以及企业远景、文化等结合起来宣传，广造声势。

② 认知宣传（过程宣传）。这个阶段主要宣传的目的在于让员工熟悉、了解5S活动的内容，以知识宣传为主题，以漫画、心得体会、学习体会、先进案例为形式，把宣传与认知教育培训结合起来。企业不仅要外购5S管理书籍，组织赴先进企业学习，更重要的是结合企业实际编写5S活动知识体系与管理规范，使企业开展的5S活动是属于本企业内容与管理提升的5S活动，而不是模仿其他企业的形式。目前市面上广泛流行的5S书籍都是通用性的，企业必须结合自己的实际编写属于自己的5S书籍和教材；而且每个行业、每个企业的差异性很大，借鉴其他企业的先进经验只能有利于自己企业推行5S活动，而不能代替企业自己的内容。例如煤炭行业和电力行业、机械制造业等完全不一样，山西企业和河南企业又不一样，需要结合企业的行业特征与企业实际编辑教材，认知宣传必须有自己企业的特征，不能千篇一律。

③ 认同宣传（文化宣传）。认同是5S活动的核心要求，这个阶段的宣传重点在于标杆宣传、案例宣传、规范以及标准的宣传。

（2）5S活动宣传造势的形式

5S活动宣传造势的形式多种多样，不同形式的力度与强度在不同企业差异很大，企业应该根据本单位管理实际、产业状态、生产运营实际、人员状态、市场要求等综合把握，复合选择，以期达到最佳宣贯效果。

① 活动口号征集与标语制作。自制或外购相关宣传画、标语等，最好由企业宣传相关部门组织员工集思广益，推出适合本企业的宣传口号，张贴在各工作现场，增强企业推进5S活动的环境活力，同时让员工身处5S活动推进环境，达到对5S活动潜移默化的功能作用。

② 内部刊物、电台、局域网等。通过企业内部刊物、电台广播、网络媒体等新老媒体手段，广泛宣传推进5S活动的目的、功能、作用，并结合领导讲话、成功企业推行的案例、优秀成果与效果等，让员工对5S活动内容深入了解，同时经过媒体不断的强势与重复宣传，让员工对5S活动的内容深度认识与认同。

③ 宣传板报。企业以及各部门可以通过制作5S板报宣传5S知识、目的等，展示5S活动成果，发表5S活动心得体会与征文，提示企业运行中的问题等，增强员工对5S活动的理解、认识与认同。主要目的还是营造浓厚的5S活动氛围，使活动更容易获得企业全体员工的理解、支持和认同。宣传板报宜置于员工或客户必经场所，美观大方醒目。

④ 标语牌。标牌语可渲染活动气氛，既有宣传功能，也有鼓励与推进作用。

⑤ 读书与心得体会。外购或自行编辑5S管理知识书籍，向员工发放，让员工写读书体会与心得，通过内部媒体刊载，激发员工了解5S活动的积极性，活跃5S活动推进的环境气氛。

⑥ 会议。通过企业各层级的各类会议广泛宣传5S活动。

【案例4-4】 某公司5S管理宣导阶段方案

5S管理是一项系统工程，不可一步到位，需分步有序实施。本5S管理宣导阶段方案，不是一个孤立的方案，而是系统方案中的第一部分。本方案以整体方案为框架，以宣导阶段为重点，着重阐述宣导阶段实施细则。

1. 5S管理项目整体实施目的

① 改善企业精神面貌，提升员工个人素养。

② 减少安全隐患，保证产品质量。

③ 提高生产效率和库存周转率。

④ 缩短作业周期，降低生产成本。

现状：目前厂部员工已基本养成清扫和整理的习惯，但执行的持续性和彻底性不足。特别是春节开工以来，执行情况有所退步。

2. 实施范围

公司全体工作人员及工作场所。

3. 5S管理实施总流程

（1）宣导阶段

① 树立实施5S管理的决心。

② 做好实施前的准备工作。

a. 5S管理宣传造势。

b. 5S管理知识培训。

c. 5S管理专项讨论。

d. 5S管理知识考查。

e. 各部门负责人根据所学知识试拟5S管理整改计划。

f. 边整改边总结，自觉自主，标准不限。

（2）试行阶段

① 全员参与，避免少数人唱独角戏。

② 划分责任区。

③ 按厂部计划推行整改项目。

④ 看板管理，实时公布整改成绩。

⑤ 人力资源部巡查，与负责人沟通，促其改善。

（3）检讨阶段

① 成果对比，找出不足。

② 召开专项会议，总结阶段性成果。

③ 各部门负责人拟出改善计划，持续整改。

（4）实施阶段

① 厂部明确管理标准和细则。

② 制定5S管理制度。

③ 全面实施5S管理并适当纳入年度考核。

（5）巩固阶段

① 持续管理，适时考核。

② 随机抽查，促进完善。

③ 设立"5S管理深入月"，深化管理成果。

4. 宣导阶段实施细则

（1）明确宣导阶段目的

① 普及5S管理知识，让员工了解5S管理的大致内容。

② 使员工了解5S管理对企业和个人的意义，并从思想上做好实施5S管理的准备。

③ 促使员工了解公司目前5S管理的现状和差距，明确实施方向。

（2）宣传造势

① 出版5S管理专栏。

a. 5S管理含义（整理、整顿、清洁、清扫、素养）。

b. 5S管理意义和积极作用。

c. 5S管理的必要性。

d. 工厂5S管理现状。

e. 5S管理要求和目标。

② 采集图像，找出不足。

③ 利用生产协调会向各车间主任、各部部长通报实施5S管理的决议和要求。

④ 人力资源部利用早会向全体职工宣传5S管理活动的各项内容。

⑤ 总经理全厂讲话，强调实施5S管理活动的决心和意义。

（3）5S管理知识培训

①编制办公室5S管理教材（已完成）和车间5S管理教材。

②办公室人员通过邮件形式自学办公室5S管理知识。

③人力资源部组织各车间主任、班长进行车间5S管理专项培训。

④车间主任利用早会向员工宣讲5S管理知识。

（4）5S管理专项讨论

①员工"5S管理征文活动"，畅谈5S管理心得、成果、建议。

②优秀文章展示。

（5）5S管理知识考查

人力资源部利用巡查时间考查员工对5S管理知识的掌握程度。

（6）拟订5S管理整改计划

各部门负责人根据所学知识和现场情况试拟5S管理整改计划。

（7）总结

边整改边总结，自觉自主，标准不限。

5. 宣导阶段实施时间表

宣导阶段实施时间表如表4-9所示。

◇ 表4-9　宣导阶段实施时间表

实施内容	内容说明	实施要求	时间	执行人
步骤一：出版5S管理知识专栏(上)	①5S管理的含义（整理、整顿、清洁、清扫、素养）；②5S管理的意义和积极作用	图文并茂清楚描述5S管理的含义及意义	宣导阶段：第一周	陈兰
步骤二：出版5S管理知识专栏(下)	①5S管理的必要性；②工厂5S实施现状；③5S管理要求和目标	切实表达公司5S管理实施现状和目标	宣导阶段：第二周	陈兰
步骤三：采集图像，找出不足	图像内容包括各车间卫生、工具摆放、工件堆码、行为规范等内容	突出典型，明确不足	宣导阶段：第三周	陈兰
步骤四：生产协调会通报实施5S管理的决议和要求	公司实施5S管理的背景、现状、目标、实施计划、所需支持	获得各部门负责人的理解和支持	宣导阶段：第一周生产协调会	颜力兵
步骤五：利用全厂早会宣传5S管理活动的各项内容	人力资源部大致阐述5S管理的含义、意义、现状、目标、要求；总经理讲话，发起活动	人力资源部阐述要简练、清晰。总经理讲话起动员作用	宣导阶段：第二周全厂早会	颜力兵华国宇

续表

实施内容	内容说明	实施要求	时间	执行人
步骤六:编制 5S 管理教材	①办公室 5S 管理教材(已完成);②车间 5S 管理教材	通俗易懂、标准明确、简练可行、图文并茂、结合 PPT	提前完稿,并根据需要随时作调整	陈兰 颜力兵
步骤七:组织学习 5S 管理知识	①办公室人员通过邮件自学办公室 5S 管理知识;②各车间、班组负责人接受 5S 管理培训	办公室人员已有一定基础,本次学习旨在深化理解;车间人员配发课堂笔记	宣导阶段:第三周	颜力兵
步骤八:车间主任利用早会向员工宣讲 5S 管理知识	宣讲内容将统一印发在课堂笔记上	宣讲总时间不低于30 分钟,即每天 5 分钟,持续 6 天。人力资源部旁听	宣导阶段:第四周	各车间主任
步骤九:5S 管理征文活动	畅谈 5S 管理心得、成果、建议	车间主任、班长带头参与;鼓励职工积极参加	宣导阶段:第五、第六周	颜力兵
步骤十:5S 管理知识考查	人力资源部利用巡查时间考查员工对 5S 管理知识的掌握程度	考查人数每日不少于 3 个	宣导阶段:第六、第七周	颜力兵
步骤十一:各部门负责人试拟 5S 管理整改计划	计划包括:5S 管理现状、不足、目标、措施、时间等	计划切实可行,报人力资源部审批	宣导阶段:第七周	车间主任
步骤十二:边整改边总结,自觉自主,标准不限。不限要求	按各部门负责人自拟的整改计划自觉执行,定期抽查	实施过程中不当之处可自行调整	宣导阶段:第八周	公司全体人员

2. 推行现场 5S 管理所需要开展的教育培训

对员工进行专门的培训,是 5S 活动推行过程中不可缺少的重要环节。由于员工在认识等方面存在差异,企业在内部推行 5S 的时候必须给所有的员工换脑,消除落后的意识障碍,保证 5S 的顺利推动。5S 活动的培训包括骨干人员培训和普通员工培训两个方面。

(1)培训阶段

① 骨干员工的基础培训。在 5S 活动启动阶段的培训就是基础培训,主要培训对象是企业的主管、车间主任以上的员工亦即企业的各类骨干员工。这个阶段主要以外部教材和邀请有现场操作经验的外部讲师为主,企业主要领导参加并讲话,培训的主要内容是 5S 活动的内容、过程与知识体系,通过案例分析让企业

骨干员工和中层对本企业推行5S活动达成有效认识，同时掌握5S活动的操作程序、内容与知识。

② 覆盖企业全员的培训。企业在有效开展5S活动推行的动员与誓师大会之后，就需要对企业各类员工进行广泛的5S基础培训，组织培训第一个阶段要覆盖到队长、区队长、班长以上员工，尤其是企业中层员工；第二个阶段要覆盖到全员，尤其是班组长级别的员工，至少要通过内部培训的方式。企业可能对5S的了解不够，可以外派专人参加专题培训，再回到企业，作为内部讲师对大家进行主讲，也可直接请外部的专家到企业内去进行主讲，培训了解什么是5S，5S到底有哪些重要作用，怎么去操作，之后在必要的时候，转化成企业的内部培训。一般企业导入5S管理活动以后，都要形成自己三到五人的5S专家小组，他们能够为企业主讲内部课程，这样就把这个管理活动内化成企业内部的技术能力。要使外部培训与内部培训结合起来，尤其重视内部培训。

在企业全员培训层级上，企业应该编辑内部教材，由班组长、一线主管对所有员工利用早会或班组会的形式进行专题学习，让大家了解什么是5S，而后对全员进行改善意识的学习培养，同时掌握相关的改善方法，然后推而广之。过程中可以组织内部样板工程参观，还可以评比出一到两个优秀样板工程。参观样板工程时，样板工程的责任人需要介绍样板工程怎么做、中间过程，员工心态与认识上的变化、方法与亮点、经验与建议等，强化参观者的改善意识。

③ 过程说教与反复培训。5S说教是一个方法。5S的培训与教育需要善于说教，要天天讲，月月讲，年年讲，每天都讲5S，讲5S的目的是希望每天都结合到具体的情况，让员工有所推动，有所变化。在企业内部一定要进行说教，不然员工很容易松懈。5S说教时一般是对事不对人，但如果某一个人老是出现相同的问题，那就要既对事也对人。当某一个简单的问题重复发生的时候，就不是一个事的问题，而是人的问题，要针对这个人来做工作。企业内部的5S说教可以由基层管理者进行，也可以请企业的5S推行委员会成员以及做得好的单位的管理者、骨干等来本单位说教。企业各基层单位要善于利用资源，结合具体的工作内容、表现情形有针对性地说教。充分利用好企业内的各种平台，必要时要组织专题会议，召开早会是一个非常好的平台，企业能够充分利用早会这个平台，把5S的相关工作容纳进去，有效推动5S活动。

（2）培训计划

企业需要制订先行于5S活动推进的培训计划，明确在什么时候、什么地点对什么对象进行什么内容的培训，并进行培训效果测评。

【案例4-5】 某珠宝有限公司5S管理培训计划

1. 培训目的

① 了解 5S 内容、含义。

② 了解推行 5S 活动的意义与目的。

③ 熟悉、领会现场 5S 管理方法。

2. 培训内容

(1) 5S 管理的定位及概论

① 5S 的基本含义。

② 推行 5S 的作用、意义及目的。

③ 5S 管理实例。

(2) 5S 实战内容

① 整理的含义与流程。

② 整顿的含义、三要素、三定原则。

③ 办公室整顿的 8 大要点。

④ 清扫的含义与注意点。

⑤ 安全的含义。

⑥ 构筑安全企业的 6 个方面。

⑦ 清洁的含义及注意点。

⑧ 素养的含义与注意点。

(3) 5S 管理工具

① 红牌作战：红牌作战的概念；红牌作战的目的；红牌作战的实施；红牌作战的实施要点；整改前后的定点摄影对照。

② 目视管理：目视管理的定义与特点；目视管理的应战实例；打造傻瓜现场；目视管理的分类及实例。

3. 培训方式

幻灯片与研读培训资料相结合。

4. 培训对象

各部门经理。

5. 培训周期及时间安排

2 周，利用早会、例会时间。

四、现场 5S 管理的局部试点与全面展开

1. 局部试点与样板区建设

（1）局部试点与样板区建设的程序和作用

不管什么样的企业，试行一种管理方法必须循序渐进，先试点总结，找出推

行的重点、难点与关键点，进行总结，然后有针对性地全面推广。尤其是在一些规模相对较大的企业，或者内部员工对5S认识比较薄弱的企业，应该通过5S示范区的方法来逐步推行5S活动，如表4-10。5S活动一开始应先选择企业中两到三个比较复杂、局面不太好的特定示范区域，树立样板单位，利用示范单位经验加快活动的进行。示范区的建立可以统一员工对5S活动的认识，更好地发挥领导的作用；可以鼓励先进，鞭策后进；另外，5S示范区还可以改变员工迟疑和观望的态度，增强他们的信心，从而激发员工参与5S活动的热情。

◈ 表4-10　建立5S示范区的主要程序

	步　骤　活　动	内　　容
1	指定样板区	根据具体情况(现状和负责人对活动的认识)指定样板区
2	制订活动总体计划	制订一个1~3个月的短期活动计划
3	样板区人员培训和动员	①对主要推进人员进行培训； ②对样板区全员进行活动动员和相关知识培训
4	样板区问题点记录，分类整理	①记录所有5S问题点(以照片等形式)； ②分类整理：整理对象清单；整顿对象清单；清扫、修理、修复及油漆对象清单
5	决定5S活动具体计划	决定整理、整顿、清扫、修理、修复、油漆的具体计划(时间、地点、人员、材料、工具等)
6	集中对策	根据日程计划进行集中对策
7	5S成果总结和展示	①以照片等形式记录改善后的状况(定点拍照)，将改善前后的照片等进行整理对照； ②对活动进行总结和报告，把有典型意义的事例展示出来

建立样板或示范区的主要作用在于：一是创造改善经验的作用。为了有效地推行5S活动，一个重要的方法就是创造5S的管理经验，也就是通过制作5S样板工程来亲身感受5S的实施方法，亲身创造现场的变化，通过以身说法来推而广之，以点带面创造效果，样板工程的制作是一个非常重要的步骤。

二是选择困难的地方做样板。如果企业选择容易的地方来做样板工程，好处就是它能够带来变化，马上就能做出来，马上就有效果体现在大家面前。可是容易的地方选出来推而广之的时候，有些部门有些责任区认为你们这个地方当然很容易做，而有些困难车间有溶液和铁屑，现场空间又非常小，很难做。所以在推行的过程当中，从简单做起固然是一种方法，不过后面也会碰到一些员工的质疑，特别是有一些意识不到位的员工，因此在5S推行当中建议企业反其道而行之。

样板或示范区需要相关单位自行申请，如表4-11，经过一个阶段的活动之后，对各示范区进行检查评比与考核，如表4-12所示。

◈ 表 4-11 5S 示范区申报表

申报区域名称						填报人：			
申报区域作业性质简述									
申报类型(请打"√")									
生产车间	检修车间	加工修理车间	备品备件存放区域	站所		库房	办公区	5S难点区域	其他
现场 5S 特点描述(可附图片)： (从现场的规范性、目视管理的应用、注重细节、5S 与专业管理的结合等方面进行描述)									
单位意见： 单位领导签字： 年 月 日		厂评价：							
		规范性	目视管理应用	现场改善		5S责任体系运行	得分		是否评为示范区

◈ 表 4-12 5S 示范区评比标准

项目	标准	评比赋分办法	备注
规范性 (30 分)	现场能够按照 5S 规范的要求,对各类物品实施定置管理,常移动物品、工具进行定点管理,按照 5S 整顿的要求进行标识且标识较为规范,物品的放置方法能够遵循易取的原则	按照现行现场评价办法进行赋分,每有一处不符合 5S 整理整顿要求或规范要求的,扣 1 分,扣完为止	
目视管理的应用 (30 分)	能够充分应用 5S 目视管理的办法,应用色彩、标识等方法,使现场各种生产要素名称、顺序、状态、危险因素等一目了然,能够较强地提示现场职工开展工作。能够应用 5S 目视管理的方法,将 5S 与专业管理如设备、品质、安全、生产等结合,现场设备点检、品质管理、危险源点、操作要点等做到一目了然。能够利用看板展示的方法,营造 5S 管理文化	按照目视管理要求进行赋分,每有一处不完善扣 2 分,扣完为止。根据看板的设计、表现形式、展示内容、日常管理分为三个档次分别赋分 5、3、1 分(加分项)	评比原则:评分高于 90 分的区域评为厂级的 5S 示范区
现场改善 (20 分)	从细节人手,现场的各种缺陷(不方便、不安全、跑冒滴漏、影响生产、设备、安全、品质等管理的因素)得到了治理	每发现一处缺陷扣 2 分,扣完为止	
5S 责任体系的运行 (20 分)	该区域责任分配主体明确、界限清晰、内容明确、各级人员能够严格履行相关职责,责任落实到位	每有一项 5S 要素责任分配不到位扣 1 分,每有一项 5S 要素责任落实不到位扣 1 分,扣完为止	

（2）建立 5S 样板区的做法

在确定试行单位后，5S 推行组织者或干事应协助试点单位主管制订施行方案，并督导做好试行前的准备作业。5S示范区的活动必须是快速而有效的，因此，应该在短期内突击进行整理，痛下决心对无用物品进行处理，进行快速的整顿和彻底的清扫。

一是整理活动。按要与不要物品的标准将不要物品清除并进行大扫除。这个步骤未完成，活动不能前进。

二是整顿活动。经过大面积的清理后，建立清洁的工作场所，此时首先要做好污染源发生污染防止对策。在实施作业场所或设备的清净化同时，进行物品的摆置方法的改善，对工、模用具，检测及量测仪器确定摆放方法及定位化，并通过目视管理进行维持与改善。

三是检查评价。在试点单位整理、整顿开展一段时间后，由5S推行委员会检查试行方案的落实、执行情况，评价活动的实施效果等。

5S样板区建设的路径或方式：

第一，明确样板区建设的时间范围与工作计划。在局部试点的样板区建设过程中，企业5S推行委员会成员必须要现场辅导，教大家做计划，例如准备用三个月的时间创建这个样板工程，就要把三个月分成几个阶段，有什么样的口号。接下来就一项一项地列出计划，用三个月的时间，按照时间来进行。

第二，标示与挂牌展示试点区建设内容。在试点区现场要挂牌展示，挂牌展示以后，试点区现场快速培训员工怎么做。不论是做培训，还是做内部的对照检查，做外部的参观交流学习，都要优先给试点工程责任人以机会，在具体现场实施的时候，到现场一项一项找问题，做好现场规划，按照前面规划的原则，看看试点工程哪些功能区域可能有缺失，可能设计不合理，可能定置定位不够。

第三，对试点单位进行检查评比，确定真正样板。试点过程的中间要对推进的过程进行检查评比，组织几个试点单位的责任人交互检查，相互交流经验。接下来评比一个优秀样板工程，给予物质与精神奖励。

第四，样板区经验交流和推广，明确5S推进中的关键点与难点。通过有效的推进活动，到了一定的阶段，组织座谈，分享经验。5S样板区的主管人员或核心员工在总结大会上介绍推行5S的主要做法，介绍相关经验；5S推进委员会总结样板试点经验，以及5S推行过程中的要点与关键点，明确推行的注意事项等。组织企业各单位参观样板区，吸收样板区的做法，让样板区的员工介绍经验，通过创造这样一个内部有效交流环境来建立积极心态，自主行动，做到用环境来教育人、影响人、熏陶人、培养人。

企业高层领导必须对样板区建设给予高度关注，对建设成果表示肯定，积极参与示范区的参观、指导活动，确保样板示范区的号召力与影响力。

2. 全面推进现场 5S 管理

企业 5S 样板区推行成功以后，应该依照样板区的工作标准、工作经验等建立起整个企业推行 5S 活动的规范要求。有效保证全面推行 5S 活动需要注意的几点内容如下。

一是企业高层领导全面参与和强力支持。企业高层参与是象征，也是活动推行有效的力量支撑。高层参与的程度决定企业员工的参与程度，也决定 5S 活动推行的程度。

二是提供全面推行 5S 活动的资源支撑。企业各类活动需要一定资源支撑，尤其是全员全面的 5S 活动推行以及对现场的整改、规范，需要企业在具体执行 5S 推行、规范整理、整改过程中提供必需的资源支撑。

三是企业中高层管理人员必须经常性进行现场检查。企业中高层必须定期检查 5S 活动推行情况，发现问题并解决，有效地在现场和员工沟通，培养员工的 5S 意识，把握 5S 活动推行的大方向。

四是企业员工的全面参与。5S 活动最有效的开展办法就是促进全员参与，通过各类有效活动例如板报、评比、演讲、报告等激发员工广泛全面参与 5S 活动的激情与热情。全员参与才能达成 5S 活动的目的。

五、现场 5S 管理实施中的督导

当今社会竞争激烈，发展迅速，企业要在市场经济之中发展生存，仅靠一个人的天才和能力已是力不从心，竞争的赢家一定是团队作战的结构。5S 是企业为了构建健康的管理组织，获取更多优势的竞争力而开展的必要的基础管理。而 5S 督导团队是对企业现场 5S 精益化管理活动进行监督和指导，以发现在 5S 管理活动中存在的问题，及时纠正，改善现场 5S 管理活动，实现企业现场 5S 精益化管理的目标，对于促进企业的发展具有重要的意义。

1. 5S 督导管理的原则与人员选择

（1）5S 督导活动的基本概念

对企业的 5S 管理过程进行督导其实质是对 5S 管理活动的监督和指导，从两个方面理解 5S 管理的督导活动，即追求全方位的过程控制和有计划的过程控制。

一是全方位的过程控制。企业的 5S 管理要获得预期的效果，首先要具有一个良好的、全方位的过程控制。对于企业来说，要成立 5S 推行委员会、5S 推行办公室，要有计划性目标，要宣传并进行骨干培训，要设立样板区，进行定点摄影、5S 竞赛以及红牌作战等；对于部门来说，要成立 5S 推行小组，同时也需要进行部门内部的宣传教育；对每一个人来说，要填写 5S 日常责任表。只有这样，才能使得 5S 管理的推行过程得到全方位的控制。

二是有计划的过程控制。5S 管理的推行还需要一个有计划的过程控制，从前期造势到选定样板区域，再逐步将 5S 活动日常化，最后形成实施惯性。从明确组织责任、明确方针目标计划、宣传造势、树立样板区直到个人礼貌素养的提升，要通过不断的 PDCA 循环，达到全方位、有计划的过程控制，最终获得良好的实施效果。

（2）5S 督导管理的原则

5S 活动需要督促才能持续推行下去，5S 督导就是监督和指导，必须选择合适的督导人员。5S 督导人员是指在生产经营单位中，从事和贯彻推行 5S 的专业技术人员。很多企业找到顾问机构去帮助其开展 5S 工作，在企业内普及 5S 基础知识，开展大型的培训和企业内的整顿工作，初期的效果基本显著。但是培训整顿都是有限度的，顾问机构一走，5S 就停止下来，虎头蛇尾，最后还是恢复本来的面貌。届时，如果要再次开展 5S 项目，就难上加难。其实，企业内 5S 工作的发展是否健全，与企业内是否存在一名或多名合格的 5S 督导师息息相关。5S 活动的督导管理原则如下。

一是督导人员个人影响力原则。当今的员工与一二十年前的员工大不一样，他们不再为了工资而自动效忠于管理人员。相反，他们只是赋予了督导领导他们的权力。大多数督导人员会让员工去为企业工作，从而在预算内最佳按时完成任务，出色的督导意味着通过他人取得好的结果，这称之为对他人的影响力，这种能够影响他人的技能来自两个方面：其一是个人影响力，让人们自愿地去做某事；其二是职位影响力，让人们不得不做某事。出色的督导者对人具有正面积极的影响力，他们通过非凡的个人影响力做到这一点。

二是执行、执行、再执行的原则。应当说，5S 活动的督导者与标准的职业经理人类似，其职业素养就在于执行。5S 管理项目以及工作计划是否能够达成直接取决于督导人员的执行能力，而执行能力则是通过将管理技能转化成一种规范的、准确的、熟练的行为习惯和本能而体现出来。换句话说，5S 活动的督导人员要有良好的自我管理技能：管理自己的时间、井井有条地工作；良好的计划能力、组织能力、控制能力。

三是 5S 理念与操作经验。5S 活动的督导人员需要具有坚定的 5S 管理理念，通过 5S 活动项目能达成企业基础管理能力的提升以及企业内在面貌的改进，并在督导活动中始终传导理念，推进企业 5S 活动的持续发展和逐渐深入。

（3）5S 督导人员的选择

5S 督导人员是能够灵活地运用 5S 的现场管理优化的理念和方法，对企业在现场物流和能力保障中所出现的问题进行调查、分析、策划、执行、控制和评价，以减少现场生产运营环节中的非增值现象，提高企业对市场的快速反应能力的生产管理人员。明确 5S 督导人员的任职资格要求，选出符合的督导团队成员，是组建高效督导团队的基本条件之一。根据企业的具体条件和要求来制订督导人员的任职资格要求，表 4-13 和表 4-14 详细描述了作为一名合格督导成员的基本的通用的任职资格要求。

5S 督导人员的资格能力特征：有良好的职业品德和专业素养；有较高水准的沟通能力和组织协调能力，有强烈的学习能力和创新意识；能有效将 5S、TPM、标准作业和现场物流等管理方法结合在一起，灵活、准确、全面地应用于企业的现场管理中；能运用准时化、自动化的方法提高生产效率、提高质量。

◎ 表 4-13　督导人员资格胜任能力类别

序号	工作内容	必备技能
1	组织管理	体系保障、项目制订、组织建设
2	技能应用	项目控制、问题分析、现场诊断

◎ 表 4-14　督导人员资格胜任能力要求

序号	能力类别	必备技能	技能要求	专业能力要求
1	组织管理	体系保障	能建立保障 5S 顺利推行的组织体系	以 5S 管理为指针，以转变员工思想、健全规章制度和管理文件为依托，通过流程再造，组织体系重组和岗位责任完善，在本部门开展 5S 管理，实现部门管理绩效的持续提升
		项目制订	能编制有网络计划、分步预算的企划项目方案	企划项目要与企业的发展战略相吻合，要体现各部门间的协调配合，要明确进度评估和相关责任
		组织建设	能建设有快速反应能力的现场管理体系	能扎实 5S 的管理基础，培养部门持续的学习热情、强烈的创新意识和高效的执行能力
2	技能应用	项目控制	能有效地把握项目的进度	能按项目进度进行资源配置、进度控制和绩效评价
		问题分析	能快速查找现场物流体系中问题的原因	能从顾客立场着眼，运用产能平衡、物料控制、现场改善、作业研究等 5S 的管理方法剔除现场物流体系中的非增值业务
		现场诊断	能从多视角对现场物流的运行情况进行即时评估	用 5S 的管理工具，从准时化、自动化、现场定置、目视管理、标准作业、现场物流和工位管理等角度来评价现场绩效

【案例 4-6】 某工贸有限公司 5S 督导员任职资格要求

年龄：30 岁左右

学历：中专及以上

专业：企业管理/生产现场管理

工作经历：工业企业生产现场 5S 管理经历 3 年以上

相关工作经历：生产现场班长、主管以上

岗位职业要求：热爱本职工作，责任心强，性格直爽，熟悉现场 5S 管理手段和方法。敏锐的观察能力和较强的执行力。具备一定的信息管理知识；工作细致、认真、有责任心，较强的文字撰写能力，较强的沟通协调以及语言表达能力；熟练使用 office 办公软件及自动化设备。

简单来说可以从表 4-15 中七个"勤"来要求督导团队中的成员。

◇ 表 4-15 七个"勤"

眼勤	要用魔鬼般挑剔的眼光来对待负责的现场,不放过每一个与现场生产相关的角落和地方
耳勤	是指倾听的能力,要善于把握大家的心理,重要的不是你讲什么,而是对方在思考什么,担心什么。要学会倾听大家的意见,确认大家的需求,结合企业的 5S 管理要求,把工作做得更好
脚勤	脚勤的人能看到真实的景象,了解现场最真实的情况,熟悉现场的状态,根据真实的状况作出判断。杰出的督导人员每天最少要巡走现场两圈,上午、下午各一圈。自己负责的区域每个角落都要求走到
手勤	要求督导人员亲自做一些示范性的工作,表率的行为。不要让大家觉得你是在说而没有指导能力。督导人员要把自己所学的知识转化为经验,唯一的手段就是去实践书本上以及培训课程上所学到的知识。只有亲身去实践了,才能知道在员工实施中可能会遇到的问题,加以准备,才能去指导 5S 管理活动
脑勤	需要具备时刻准备学习的状态,思考员工在实践中遇到的难题,不断学习新的、先进的管理知识来武装自己
心勤	要学会去真心地赞扬员工,积极关心他们,对于员工的劳动成果给予认可,获得他们的认同和支持。学会如何做好"情感投资"
嘴勤	要善于引导和沟通。抓住员工的心理,引导全员去思考,去改变,去行动,去改善。在沟通中,态度很重要,方法也不容忽视。针对不同的员工选择合适的沟通方法,提高他们的积极性,让他们充满信心地工作和生活

【案例 4-7】 某航天材料股份公司硫化车间 5S 督导员岗位职责

5S 督导员工作目标：为员工创造一个干净、整洁、舒适、合理、安全的工作场所和空间环境。保持工厂干净整洁，物品摆放有条不紊、一目了然，能最大限度地提高工作效率和员工士气，让员工工作更安全、更舒畅，可将资源浪费降到最低点。其岗位职责有以下几点。

① 负责对公司5S活动进行推广、宣导、组织、实施、总结，并推进本部门的5S工作积极进行，申请5S活动所需要的资源。

② 协助车间主任对本车间5S工作进行规划和部署，对5S推行提出建设性意见和建议。

③ 对公司在检查本车间5S工作中发现的不合格项进行确认和整改。

④ 对本车间5S工作进行自检查过程中发现的重大问题，督导其责任区域负责人进行快速有效的整改。

⑤ 5S工作的主持、5S活动的组织，5S的日常检查与定期检查的组织。

⑥ 拟订本车间5S活动开展的优秀个人进行评比和奖励方案，拟订5S工作出现的不符合执行处罚。

⑦ 参加有关5S教育训练，吸收5S技巧，研读5S活动相关书籍，收集广泛资料，不断学习和提高5S管理水平。

⑧ 规划部门内工作区域的整理、定位工作依5S规定，全面做好本车间管理作业，协助员工克服5S的障碍与困难点。

⑨ 熟读关于5S的实施方法并向部属解释。

⑩ 进行本车间5S考核评分工作，督促员工执行定期清扫点检。

2. 5S高效督导团队的特征和责任

根据企业规模大小，企业推行5S活动项目往往需要建立一个督导团队。5S高效督导团队的特征如下。

① 有清晰的5S推进目标，一致的认同和承诺。

② 掌握5S推进和现场改善指导技能，并善于不断学习。

③ 具备良好的沟通能力，相互的信任和支持。

④ 有能力胜任的团队领导。

⑤ 不同能力的成员合理搭配。

5S督导团队的主要工作内容如表4-16所示。

◇ 表4-16　5S督导团队的主要工作内容

5S督导团队的主要工作内容	资源配置	对企业5S管理整体运作中需要统一购置、统一制作等必需品进行统一配置和协调
	工作计划	对整体进度的把握和对节点的控制,需要制订工作计划来进行监控,组织各单位的(兼职)现场管理员定期进行5S监督稽查工作,对违规状况进行通报和跟进关闭,负责不定期抽查各分厂的现场管理工作,督办异常的整改,提出改善建议,对公司各项现场改善目标规定任务的实施进行督促检查,检查现场成本浪费问题,协助推动成本监督管理工作开展

| 5S督导团队的主要工作内容 | 组织协调 | 在整个5S管理过程中,需要有人去协调各种关系,上下的沟通以及横向的沟通。沟通协调在整个督导中发挥着重要作用。负责公司现场管理制度的建立及完善工作,负责组织健全和适时改进现场改善过程控制体系制度,推动现场改善目标 |
| | 宣传培训 | 一个人或几个人是不足以做好公司的5S管理工作的。必须想办法让所有的人都参与其中。这是督导团队最重要的工作目标之一,而达成这个目标的重要手段是宣传和培训工作,有步骤地在不同的阶段根据具体情况进行宣传和展开培训工作,负责对全体员工进行5S知识的宣传教育及培训,推动环保、职业健康安全管理工作开展 |

3. 现场 5S 督导的内部审核法

(1) 5S 内部审核的基本概念

为评价 5S 活动有关结果是否符合企业的期望和要求,以及寻求继续改善的可能性空间而进行的内部自我系统性检查,就是 5S 内部审核。

通过对 5S 管理活动的内部审核,期望能达到以下三个目的:

① 5S 管理体系与企业的期望要求一致。

② 作为一种重要的管理手段,及时发现现场管理中的问题,组织力量来加以纠正或预防。

③ 作为一种自我改进的机制,使得 5S 系统能持续地保持其有效性,并不断地改进和完善。

5S 活动内部审核的特点主要表现在以下三个方面:①系统性——正式的、有序的活动;②客观性——审核的独立性和公正性;③自发性——企业出于改善的目的而发起的一种有组织的审核。

5S 管理活动内部审核主要是依据 5S 管理手册对企业所有部门在实际工作中是否按规定的程序和方法来开展 5S 管理活动进行检查,并检查这些安排是否能有效地贯彻,贯彻的结果是否能达到目标。一般情况下每个部门最少每半年一次,而且每个月有一到两次集中各部门的巡查式审核;发生了严重的问题或生产场所有较大整修、改变时可以进行临时性的项目审核。

在进行 5S 管理活动审核时必须依据以下原则:

① 审核是监察 5S 活动推展程度、深度的有效管理工具,是为了更好更彻底地实施改善。

② 与 ISO9000 一样,审核的客观性、系统性和独立性是核心原则。

③ 5S 活动具有很大的灵活性,涉及方方面面,所以在审核之前,审核的范围、目的和判定标准等都应明确,并达成一致意见。

④ 审核人员应对 5S 有深刻认识,并有相应的整体把握及评价判定能力。

⑤ 在审核中，审核人员应该对事不对人，客观公正；被审核人员应积极地配合审核。

在对5S管理活动进行审核时，有以下几点要求：

① 建立正规的文件化5S管理体系。首先要求建立正规的文件，正规的5S体系形成以后，才可以进行公正的比较和评价。实际行动中要有书面的文件或非书面的承诺，承诺一定要一致。

② 5S体系审核必须是一种正式的活动。5S体系审核必须依照正式的特定要求进行，包括5S手册、目标承诺书、方法指导书、其他支持文件与样板、制度规范的要求，以上这些特定的要求都是在确定审核任务时就应该予以明确。在审核正式文件或书面文件当中要注明审核的目的、审核的范围、制订正式的审核计划，通过制订实施审核计划的检查表，依据计划和检查表进行审核。

③ 体系审核结果要形成正式的文件，有正式的审核报告，审核报告和记录都是正式的文件，留存到规定的期限。

④ 5S体系审核要依据客观证据。相关的具体事实为什么强调客观存在的证据，因为它是对事不对人，不受情绪或偏见来左右事实，而且是可以陈述的辩证的事实。

⑤ 审核人员必须具备一定的资格。

（2）5S活动内部审核的阶段与步骤

① 5S管理活动审核有两个阶段。

a. 文件审查。审查是否建立正规的文件化体系；文件的内容是否正确，是否符合标准；了解受审核方的基本情况。

b. 现场审核。检查受审核现场，动作是否符合特定的要求，比方说5S的手册、承诺书、保证三方面的情况，当这些都没有问题以后，就要进行5S体系审核的五个步骤。

② 审核的步骤有五步。

a. 审核工作计划。检查企业的5S审核制度是否很完善，确定审核范围，制订审核计划。

b. 指定审核员或组成审核组。审核组和审核员要收集相关文件，然后对文件进行审查，根据实际情况制订审核计划，准备工作计划。

c. 实施审核。召开首次会议；进行现场审核（收集客观证据，记录观察结果）；召开末次会议。

d. 审核报告。编制审核报告。审核报告的内容应包括什么时间、地点、人和事，发现什么问题，怎么样去改善，如何改善，也可以提出改善意见或建设性意见；然后把这些报告都集中起来，一份分发到受审单位，另一份存档。

e. 纠正措施与跟踪。向受审核方提出纠正的要求，受审核方制订并实施纠正的措施，验证措施的有效内容，而且必定做成记录，并确保跟踪的实施。因为跟踪是审核的继续，是对受审核方的纠正和预防措施进行的评审，是验证并判断效果，并对验证的情形进行记录。

③ 审核过程中要注意一些常犯的错误，或经常会造成影响 5S 推动的事项。

a. 争执处理。对于争执的事情处理，一定要注意。

b. 纠正措施。纠正措施最好的方式就是提出建设性意见，大家去讨论，认为合理可行、方便、安全，才能去改正。5S 体系审核中，要注意的就是纠正措施，内部体系审核重视纠正措施，对纠正措施完成情况不仅要跟踪验证，还要分析其是否有效。

c. 注意开展内部 5S 审核的难度。审核员面对的都是自己企业的同事，他难以产生权威的效应，这就是审核员的难度，内部审核员也要成为改善中的一员。

（3）5S 管理活动内部审核的实施

每次审核之前，审核的范围（区域）、审核的目的（主题）和判定的标准（水平或程度），要求两个字：明确。审核目的（主题）明确是为了判定 5S 达到的水平或程度，为了寻找问题点来及时地改善。审核目的决定审核的范围和判定标准，范围明确是针对哪个具体的项目或区域。判定标准是审核的深度。5S 推进时还应确定审核的可行性，可以召集相关人员进行商讨，确定审核条件，比如资源、人员是否成熟。

审核的工作准备主要有以下几个方面：

① 建立审核工作系统；

② 进行资料收集以及文件的审核；

③ 制订审核计划；

④ 编制检查表。

对审核准备的基本要求：

第一，责任要落实。建立审核组并分工，接受审核的单位或部门应该要有充分的准备。

第二，工作文件完善。受审核部门的工作文件是完善的，各类工作文件一定要齐备，所有规范都能得到理解并有效地运用。

第三，计划落实。审核计划要得到批准，审核组或受审部门应对审核计划充分进行了解。

如何建立审核工作系统，从组织方面、从工作程序和文件、审核组的审核准备工作、对审核员的要求等几个方面来进行解释。

对 5S 管理活动的审核首先需要建立审核组织，明确审核工作责任部门，明确各部门有关 5S 审核的职责，这是建立审核组织的重要项目。其次是选定内部的审核员，审核员一旦选定，一定要经过培训。没有经过培训的审核员，可能会造成审核的疏失。

确定审核组织的时候需要考虑到选择内部审核员一定要用正式文件任命审核员与审核组的组长，赋予相应的义务或责任。审核小组一旦成立以后，就必须要做到：考虑审核活动的规模、深度、广度、时间安排等几个要素，这些要素是否做了适当的准备；被审核的区域与审核员没有直接的业务关系，否则容易影响审核的客观性和公正性；适当地考虑审核员的基本素质以及能力、水平，尽量做到互补及合理的调配。

对工作程序以及文件的审核分为两个部分：5S体系的内部审核程序和内部审核工作的文件。

对于5S体系的内部审核程序要从PDCA这四个角度去分析：如何制订审核计划？如何执行计划？由谁负责制订计划，谁监督检查计划的执行？审核实施过程以及各阶段的要求是什么？每一个阶段的责任部门和责任人是谁，应该负什么样的责任？这是5S体系内部审核的程序。

对于内部审核工作的文件，审核的内容包括审核计划、检查、不合格报告、纠正措施报告、审核报告5种表，这些都是在审核的文件内不可缺少的。

制订审核计划首先需要明确审核计划的范围，每一次审核的具体安排；可安排某些时间对某区域的审核；也可以安排某个时间对某个项目或某个要素的审核。所制订出的审核计划要形成正式文件；须由5S推进委员会最高的执行长批准。审核计划表如表4-17所示。

◇ 表 4-17　审核计划表

审核目的			
审核范围			
审核依据			
审核成员	组长		
	组员		
审核时间			
日期			
首次会议		末次会议	
审核内容	部门		
	项目		
	具体内容		

审核计划的内容一般包括：

- 本次内部审核的目的；
- 审核的范围（要素或区域）；

- 审核所依据的文件（标准、手册及程序）；
- 审核组成员的名单以及分工的情况；
- 审核日期；
- 审核地点；
- 受审核的部门；
- 首次会议和末次会议，以及审核过程中需要安排的与受审核方的领导，或者相关的主管人员交换意见的会议安排；
- 每一个项目主要审核活动的预计日期和持续时间；
- 审核报告的分发范围以及发布的日期。

（4）5S管理活动审核实施

① 首次会议。审核小组与被审核部门负责人召开首次会议，主持人一般为审核组长。召开首次会议首先是明确审核的范围和目的，澄清审核计划中不明确的内容；简要地介绍审查采用的方法和步骤；确定审核组与受审核方领导都要参加的末次会议的时间，以及审核过程中各次会议的时间。首次会议的内容一般包括对人员职责分工的介绍；审核计划内容的再次确定；修改事项的说明与确定；审核员对被审核方的意见的收集。

② 5S管理活动审核实施。首先是转入现场审核。审核的缓冲时间一般就是15～30分钟，让所有的审核员阅读一下自己审核的内容，相关的文件规范。

其次是信息收集与认证。对于审核过程中收集到的信息，审核员应进行认证。信息可以通过不同的渠道予以验证，认证后的信息可作为审核依据。

再次是审核发现。将所收集的证据、审核准则进行评价，叫作审核发现。

审核发现一般分为符合或不符合项目。审核组在末次会议之前，就要对审核发现进行评审，在什么地方、通道、类似的死角等几处地方，发现什么东西，有多少数量，而且是做什么用的，有多久，这些都要进行评审，如表4-18。对未满足要求的部门和项目，应详细地记录在"5S内审不符合项目的纠正表"（如表4-19）中，并应有一定的事实依据来作为支持，受审方对不符合项目应予以确认并理解，如果有意见、分歧，可以报审核组长，向5S推进委员会申请裁决。因为在5S推动，特别是在最后的关键过程中，从整理、整顿、清扫、清洁到素养的过程当中，一连串地培训、指导，在最后进行审核时，经常会发现很多毛病。

最后是与受审核方的沟通。审核部门与受审核方的沟通，是一件非常重要的事情。审核期间，审核组长应该定期就审核状况及问题，与受审核部门进行适当沟通，当有异常导致审核目标无法实现时，审核组长要向5S推进委员会或受审核的部门报告，并采取相关的措施。

◇ 表 4-18 现场 5S 管理审核范围评分标准样本表

项目		考核标准
卫生	地面	地面(通道)无污染(积水、油污、灰尘、纸屑、线绳等不要物),物料无散落地面,通道畅通
	墙壁	墙身无渗漏、落灰、蜘蛛网、油污;挂贴墙壁上的各种物品整齐合理,保持干净整洁,无不要物;门窗清洁,不得敞开,无破损
	设备	设备仪器保持干净、摆放整齐、无多余物(如工具、胶带、标签等);仪表表盘干净清晰;零部件干净无油污存放
	人员	工装、鞋、帽等劳保用品保持清洁卫生;不得留长指甲;不得涂指甲油;不得挂戴饰物(如戒指、项链、耳坠、耳环等)
	办公场所	桌、椅、柜等设施保持清洁卫生,现场桌面无杂物及与工作无关的资料,物品摆放有明确位置,不拥挤凌乱,桌面干净、牢固,墙壁不乱贴乱画,文件等整齐有序
	公共场所	辖区公共场所干净清洁无杂物
定置定位	设备	设备摆放要定位,放置在定位区域内,无压线;运输车辆定位停放,停放区域划分明确,标识清晰
	物料	放置区域合理划分;使用容器合理,标识明确;原材料、半成品、成品应整齐码放定位区域内,不合格品应码放在不合格品区,并有明显标识,物料、半成品、成品上无脏污、灰尘、杂物,不得落地存放;零部件有固定存放点,标识明确,保持干净清洁
	设施	空调、风扇、照明布局合理。无人使用关掉,无长流水、无长明灯等浪费现象;清洁用具本身干净整洁,定位合理不堆放,不用时及时归位;垃圾不超过容器口;抹布等工具应定位,保持干净整洁,不可直接挂在设备、电线、开关阀门上
	包材	区域定位合理,标识明确,包材应整齐码放在定位拖板或物料架上,不得落地存放;员工不得坐、踏、踩、躺包材(内、外袋,纸箱等)
	工器具	工具箱、柜物品摆放整齐、安全,无不要物和非工具用品,有固定存放点,标识明确,簸箕、桶、筐、瓢、锨等辅助工器具应干净整洁,有固定存放点,不用时及时归位
行为规范	着装	按规定要求穿戴工作服,着装整齐、整洁;头发不得外露,不得敞怀,不得卷裤腿,不得穿工鞋进入卫生间
	在岗情况	岗位员工应坚守岗位,不得睡岗、串岗、离岗、脱岗,车间主管无特殊原因,不得离开车间
	安全	开关有控制对象标识,无安全隐患;电线布局合理整齐,无裸线、上挂物等;不得在禁烟区吸烟;电器检修时需有警示标识;消防器材摆放位置明显,标识清楚,状态完好,干净整齐;废弃设施及电器应标识状态,及时清理。下班后门窗及时关闭落锁;车间不得有蝇、虫、鼠等
	消毒	设备、工器具按规定清洗、消毒,并有记录,生产员工和非生产员工进入生产区必须按照规定要求消毒,接触物料前必须按要求消毒或戴防护用品

项目		考核标准
现场记录	关键控制点	及时、准确对生产工艺上的关键控制数据清晰、工整地填写在关键控制点记录上,以便总结、整改,不得补填、涂改、缺项
	设备维护、保养	按表格设定内容准确填写每台设备维修项目,不得补填、涂改、缺项、缺页;字迹工整清晰
	生产原始记录	严格执行生产工序,按投料先后数量顺序、时间、温度等进行控制填写,不得补填、涂改、缺项、缺页;字迹工整清晰
	投入产出记录	严格按照配方数量称重投料,投入与产出必须认真按时填写,不得补填、涂改、缺项,以便分析整改
	设备、工器具消毒记录	定期对设备、工器具进行清洗消毒,用何消毒液,稀释比例、消毒方式等内容认真填写,字迹清晰,不得补填、涂改、缺项、缺页
	考勤记录	对当班出勤员工按出勤、迟到、早退、旷工、请假、病假、休假等项目规范填写,不得弄虚作假

"5S"现场管理督察评分日报表的扣分说明:

1. 督察人员每天分四次不定时对各生产车间(班组)及管辖区域、公共场所进行现场督察评分;对车间当日的现场管理情况依评分日报表中项目分值按"合格为√,不合格为×"方式进行评分填表。

2. 督察人员每天分四次对各车间(班组)进行现场督察评分,单项三次(含三次)以上被评为"×",不得分;单项两次(含两次)以上被评为"×"的,按平均分值扣分。把当日各项目得分相加等于"5S"现场管理得分。

3. 本制度自2012年×月×日起执行。

◈ 表4-19　内审的不符合项纠正表

受审核部门	

不合格事实描述:

签名:
部门:

原因:

纠正措施:

预定完成日期:　　　　　　签名:
　　　　　　　　　　　　　批准:(5S推进委员长)

纠正措施验证
1. 可　　　　　　2. 不可
签名:　　　　　　日期:

③ 末次会议。末次会议之前,审核组应该进行内部商议,以便对审核情报信息进行评审。整个检查,哪些可以提报,哪些可以自行改善或不足以提到会议上,要制订审核发现清单。在末次会议上还要达成一致的审核结论,以便在下次再做审核时,有改进的依据。

- 召开末次会议，首先确定参加人员，召开末次会议的参与人员与首次会议一样，必要时参加审核的人员也可参加。

- 明确会议的目的，就是以会议的方式提出审核的结论，确保审核结论得到受审核部门的理解和认知。

- 按照会议进行程序，由审核组提出审核的发现和结论，宣布对双方分歧处理的意见，对不符合的项目提出一些改善建议，受审核部门要提出自己的看法和意见；企业领导人必须作出总结发言，审核组长要致谢，宣布会议结束。

- 对会议的内容必须予以记录并保存。

④ 编写审核总结报告。由审核组长负责审核报告的编写，对于其准确性和完整性要全面地负责。审核报告的内容一般包括5S体系是否符合企业规定的标准；5S体系实行的有效性；5S活动的持续性以及适宜性；审核发现的统计分析，优良事件、改进事件，哪些需要并可以立即改进，哪些需要汇总企业协调一起来改进；审核的时间、地点、范围、方式及参与人员；提出下次审核重点以及其他建议事项。

审核报告必须通过审核组组长、5S推行委员会的执行长审批认可，审核报告应该在原定的时间内发行，按照清单进行发行。受审部门或接受部门必须书面签收，并按要求进行管理，或进行改进。简单的审核报告样式如表4-20所示。

◈ 表4-20　简单的审核报告样式

审核日期		审核范围
审核组成员：组长 　　　　　　成员		
审核描述总结： 结论：		
下次审核重点：		

4. 现场 5S 督导的考核评比法

（1）5S 管理活动的检查要点

对现场 5S 精细管理开展定时或者不定时的检查是 5S 督导活动的一个方法。

检查可以是部门负责人对本部门的5S管理活动展开的检查，也可以是部门与部门之间，员工与员工之间的互相检查，还可以是督导团队对企业或者部门5S活动的检查。

① 对现场5S管理活动进行检查时，需要注意几点：

• 要有规范的检查表格。

• 检查结果应评出成绩或分数，与激励手段相结合，并辅之以相应的物质鼓励。

• 自检就是把相应的评估表格发到个人手上，操作工人定时或不定时地依照评估表自我审查，通过自检可以发现个人在5S工作方面的不足之处，及时加以改善。

• 互检就是班组内部员工依据评估表格进行，相互检查，然后填写检查结果，互检的过程既可以发现被检查者的不足之处，又可以发现被检查者的优点和本人工作的差距，然后认真进行学习与改进。

② 针对企业大环境，5S检查的要点：

• 大环境区域道路是否清扫干净及时，垃圾是否倒入垃圾池内；厂区道路、花池边是否保持完好，下水道是否畅通无堵塞。

• 绿化修剪是否及时，草坪是否平整、高度是否符合要求，确保花池内无杂草、杂物等。

• 相关部门车辆在拉运过程中，掉在大环境区域的杂物是否及时进行清理，保持清洁。

• 各种车辆是否停放在定置区内，排列整齐。

• 雨、雪过后卫生区责任部门是否及时清扫干净路面。

• 道路两边花池内的牌子是否保持洁净。

• 企业内车辆刷洗后，是否及时清理洁净现场。

③ 针对公共现场，5S检查的要点：

• 楼内的灭火器、落地钟、工艺瓶、奖牌等物品，是否保持完好洁净。

• 楼梯、楼道、扶手、玻璃、门窗、墙壁、门厅、帘子等是否保持完好洁净，楼梯、楼道间无积水。

• 卫生间门窗、洗手池、镜子、铝合金门框、墙壁、地面等是否洁净。

• 卫生间是否有异味、便池是否无堵塞，纸篓里的垃圾是否及时清走。

• 笤帚、地拖放置是否整齐有序，洗手间设施是否完好。

• 板报是否更换及时，报栏是否保持清洁无污、完好。

• 会议室使用完毕1个小时内是否完成清场，室内各种物品是否摆放整齐、统一，室内各项应保持洁净、无污点。

• 茶水炉、水管用后是否及时关闭。

- 公共现场不晾晒工作服、鞋。
- 楼道、走廊、电梯间不得放置任何物品，保持运输通道畅通。
- 各区域是否有现场卫生责任卡，并有责任人，责任卡与责任人是否对应。

④ 针对施工现场，5S检查的要点：

- 施工物料是否存放在指定地点，是否整齐、有序。
- 施工过程中当天产生的垃圾是否及时清走，不遗留积存。
- 施工完毕彻底清理现场，保持清理洁净。

⑤ 针对生产现场，5S检查的要点：

- 现场摆放物品（如原材料、半成品、成品、余料、垃圾等）是否定时清理，区分"要"与"不要"。
- 物料架、模具架、工具架等是否正确使用与清理。
- 模具、夹具、量具、工具等是否正确使用，定位摆放。
- 机器上有无不必要的物品、工具或物品摆放是否牢靠。
- 桌面、柜子、台面及抽屉等是否定时清理。
- 茶杯、私人用品及衣物等是否定位摆放。
- 资料、保养卡、点检表是否定期记录，定位摆放。
- 手推车、电动车、架模车、叉车等是否定位摆放，定人负责。
- 塑料篮、铁箱、纸箱等搬运箱是否定位摆放。
- 润滑油、切削液、清洁剂等用品是否定位摆放并作标识。
- 作业场所是否予以划分，并标示场所名称。
- 消耗品（如抹布、手套、扫把等）是否定位摆放，定量管理。
- 加工中的材料、半成品、成品等是否堆放整齐并有标识。
- 通道、走道是否保持通畅，通道内是否摆放物品或压线摆放物品（如料箱、安全网、手推车、木板等）。
- 不良品、报废品、返修品是否定位放置并隔离。
- 易燃品是否定位放置并隔离。
- 制动开关、动力设施是否加设防护物和警告牌。
- 垃圾、纸屑、塑料袋、破布（手套）等有没有及时清除。
- 废料、余料、呆料等有没有随时清除。
- 地上、作业区的油污有没有清扫。
- 饮水机是否干净。
- 垃圾箱、桶内外是否清扫干净。
- 墙壁四周蜘蛛网是否清扫干净。
- 工作环境是否随时保持整洁、干净。
- 长期置放（1周以上）的物品、材料、设备等有没有加盖防尘。

- 墙壁油漆剥落、地面涂层破损及画线油漆剥落是否修补。
- 地上、门窗、墙壁是否保持清洁。
- 下班后是否清扫物品并摆放整齐。
- 是否遵守作息时间（不迟到、不早退、不无故缺席）。
- 工作态度是否良好（有无聊天、说笑、擅自离岗、看小说、呆坐、打瞌睡、吃零食现象）。
- 服装穿戴是否整齐，有无穿拖鞋现象。
- 工作服是否干净、整洁，无污垢；制造车间是否有戴首饰现象。
- 干部能否确实督导部属进行自主管理。
- 使用公用物品、区域是否及时归位，并保持清洁（如厕所等）。
- 停工和下班前是否确实打扫、整理。
- 各区域是否有现场卫生责任卡，并有责任人，责任卡与责任人是否对应。
- 能否遵照企业有关规定，不违反厂规。

⑥ 针对办公室，5S检查的要点：
- 是否已将不要的东西丢弃（如文件、档案、图表、文具用品、墙上标语、海报）。
- 地面、桌子是否显得凌乱。
- 垃圾桶是否及时清理。
- 办公设备有无灰尘。
- 桌子、文件架是否摆放整齐，通道是否太窄。
- 有无文件归档规则及按规则分类、归档。
- 文件等有无实施定位化（颜色、标记、斜线）。
- 需要文件是否容易取出、归位，文件柜是否明确管理责任者。
- 是否只有一个插座，而有许多个插头。
- 办公室墙角有没有蜘蛛网。
- 桌子、柜子有没有灰尘。
- 公告栏有没有过期的公告物品。
- 饮水机是否干净。
- 管路配线是否杂乱，电话线、电源线是否固定得当。
- 办公设备随时保持正常状态，有无故障。
- 抽屉内是否杂乱，东西是否杂乱摆放。
- 是否遵照规定着装。
- 私人用品是否整齐地放置于一处。
- 报架上报纸是否整齐摆放。
- 盆景摆放，有没有枯死或干黄。

- 是否有人员去向目视板（人员去向一览表）。
- 有无文件传阅的规则。
- 当事人不在，接到电话时，是否有"留言记录"。
- 会议室物品是否摆放整齐和标识。
- 工作态度是否良好（有无聊天、说笑、看小说、打瞌睡、吃零食现象）。
- 有没有注意接待宾客的礼仪。
- 下班后桌面是否整洁。
- 中午及下班后，设备电源是否关好。
- 离开或下班后，椅子是否被推至桌下，并应紧挨办公桌平行放置。

（2）5S检查表

检查表就是对现场5S精细管理活动进行检查时所用的表格，是5S活动执行进度的标准。通过对检查表的运用，可以随时掌握活动所达到的效果，发现存在的问题和不足，以进一步明确改善的目标，有针对性地开展下一步工作。检查表不应该只是记录分数，对已具体的改善事项也要进行详细地记载。

检查表中的项目指标应该是动态的。当检查过程中发现的问题太少时，就要考虑提高目标值，这样才符合5S持续改善的宗旨。

第一，阶段性检查表。阶段性检查表是指在5S活动期间对每个阶段的活动内容进行的检查，如表4-21。检查表的编制以本阶段的活动为主要内容，通常由各负责区自行组织检查，必要时可由推委会组织抽查，加以监督。

◇ **表4-21 某印刷包装公司5S检查表（印刷车间现场）**

受检部门：　　　　　检查日期：　　　　　检查人：

5S目标		配分	①不良为零;②浪费为零;③故障为零;④切换为零;⑤事故为零,质量高,效率高,成本低
1.整理	通道上有无障碍物	5	①产品:合格品/不合格品是否分开,是否呆滞于通道,没有及时运走? ②工具是否没有放回规定位置,呆滞通道上? ③纸和油墨等是否没有处于规定位置,呆滞通道上?
	不要/不用品处理情况	5	①近期不用设备/工具是否按规定封存? 放置规定位置,只留下要的? ②产品垃圾易燃易爆是否及时分开? 是否还有闲置纸/油墨/菲林? ③是否有生活用品/饮品食品/其他与生产无关物品置于现场?
	文件的保管整理情况	5	①有效顾客签样/菲林是否妥善保管? 作业文件是否妥善保管? ②过期作废文件是否置于现场? 参考资料是否明确标识? ③是否有违反规定将小说杂志和影视娱乐用品置于工作生产现场?
	个人桌面整理情况	5	①工作台面/桌面除必要的文具和记录是否还有其他杂物? ②抽屉和工具箱内是否有生活娱乐或其他与工作无关物品?

5S目标		配分	①不良为零;②浪费为零;③故障为零;④切换为零;⑤事故为零,质量高,效率高,成本低
2. 整顿	设施/设备 整顿情况	5	①印刷设施/设备和现场物品是否定位定置? ②印刷设施/设备和现场物品是否定位定置,且与图示规定相符? ③设施/设备和现场物品是否定位定置,与图示规定相符,且标识清楚?
	工具整顿情况	5	①近期不用设备/工具是否按规定封存?放置于规定位置,寻找方便? ②工具仪表是否齐备,标识清楚有效?是否还有闲置纸/油墨/菲林? ③工具箱中有无生活用品/饮品食品/其他与生产无关的物品?
	用品整顿情况	5	①产品:现场合格品/不合格品是否定位定置,标识清楚有效? ②生活用品(限工服、雨具和饮水杯)是否限定存放位置,标识清楚? ③纸和油墨等是否定位定置,标识清楚有效?化学品 MSDS 表是否展示?
	文件管理情况	5	①有效顾客签样/菲林是否妥善保管?受控文件是否标识有效妥善保管? ②过期作废文件是否明确标识?记录存档是否规范? ③是否有违反规定将小说、杂志和影视娱乐用品置于工作生产现场?
	环境整顿情况	5	①有无定位定置标示平面图,按规定布局现场? ②设备/物品/合格品等是否标识清楚,一目了然?发料是否先进先出? ③是否现场清爽有序,效率高?
3. 清扫	通路/现场情况	5	①通道和现场有没有垃圾杂物,有无油污、泥水,妨碍运输和作业? ②通道和现场有没有边角料废弃物? ③通道和现场有没有生活垃圾,废弃易拉罐、塑料瓶、烟头?
	窗户/窗台/ 墙面情况	5	①窗户/窗台/墙面是否随时清扫,窗上有无蜘蛛网?窗台有无尘土? ②窗户/窗台/墙面是否有损坏?零件有无锈蚀损坏,是否设法去除? ③窗户/窗台/墙面是否有油污、泥水、污迹或其他涂脏的印记?
	桌面/作业 台面情况	5	①桌面/作业台面的文件记录和文具是否整齐有序?无灰尘和污染物? ②桌面/作业台面是否有损坏?电脑是否随时保养清洁? ③桌子/作业台内部是否彻底清洁有序?
	设施/设备/ 工具情况	5	①印刷设施/设备/工具是否清洁保养到位?维修结束是否及时清场? ②印刷设施/设备/工具包括内部清洁保养有无不符合规定? ③结束工作的清洁是否彻底,能否为下次的开始做好充分准备?
4. 清洁	整体环境 卫生保持	5	①通道和现场有没有坚持下来? ②通道和现场清扫有没有"死角"打扫不彻底的地方? ③通道墙上污迹都清除掉了吗?
	整理整顿 坚持情况	5	①设备/工具/产品是否按规定置于现场,保养和标识是否坚持下来? ②现场是否没有多余杂物干扰,非常有序清爽?能否 30 秒完成查找? ③产品搬运、垃圾清运是否及时,为现场作业提供良好环境?
	垃圾清运消除 无组织排放	5	①有机废气是否集中排放,是否坚持执行? ②垃圾是否分类标识、分类收集,是否坚持执行? ③是否坚持环保要求?

5S目标		配分	①不良为零;②浪费为零;③故障为零;④切换为零;⑤事故为零 质量高,效率高,成本低
5. 素养	5S持之以 恒习惯化	5	①整理、整顿,是否坚持执行,养成良好作业习惯? ②清扫、清洁,是否坚持执行,勤俭节约,饮食起居均养成良好习惯? ③是否坚持环保安全要求,生产间隙整理、整顿、清扫养成文明生产习惯?
	仪容相貌 健康向上	5	①是否举止不雅,粗口骂人,嬉戏打闹,串岗睡觉,没有礼貌,不讲团结? ②是否衣帽不整,男孩子烫头染红发,上班玩手机,不热爱本职工作? ③是否作风懒散,不求上进,不关心集体,不爱护公共财物?
6. 安全	设备/消防 器材维护	5	①设备/消防器材状态标识有效吗?有无开机前安全确认,定期安检? ②设备/消防器材维护保养,是否坚持执行?会使用灭火器吗? ③现场布局是否有助于消防撤离和灭火时消防器材使用?
	消除安全隐患	5	①是否坚持执行消防安全生产培训?是否熟悉 MSDS 的安全防护要求? ②是否及时发现排除消防隐患?是否作业熟练不做危险违规动作? ③是否人人明确安全生产的要求?是否符合易燃易爆物品严格管制?

第二,效果检查表。在阶段性检查表的基础上,推委会要对各责任区的 5S 管理活动进行确认,这时就需要用到效果检查表。效果检查表在项目条款上要进一步细化,以便进一步掌握 5S 管理活动所达到的深度。通常由推委会组织检查。表 4-22 给出整理、整顿效果检查表案例。

◇ 表 4-22　某企业整理、整顿效果检查表

受检部门:　　　　　　　　检查日期:　　　　　　　　检查人:

序号	内容	标准	检查方法	检查结果	纠正跟踪
1	办公室	物品未分类,杂乱放置(1分); 尚有较多物品杂乱放置(2分); 物品已分类,且已基本整理(3分); 物品已分类,整理较好(4分); 物品已分类,整理好(5分)	现场观察 抽查		
2	工作台	有较多不适用的物品在桌上或抽屉内杂乱存放(1分); 有 15 天以上才使用一次的物品(2分); 有较多 7 天内使用的物品(3分); 基本为 7 天内使用的物品,且较为整齐(4分); 基本为 7 天内使用的物品,且整齐(5分)	现场观察 抽查		

续表

序号	内容	标准	检查方法	检查结果	纠正跟踪
3	生产现场	产品杂乱堆放,设备、工具凌乱,尚未标识(1分) 仅有部分产品、设备、工具标识,现场仍很乱,有较多不用物品(2分); 产品、设备、工具已标识,产品堆放、设备和工具放置基本整齐,尚有少量不用物品在现场(3分); 产品已标识,产品堆放、设备和工具放置较整齐,基本无不用物品在现场(4分); 符合要求(5分)	现场观察抽查		

第三,诊断检查表。诊断检查是对 5S 实施过程中的各个阶段的综合检查,以验证 5S 活动的实施水平是否达到企业的期望。诊断检查通常由 5S 推行委员会主任牵头。检查过程中将所获得的有关实施汇入 5S 诊断检查表,并对表中所列的检查项目进行符合性判断。5S 诊断检查表的参考样式如表 4-23 所示。

◇ 表 4-23　生产车间检查表（来源于 5S 小组活动推行管理办法）

受检部门:　　　　　　　检查日期:　　　　　　　检查人:

项次	检查内容	配分	得分	缺点事项	改善计划
整理	①是否定期实施红牌作战(清理不要品)?	3			
	②有无不用或不急用的夹具、工具、模具?	3			
	③有无剩余料或近期不用的物品?	3			
	④是否有"不必要的隔间"影响现场视野?	3			
	⑤作业场所是否规划清楚?	3			
	小计	15			
整顿	①仓库、储物室的摆放是否有规定?	3			
	②料架是否定位化,物品是否依规定放置?	4			
	③工具是否易于取用,不用找寻?	4			
	④工具是否用颜色区分?	3			
	⑤材料有无放置区域,并加以管理?	4			
	⑥废品或不良品放置有无规定,并加以管理?	4			
	小计	22			
清扫	①作业场所是否杂乱?	3			
	②作业台上是否杂乱及乱摆乱放?	3			
	③各区域划分线是否明确?	3			
	④作业段落或下班前有无清扫?	3			
	小计	12			

续表

项次	检查内容	配分	得分	缺点事项	改善计划
清洁	①3S 是否规则化？	3			
	②机器设备有无定期检查？	3			
	③是否对设备物料通道进行打扫？	3			
	④工作场所有无放置私人物品？	3			
	⑤吸烟场所有无规定,并被遵守？	3			
	小计	15			
素养	①有无培训日程管理表？	4			
	②需要用的护具有无使用？	4			
	③有无遵照标准作业？	4			
	④有无异常发生时的应对规定？	4			
	小计	16			
安全	①所有的机器设备有无制订安全作业书？	4			
	②所有的电源开关是否安全？	4			
	③易燃易爆物品是否定点放置？	3			
	④消防器材取用是否方便？	3			
	⑤车间里的主、次通道是否畅通？	3			
	⑥所有的产品、物料在堆放时是否安全？	3			
	小计	20			
评比人		合计			

第四，考核评级检查表，如表 4-24 和表 4-25 的示例。

◇ 表 4-24　某公司分厂车间生产现场 5S 管理检查评比标准

序号	项目	规范内容	扣分标准	扣分说明	得分
1	整理 （20 分）	①清理掉永远不用及不能用物品	不用物品未清理,每一项扣0.5 分		
		②把一个月以上不用物品放置指定位置	一个月以上不用物品未摆放到指定位置上,每一项扣0.5 分		
		③把一周内要用的物品放置到就近工区,摆放好	一周内要用物品未放到就近工区,每一项扣 0.5 分		
		④把三日内要用的物品放到容易取到的位置	三日内要用物品未放到容易取到的位置上,每一项扣0.5 分		

序号	项目	规范内容	扣分标准	扣分说明	得分
2	整顿 （25分）	①定置图要在明显位置悬挂，划定定置区域线，定置标识醒目、清晰，与单位定置图相符	定置图、定置区域与定置标识每有一处不符的扣0.5分		
		②物品按照定置位分类整齐摆放并进行标识	物品每有一处放置与定置区域不一致的扣0.5分		
		③通道畅通，无物品占住通道	每有一处占道的扣0.5分		
		④生产线、工序号、设备、工模夹量具等进行标识	设备、工模夹量具标识每缺一项扣0.5分		
		⑤仪器设备、工模夹量具摆放整齐，工作台面摆放整齐	仪器设备、工模夹量具摆放不整齐，每一项扣0.1分		
			工作台面摆放无用物品，加工件摆放不整齐每一项扣0.2分		
		⑥库房管理四号定位、五五码放、规律码放。物品数量做到账卡物机一致	库房物品码放每有一处码放不规律扣0.2分		
			库房物品数量每有一种账卡物机不符扣0.2分		
3	清扫 （25分）	①地面、墙上、门窗打扫干净，无灰尘、烟蒂、杂乱物	地面、墙上门窗有一处不合格扣0.1分		
			地面油污未处理的，每一次扣0.2分		
		②工作台面清扫干净，无灰尘	工作台面有一处清理不干净扣0.1分		
		③仪器设备、工模夹量具清理干净	仪器设备未进行正常保养，清理不干净每一项扣0.1分		
		④一些污染源、噪声设备要进行防护	对污染源、噪声设备未进行防护扣0.2分		
		⑤对流动工位器具要及时回空。合理使用工位器具，无乱扔、超载现象	工位器具使用不合理、流动工位器具乱扔、超载不回空，每一次扣0.2分		
		⑥配备清扫工具，及时清理铁屑、砂轮沫子、钢砂、腻子等杂物	未配备清扫工具，每一人扣0.2分		
			铁屑、砂轮沫子、钢砂、腻子杂物每发现一人次未及时清理扣0.2分		

序号	项目	规范内容	扣分标准	扣分说明	得分
4	清洁 （10分）	①成立生产现场管理推进小组，制订5S推进计划	未成立生产现场管理推进小组扣2分		
			未制订5S管理操作手册及推进计划的扣1分		
			分工不明确，职责不清的扣1分		
			未进行5S培训工作的扣1分		
		②每天上下班花15分钟做5S工作	未进行5S工作一次扣2分		
		③随时自我检查，互相检查，定期或不定期例行检查。对不符合的情况及时纠正	车间要有检查记录，按规定少一次扣0.5分		
			发现问题未进行整改的，扣0.5分		
			整改未按规定完成的每一项扣0.5分		
		④整理、整顿、清扫保持得非常好	整理、整顿、清扫未保持，每有一项扣0.5分		
5	素养 （10分）	①员工穿厂服且整洁得体、仪容整齐大方	未按规定穿戴厂服，每一人次扣0.1分		
			穿装的衣服油、脏、破，每一人次扣0.1分		
		②员工言谈举止文明有礼，对人热情大方	吵架、骂人、恶语相加、臭语脏话有不文明语言的每一人次扣0.5分		
			打人、打架等不文明行为的每发现一人次扣1分		
		③有团队精神，互帮互助，积极参加5S活动	每有一人未参加5S活动扣0.5分		
		④员工时间观念强	工作中闲谈或做与工作无关的事情，每发现一人次扣0.1分		
		⑤遵守劳动纪律，按时刷卡，不在非指定时间和区域抽烟，不乱扔烟蒂	不按时刷卡，每一人次扣0.1分		
			在非指定时间和区域抽烟，每一人次扣0.1分		
			乱扔烟蒂每一人次扣0.1分		

续表

序号	项目	规范内容	扣分标准	扣分说明	得分
6	安全 （10分）	①严格遵守"企业职工安全守则"和安全操作规程，严禁违章指挥、违章作业、违反劳动纪律	违章作业的每一人次扣0.5分		
			违章指挥每一人次扣1分		
			违反劳动纪律每一人次扣1分		
		②正确使用劳动防护用品，女工戴好安全帽，禁止戴手套、系围裙操作旋转机床	工作时未按规定穿戴劳动保护用品，每一人次扣0.2分		
			戴手套、系围裙在旋转机床操作，扣1分		
		③上班遵守"五不准"要求。即：不准穿拖鞋、高跟鞋；不准赤膊；不准穿裙类服装；不准干私活；不准喝酒	违反"五不准"要求每一人次扣0.5分		
		④严格执行交接班制度，做好交接班记录。班后认真检查，切断电源、汽源，熄灭火种，清理场地	执行交接班制度执行不到位，交接班记录不完善，每一次扣0.5分		
			班后电源、汽源未切断，场地未清理扣0.5分		
			班后使用的火种未熄灭扣5分		
		⑤定期查验灭火装置，保证灭火器材能用	配备的灭火器材不能用，扣5分		
	合计				

◈ 表4-25 某企业办公室5S管理检查评比标准

序号	项目	规范内容	扣分标准	扣分说明	得分
1	整理 （20分）	①把不再使用的物品清理掉	每周定期清理不再使用的文件资料，未作废弃处理的扣0.5分		
		②把长期不使用文件资料按编号归类放置于指定的文件柜	未按规定存放每有一处扣0.5分		
		③把经常使用的文件资料就近放置	把经常使用的文件资料就近放置。未按规定存放的扣0.5分		
		④将正在使用的文件资料分为：未处理、正处理、已处理三类	未按规定进行分类每有一次扣0.5分		
		⑤将办公用品摆放整齐	办公用品摆放不整齐，扣0.5分		

序号	项目	规范内容	扣分标准	扣分说明	得分
2	整顿 (25分)	①办公桌、办公用品、文件柜等放置要有定置和标识	办公桌、办公用品、文件柜等放置无定置和标识,每有一处扣0.5分		
		②办公用品、文件摆放要整齐有序	办公用品及文件放置不整齐、无序的,扣0.5分		
		③文件处理完毕后均要放入文件夹	文件处理完毕后未放入文件夹,每有一次扣0.2分		
		④文件夹要有相应的标识,每份文件要有编号	文件夹没有标识的,文件无编号,每有一处扣0.2分		
		⑤办公桌及抽屉整齐、不杂乱	办公桌及抽屉内杂乱的,扣0.2分		
			私人物品未按规定摆放的,扣0.2分		
		⑥电脑线用绑带扎紧	电脑线未按规定绑扎的,扣0.2分		
		⑦用电脑检索文件	文件没有电脑检索的,扣0.2分		
3	清扫 (25分)	①将地面、墙上、天花板、门窗打扫干净	每有一处不合格扣0.5分		
		②将文件柜、办公桌、椅子、沙发、茶几打扫干净	每有一处未打扫干净扣0.5分		
		③文件记录破损处修补好	文件记录破损每有一处未修补好,扣0.5分		
		④电脑、打印机、复印机等擦干净	每有一处未擦干净,扣0.5分		
		⑤电灯、电话擦干净	每有一处未擦干净,扣0.5分		
4	清洁 (10分)	①成立5S推进小组,制订推进目标、计划,分工明确,并进行内部培训、宣导	未成立5S推进小组,扣5分		
			未制订5S推进目标、计划扣1分		
			分工不明确、职责不清扣1分		
			未进行内部培训、宣导5S扣1分		
		②每天上下班花5分钟做5S工作	未进行5S工作扣1分		
		③随时进行自我检查、互相检查、定期例行检查	未进行检查、没有检查记录每次扣0.5分		
		④对不符合的情况及时纠正	对发现问题未进行整改,扣0.5分		
			整改未按规定完成扣0.5分		
		⑤整理、整顿、清扫保持得好	整理、整顿、清扫未保持,每有一项扣0.5分		

序号	项目	规范内容	扣分标准	扣分说明	得分
5	素养 (10分)	①员工穿厂服且整洁得体、仪容整齐大方	未按规定穿戴厂服，每一人次扣0.1分		
			穿装的衣服油、脏、破，每一人次扣0.1分		
		②员工言谈举止文明有礼，对人热情大方	吵架、骂人、恶语相加、臭语脏话有不文明语言的每一人次扣0.5分		
			打人、打架等不文明行为的每发现一人次扣1分		
		③有团队精神，互帮互助，积极参加5S活动	每有一人未参加5S活动扣0.5分		
		④员工时间观念强	工作中闲谈或做与工作无关的事情，每发现一人次扣0.1分		
		⑤遵守劳动纪律，按时刷卡，不在非指定时间和区域抽烟，不乱扔烟蒂	不按时刷卡，每一人次扣0.1分		
			在非指定时间和区域抽烟，每一人次扣0.1分		
			乱扔烟蒂每一人次扣0.1分		
			违反劳动纪律每一人次扣0.5分		
6	安全 (10分)	①上班遵守"五不准"要求。即：不准穿拖鞋、高跟鞋；不准赤膊；不准穿裙类服装；不准干私活；不准喝酒	违反"五不准"要求每一人次扣0.5分		
		②下班切断电脑电源	下班未切断电脑电源，每次扣0.5分		
		③定期查验灭火装置，保证灭火器材能用	配备的灭火器材不能用，扣5分		
		④信息安全，商务机密、经营信息、技术工艺机密	经营信息、成本价格信息，每有一次泄露扣5分		
			市场关键信息、招投标标的，每有一次泄露扣5分		
			关键技术、工艺信息，每有一次泄露扣5分		
	合计				

编制 5S 检查表时需要关注以下几点：

- 检查表要简明、易填写、易识别，记录项目和方式力求简单。
- 尽可能以符号记入避免文字或数字的出现。
- 项目要尽量少，检查项目以 4～6 项为原则。
- 检查的项目要随时纠正，必要的加进去，不必要的删去。
- 要将检查结果及时反馈给有关责任部门，对查出的问题要立即整改。
- 运用○、×、√ 等简单符号，如数种符号同时使用于一个检查表时，要在符号后注明所代表的意义。

（3）5S 管理活动的评比与考核

一般情况下，检查表是 5S 管理活动评比与考核的主要工具，而对 5S 管理互动的评比与考核作为督导的一种方式对于推动 5S 精益化管理发挥着重要作用。

① 5S 管理活动的评比与考核的准备。

为了对 5S 管理成果进行评估，必须先做好以下的准备工作：

- 明确评估的目的，了解 5S 管理的现状，促使 5S 活动推行。
- 确定评估者，由推进委员会成员担当。
- 安排日程排序，预先计划好各个场所的检查日期。
- 确定评估方式，巡回检查。
- 评估标准的确定，准备好检查表。评分标准分两种：一种是用于工作现场的评分标准，适用于车间、仓库等一线部门；另一种是科室评分表，适用于办公室等非生产一线的工作场所。评分表中的内容一般按照整理、整顿、清扫、清洁和素养、安全六个方式来制订，同时要根据企业的实际情况，为不同的部门制订不同的标准。
- 对评估者进行培训，预先组织集体学习，研讨对检查标准的掌握运用。

② 评分细则。明确 5S 考核的评分细则，是保证考核结果公平的一个基本条件。确定考核细则，明确如何进行评分以及计算、评估考核的结果。5S 考核标准解决了如何进行初步评分的问题，而关于如何得到最终的结果，保证公开公平，是在制订评分细则的时候必须考虑的一个重要问题，具体的评分细则是对这一问题进行描述和说明。

③ 现场考核。评比和考核过程分为两个部分：一个部分是部门诊断会，由被评比与考核部门就 5S 活动的开展情况向评比与考核组进行汇报；另一个部分是评比与考核组进行现场考核。

举行评比和考核会是为了使评比与考核组了解被评比与考核部门开展 5S 活动的总体情况，部门负责人应就本部门的 5S 管理活动的推进情况进行汇报。汇报的主要内容有：开展 5S 活动的目的；5S 活动的方针、目标；开展 5S 活动的经过；5S 活动的实施效果；今后本部门开展 5S 活动的方向；本部门 5S 活动的成果。

　　企业 5S 管理活动的检查采用简捷、务实的方式进行。检查前，检查组开一次碰头会，明确检查计划和分工，随即分组进入受考核部门和班组进行检查；对照检查表收集 5S 活动的客观证据，听取现场工作人员实地介绍 5S 活动的改善事例和心得。检查的方法有面谈、提问、查阅文件、记录以及现场观察，做好检查记录。

　　按照评分标准与评分办法，对考核的情况进行汇总评分。并将相关事实计入"5S 活动评比与考核表"，如表 4-26 所示。

◎ 表 4-26　5S 活动评比与考核表

区域	代号	扣分	扣分合计	得分

　　在此基础上，填写"5S 活动考核报告表"，如表 4-27 所示。

◎ 表 4-27　5S 活动考核报告表

区域	代号	扣分合计	得分	问题描述

　　对于不能满足检查准备或者《5S 管理手册》的有关问题，以汇总表的形式开出"不符合事项通知单"，要求相关部门进行整改，如表 4-28 所示。

◎ 表 4-28　5S 活动整改措施表（不符合事项通知单）

组别：　　　　　　　　　　　　　　　　　　　　　　　　　　编号：

序号	整改内容	责任人	期限	验证人	验证时间

对评价结果的应用方面主要体现在对表现优秀的部门和个人给予适当的奖励，对表现差的部门和个人给予一定的惩罚，使他们产生改进的压力。形成一种奖惩机制，以奖励为主，惩罚为辅，最好能与部门的绩效考核和奖金的发放相结合。这样才能真正发挥检查的目的，达到改善的目标。

一般检查完之后，5S推行委员会要举行全体委员会议，会议的主要内容包括如下几项。

一是对检查的情况进行总结。由秘书组公布评比成绩和明细，分发"5S活动整改措施表"给各位委员。各检查小组负责人在会上简要介绍一下检查的情况，各委员可以相互交流一下经验，对活动提出一些建议。如活动中需要相关部门配合的事项，应在会议上协调好，便于工作的开展。

二是布置下一阶段的工作。对5S活动的下一步工作打算，要在会议上进行落实布置，并形成会议纪要，发至各责任部门。

三是对获奖的5S先进集体或优秀推行小组进行表彰。由5S推行委员会的主要负责人对获奖单位颁发流动奖牌（或流动锦旗）和奖金。对改善不力的单位提出相应的批评，可采用黄牌警告或适当的罚款处理，目的是要落后的部门引起重视，同时也表明最高管理者对开展这项活动的重视和严肃性。

5S评比总结会议结束以后，通常将会议的内容以会议纪要的形式记录整理下来，并分发给相关部门，对纪要所涉及的有关事项，相关部门要按照要求实施，下次总结会议，部门负责人要汇报落实情况。

【案例4-8】 某公司5S检查评定考核办法

1. 目的

为了积极有序推进现场管理及提升5S管理水平，把现场管理工作中的考核、检查、评比等工作落到实处，充分运用5S管理方法，通过自查、评比、整改和优化，力争将现场管理工作推向一个新阶段，特制订本细则。

2. 适用范围

本细则适用于所有办公区域和作业现场的5S的策划、实施、检查、评比、奖罚、整改和提高等工作。

3. 职责

（1）5S领导小组

① 全面组织领导、推进5S的策划，并组织实施。

② 执行5S工作的检查、评比、奖罚。

③ 督促5S工作中不符合项的整改，对评比单位执行月度不符合项的统计、公布、奖罚等。

④ 复核、提交各评比单位推荐的5S优秀人员事项。

（2）各部门/车间

① 配合执行公司 5S 各项管理措施，全力支持与推行 5S。

② 组织与实施本部门/车间的 5S 各项工作。

③ 指定本部门/车间的 5S 专责人员，负责组织本部门/车间的自评工作。

④ 参与公司及集团组织的 5S 检查评比工作，同时有对 5S 领导小组提出改善意见的义务。

⑤ 提交本部门/车间的 5S 月度自评工作资料。

4. 检查、评比、奖罚管理实施

（1）检查评比区域划分

① 办公区域：公司各职能部门办公室区域。

② 作业现场：挤压车间、氧化车间、包装车间、喷涂车间、机修车间、设备部、动力车间、喷砂车间、模具车间、材料仓、成品仓、质检部、生产部、总经办责任区域、钢结构车间。

（2）检查评比组成人员

① 日常巡查：5S 领导小组督导员。

② 月度大检查：5S 领导小组成员、集团公司督导组成员及各部门/车间的 5S 专责人员。

③ 各部门/车间必须指定 5S 检查评比专责人员，无指定人员的则由该部门/车间负责人负责参与检查评比。

（3）检查时间

① 日常检查：日常进行的检查，具体时间由 5S 领导小组决定，督导员执行。

② 月度大检查：每月进行 1 次大检查，以集团 5S 巡查时间为准。

（4）检查标准

按照公司现行的 5S 检查标准进行，并将不符合项在 OA 上及时发布。

（5）奖罚

① 奖罚依据：根据各部门/车间对所公布的不符合项及时整改完成率的高低实施奖罚。

② 及时整改完成率：整改责任部门/车间在规定时间内完成整改的项目数与所需整改的项目总数之比。

及时整改完成率的计算公式：

单次及时整改完成率＝（当次及时完成整改项数/当次需要整改项总数）×100%

月整改完成率＝（日整改完成率总和/检查次数）×100%

③ 及时整改完成率的确定：各部门/车间的月度平均及时整改完成率为该部门/车间实施奖罚的最终依据；月度无整改项的及时整改完成率按 100% 计算。

④ 奖励标准。为推动 5S 工作的持续开展。提升各部门/车间的积极性，公司对 5S 整改工作做得较好的部门/车间进行奖励，且奖励只到部门/车间，可作为部门/车间的内部基金使用（见表 4-29）。

◎ 表 4-29　5S 工作奖励明细

月平均及时整改完成率	奖励
100％	300 元/月
95％以上	200 元/月

⑤ 处罚标准。为体现 5S 工作开展的奖罚结合，公司对 5S 工作推行落后的部门/车间进行处罚（见表 4-30）；处罚只到责任部门的管理人员，具体如下。

◎ 表 4-30　5S 评比处罚方案（单位：元）

责任人 ＼ 整改完成率	85％～94％	65％～84％	64％以下	0％
正职	0	200	300	400
副职	0	150	200	300
带班主任(班/组长)	0	100	150	200

注：奖罚只涉及具体参与评比单位，连带的直属管理部门不在此列。

5. 其他违规处罚

（1）不配合检查人员工作的处理方法

检查期间（包括日常巡查及月度大检查），不配合相关工作的（如：拒绝检查、谩骂检查人员等），员工处罚 50 元/次，班组长以上管理人员处罚 100 元/次。

（2）不配合参与检查工作的处理方法

① 各部门/车间的 5S 专（兼）责人员，必须参与 5S 的例行检查工作（以5S 领导小组通知为准），若无故缺席，按每人每次扣罚 50 元处理。

② 有事或休息可请假，但必须确认检查组对本责任区域 5S 检查情况及结果。

6. 整改项目处理规定

（1）整改项目范围

主要包括两个方面：日常督导组巡查下发的整改项；集团巡回检查时所公布的整改项。

（2）整改项目处理规定

① 经 5S 领导小组认定的整改项目，责任部门/车间未按时完成整改的，按10 元/项的标准进行处罚。

② 所有未及时完成的整改项，在月底进行汇总扣罚，有奖励的扣减奖金；无奖励的则直接扣罚部门/车间负责人。

③ 每日计算各整改项的及时完成率，当日检查，最迟次日公布；于每月的

最后一日累计当月的整改完成率，并按要求实施奖罚。

（3）对有异议的整改项目的处理规定

① 日常巡查：5S领导小组必须将当日检查结果最迟于次日公布。

集团巡回检查：5S领导小组必须在2个工作日内完成图片公布等相关工作。

② 整改通知公布后的1个工作日为异议申诉期；有异议的部门/车间必须在此期限内按规定以书面形式向5S领导小组提出申诉；5S领导小组受理后必须于1个工作日内处理妥善，并将结果公布。

③ 在申诉期内，有部门/车间提出申诉的，则申诉期顺应延长，但不得超过3个工作日。

④ 有异议的部门/车间必须在申诉期内提出申诉，超过期限则不予受理。

（4）所需整改的项目集中在OA上公布

7. 申诉处理程序

（1）申诉流程：（略）

（2）需提交的材料

① 申诉人填写"申诉登记表"1份（包括：申诉时间，申诉人姓名、联系电话，被申诉名称、地址、联系电话，申诉内容等）。

② 以客观事实为基础的书面报告。

③ 其他凭证等。

（3）受理申诉部门的处理

在1日内作出受理、移送处理或者不予受理的决定，并告知申诉人。

① 受理后的处理：对争议的项目或责任人认定应当根据申诉人或被申诉人的请求，采用调解方式予以处理；对属于申诉人正当事实的请求，应当及时更正公示结果。

② 移送处理：对争议调解不服的申诉，移送行政副总处理；对多个部门争议调解不服的申诉，应当移送总经理处理；对申诉中涉及相关责任人的违规行为，移送总经办处理。

③ 不予以处理的申诉：公司相关部门或人员已经受理或者处理的；对存在争议无法实施检验、鉴定的；不符合公司相关规程规章规定的；申诉人无法找到证据或事实无法认定的。

（4）检验、鉴定

对有争议需要进行检验、鉴定时，在征得申诉人或被申诉人的同意后，由行政副总指定部门或组织有关人员进行。

（5）调解处理

① 在争议调解时，一般需要召开调解会议，经调解双方达成一致意见的，应当制作"5S争议调解书"，由申诉人和被申诉人自觉履行。

② 调解在接到申诉人提供的书面材料之日起 2 个工作日内完成，对于复杂情况可以延长 5 个工作日。

③ 调解不成的，及时终止调解，告知申诉人向公司相关领导申诉。

8. 奖罚规定

（1）奖罚周期

① 每月实施 1 次奖罚，根据整改完成率的高低执行。

② 未按规定完成整改项（包括：日常巡查的整改项及集团巡回检查的整改项），所要求扣罚的金额每月作一次统计，统一实施扣罚。

（2）奖罚金额组成

① 根据整改完成率的高低按要求奖励或扣罚金额。

② 未按规定完成整改所应扣罚的金额。

（3）相关款项处理

① 公司所发 5S 评比奖金属集体奖金，由各部门/车间负责分配，任何部门/车间相关责任人不得以任何理由私自截留或挪用，违者以奖金为基数加倍处罚。

② 公司对 5S 评比落后部门/车间进行处罚的对象仅限于部门/车间责任人。任何部门/车间相关领导责任人不得以任何理由把处罚金转嫁或分摊到员工个人身上，违者以罚金为基数加倍处罚。

9. 附则

本细则由公司 5S 领导小组负责制订、修订、完善和废止，由总经理批准后生效执行，原有的关于 5S 领导小组检查、评比、奖罚等的工作制度同时废止。

【案例 4-9】　关田法的 5S 落地 33 步

① 确定实施范围。

② 成立实施团队。

③ 制订实施计划。

④ 项目启动与培训。

⑤ 清理现场物品。

⑥ 明确物品分类标准。

⑦ 了解物品使用频率。

⑧ 确认物品是否必要的整理。

⑨ 对物品状态的整理。

⑩ 对物品状态及问题的解决方案的整理。

⑪ 确认改善责任人。

⑫ 物品使用责任到人。

⑬ 明确整理的目标。

⑭ 不必要物品的处理。

⑮ 必要物品的标准化。

⑯ 必要物品的定置。

⑰ 物品定置牌照。

⑱ 整理物品清单。

⑲ 指定物品管理标准。

⑳ 区域定置画线。

㉑ 指定车顶清扫计划。

㉒ 彻底清扫的实施。

㉓ 问题清单整理。

㉔ 问题发生源分析。

㉕ 彻底清扫问题的解决对策。

㉖ 可视化标识、标签的制作。

㉗ 区域责任到人负责制。

㉘ 制订责任到人规范。

㉙ 制订5S检查标准。

㉚ 制订5S检查评判标准。

㉛ 5S检查制度标准化。

㉜ 5S检查的实施。

㉝ 5S问题的改善。

【案例4-10】 包钢集团5S管理检查、考核、评价实施办法

第1章 总则

第1条 为追求卓越现场管理，建立5S管理长效机制，坚持持续改善，促进精细化管理，不断提升员工素养，提高管理水平，特制订本办法。

第2条 开展现场检查的依据为《包钢（集团）公司5S管理标识标准》《包钢（集团）公司5S管理检查标准》。

第3条 本办法适用于包钢（集团）公司直属单位。

第4条 包钢稀土、包钢西创要依据本办法，结合实际制订对所属单位的检查考核管理办法，并负责组织实施。

第2章 检查、考核、评价原则

第5条 坚持公平、公正、公开的原则，充分调动各单位实施5S管理的积极性、主动性、创造性。

第6条 坚持鼓励先进、鞭策后进的原则，将评价结果与各单位员工收入增长、综合绩效考核、评优评先挂钩。

第7条　坚持协同联动原则，实现钢铁主业、包钢稀土、包钢西创等板块整体改善，共同提高。

第8条　坚持与专业管理相结合的原则，发挥各专业推进小组的专业管理优势，使现场管理与专业管理有机结合。

第9条　坚持与公司中心工作和重点管理工作相结合的原则，增强5S管理推进的基础性、创新性、重要性和有效性。

第10条　坚持属地管理原则，明确界定管理职责，消除现场管理死角，全面提升管理水平。

第3章　检查实施及结果汇总

第11条　公司5S管理推进办公室（以下简称5S办公室）负责各季度检查活动的组织实施、检查结果汇总和考核评价工作。

第12条　一、三季度检查。5S办公室负责抽调机关管理部门人员组成检查组，分别在每年的第一季度和第三季度对各单位进行一次检查（检查不作预先通知），并依据检查情况确定检查结果，出具《检查评价书》，同时将存在问题反馈受检单位整改。

第13条　专业检查。各专业推进小组结合日常专业管理工作，每半年提供一次5S管理检查考核分值，分别于每年的5月15日、11月15日前报送5S办公室。各专业推进小组提供检查考核分值的牵头部门为

5S管理外围环境推进小组：生产部（安环部）

5S管理生产现场推进小组：生产部（安环部）

5S管理施工现场推进小组：建设部

5S管理建（构）筑物及设备状态推进小组：设备动力部

5S管理办公环境推进小组：办公厅

5S管理推进监察督导组：纪委（监察部、审计部）、组织部（人事部）

5S管理治安、道路交通、消防安全推进小组：保卫部

第14条　二、四季度检查。5S办公室负责抽调机关管理部门和相关单位人员组成检查组，分别在每年的第二季度、第四季度对各单位进行一次集中检查（检查不作预先通知），并结合一、三季度检查情况及专业检查考核分值汇总各单位上半年和下半年综合得分，出具《检查评价书》，并将存在问题反馈受检单位整改。

第15条　半年和全年检查分值汇总。单位上半年综合得分＝一季度检查分值×20％＋上半年专业检查分值×20％＋二季度检查分值×60％

单位下半年综合得分＝三季度检查分值×20％＋下半年专业检查分值×20％＋四季度检查分值×60％

单位全年综合得分＝（上半年综合得分＋下半年综合得分）÷2

第4章　检查合格分数及调节系数

第16条　依据现场保持及改善难易程度不同，将各单位分为三类。

一类单位：白云铁矿、巴润矿业、选矿厂、焦化厂、炼铁厂、炼钢厂、薄板厂、固阳矿山公司、乌海矿业公司、还原铁公司、万腾钢铁。

二类单位：轨梁厂、无缝厂、线材厂、一轧厂、棒材厂、运输部、热电厂、供电厂、燃气厂、氧气厂、给水厂、计量处、物资公司、废钢分公司、销售公司、备件公司、特钢分公司。

三类单位：公司机关、技术中心、国贸公司、新体系筹备组、保卫部、幼教管理处、预保中心、教培中心、离退管中心、新闻中心、包钢医院、三医院、包钢矿业公司机关、矿研院、财务公司。

第17条　各单位合格分数及调节系数

单位类别	一类单位	二类单位	三类单位
合格分数	86分	88分	90分
调节系数	1	0.98	0.96

合格分数用于判定各单位季度、半年、全年检查结果是否合格。

调节系数用于公司对各单位半年及全年综合得分的整体排序。

第18条　公司每半年和年末分别按排序得分情况公布排序结果。

单位半年(全年)排序得分＝单位半年(全年)综合得分×调节系数

第5章　考核奖惩

第19条　5S管理的检查考核纳入公司综合绩效考评体系中，总体设计，统一安排。

第20条　半年及全年检查结果考核

钢铁主业单位根据半年和全年综合得分情况兑现综合绩效考评5S管理专项奖励。

费用单位和公司机关的5S管理考核纳入对单位（部门）的绩效考核中，与业绩工资（或绩效薪酬）挂钩。

上半年综合得分不合格单位，遇当年调整工资时，推迟兑现当年职工收入增长部分，复查合格方能兑现。

对年度综合得分不合格单位实行一票否决，取消先进单位、标兵文明单位等参评资格。

第21条　全年排序结果考核

连续两个年度总排名后两名的单位，单位主要领导要以书面形式向公司5S管理推进委员会作专项工作述职。

第 6 章　附　则

第 22 条　公司在对直属单位检查时，适时安排对包钢稀土、包钢西创所属单位的抽查，对保持改善不力、现场管理明显退步的单位给予通报。

第 23 条　本办法由 5S 办公室负责解释。重大事项由 5S 办公室依次提请公司 5S 管理推进综合组、5S 管理推进委员会研究决定。

第 24 条　本办法自 20××年 7 月 1 日起执行。

第五章

企业现场5S的具体推进落地与要点

了解现场 5S 管理的内容，具有现场 5S 管理的基本理念，这只是问题的一方面，关键在于怎么把现场 5S 的内容在本单位落地，如何推进其内容在现场的落实与实施，而且是持续的落地。

一、整理的具体推进落地与要点

1. 整理实施的 5 项落地内容

在实施整理的过程中，要增加场地的空间，把东西整理好，把"必需品"和"非必需品"区分开，将工作的场所整理干净。

（1）落地内容 1：建立共同认识

坚决扔掉"不要品"的目的是腾出更多的空间来整顿必要品，节约寻找物品的时间，提高工作效率。但有些员工打着整理的旗号，趁机大肆更新一番，或者有些平时对企业不满的员工会毫不犹豫地把要与不要的物品全部扔掉，造成意想不到的浪费。在整理之前必须建立共识。

另外，整理还有一种阻力，那就是"全部都有用，全部不能用"，这样的观点经常来自工程技术人员。因为他们总认为这些物品不管存放多久，总有一天会用得到，所以他们为了避免这些东西被扔掉，就会将这些东西藏起来、盖起来，完全违背现场 5S 的精神及原则。只有取得了观念上的共识，才能下发整理的措施，才能保证员工完成规定的整理要求，不然也只是流于形式。5S 之所以在很多企业推行不下去，就是因为很多企业不能真正地改变员工的思想意识。

（2）落地内容 2：全面检查工作现场

对工作场所进行全面性检查，包括眼睛看到的和看不到的地方，例如设备内部、文件柜顶部、桌子底部位置，特别是设备。归纳起来就是两点：看得见的要整理，看不到的更要进行整理。

可以采用定点摄影的方法对同一场所的 5S 实施前后进行拍摄，以便了解实施 5S 整理的效果，点检出哪些东西是不需要和多余的。

（3）落地内容 3：制订要与不要的标准

企业在制订"要"与"不要"的标准之前，首先要明白企业为什么会产生"不要"物品。"不要"物品的产生不仅仅是管理的问题，也是现代企业运营必须有的内容与过程。形成"不要"物品的主要原因如下。

① 企业没有建立采购物品的标准。

• 没有标准化随意采购物品。

- 没有建立采购的控制流程和合理的审批制度。
- 没有建立物料需求计划（MRP）。
- 没有建立物料清单。
- 没有建立物料损耗标准。

② 企业生产管理系统无序。

- 生产的计划能力不强。
- 领发料随意。
- 补发料没有严格控制。
- 生产完成后没有及时执行物品清单制度。
- 多余的物品没有及时退库。

③ 企业品质管理混乱。

- 品质标准不明确且死板僵化，不能针对不同的客户、不同的产品制订相宜的品质检验标准。
- 产生的不合格品没有及时评审、区隔、处理。
- 没有物品报废的处理程序。
- 对不同的库存产品没有执行不同的期限管制。
- 品管人员欠缺处理品质不良的能力。

④ 事务性管理欠缺标准化。

- 没有文件管理规定。
- 没有执行表单的管理规定。
- 事务性工作流程随意化。
- 会议管理无效，议而不决、决而不行、行而无果。
- 没有建立办公用品的使用标准等。

既然企业在生产运营过程中形成"不要品"，那么谁是"不要品"的判定者？由于企业里需要进行判定的对象物有很多，并且有可以判断的和难以判断的物品，为了高效完成判定工作，可以根据对象物的不同分层次确定相应的判定责任人。

- 一般物品：由班组长初步判定，主管最终判定。
- 零部件：由主管初步判定，经理最终判定。
- 机器设备：由经理初步判定，总经理最终判定。
- 非必需品可以统一由推行委员会来判定，也可以设计一个有效的判定流程，由各个不同部门对各类物品进行判定。

在以上工作的基础上，建立"不要物品"的判定标准。实际上，企业管理水平的高低在某种程度上取决于企业的标准化程度，因而可以说没有标准的企业就是没有良好管理的企业。企业要想做大、做强，唯一的办法就是让管理简单化，而能让管理简单化的唯一办法就是将日常管理标准化。因此，企业推行 5S 第一步是建立标准。没有标准，就不知道什么是"要"，什么是"不要"，不知道"要"与"不要"，就没有办法真正推动整理。

整理过程中需建立的标准如下。

- 物品"要"与"不要"的标准。
- 物品库存期限的标准。
- 物品安全存量标准。
- 不要物品的处理权责、流程、标准。
- 办公用品的配置标准。
- 人员的编制标准等。

【案例 5-1】 某公司物品"要"与"不要"的操作表单

（1）物品处理标准表

物品处理标准表如表 5-1 所示。

◇ 表 5-1 物品处理标准表

单位	区域	类别	存放方法	存放量	存放时间	不要物品处理方法
办公室	办公桌面	资料文件表单	文件夹	不超过 7 个文件夹	文件夹内的资料不超过7 天	超过期限和数量的资料装订成册放入抽屉
		办公用品	整齐放在固定的位子	一个电话、一个笔筒、一个茶杯、一台计算机		超过标准的物品放入抽屉
	办公桌抽屉	资料文件夹	装订成册	不同的资料装订成一册、不超过 7 册	存放时间为7～30 天要用的资料	超过期限和数量的可打包放入资料柜
		生活用品	放在一个抽屉、不得与资料混杂	以一个抽屉为单位、不得超过一个抽屉的容量		超过期限和数量的清理出抽屉、打包放入资料柜
	资料柜	文件资料	资料夹	每层不得超过 20 个资料夹	30～180 天要用的资料	超过期限的装入资料袋打包存放
			资料袋	每层不得超过 20 个资料袋	半年至一年内要用的资料	超过期限的装入资料袋打包装箱存入仓库保管
仓库	原料仓库	订单用料	装箱装筐之后存放于物料架	以每标准物料的每层空间进行存放	存放时间不超过 7 天	超过期限的物品通知生产单位领料、空间不够的情况下通知采购暂时不要进料

续表

单位	区域	类别	存放方法	存放量	存放时间	不要物品处理方法
仓库	原料仓库	退料	装箱装筐之后存放于退料区	不超过退料区规定的面积	不超过半年	超过存量和期限的物品要通知相关责任单位进行处理
		不良物料	装箱装筐之后入不良区	不超过不良区规定的面积	不超过30天	超过存量和期限的物品要通知采购单位进行处理
		呆滞物料	装箱装筐之后存入呆滞物料区	不超过呆滞物料区规定的面积	不超过一年	超过存量和期限的物品要通知相关责任单位进行处理
	成品仓库	有订单的成品	装箱存放于托盘上	每层高度不超过5箱	存放时间不超过10天	超过期限的物品要通知销售部联系客户发货。空间不够用的情况下要通知生产和销售调整生产进度
		退货	装箱存放于托盘上	不超过退货区规定的面积	不超过半年	超过存量和期限的成品要通知销售部进行处理
		不良成品	装箱存放于托盘上	不超过不良区规定的面积	不超过半年	超过存量和期限的物品要通知生产单位进行处理
		计划库存成品	装箱存放于托盘上	每层高度不超过5箱	不超过半年	超过存量和期限的物品要通知销售单位进行处理

（2）物品库存期限标准表

物品库存期限标准表如表5-2所示。

◇ 表5-2 物品库存期限标准表

序号	物品名称	物品规格	颜色	单位	保质期	备注
1						
2						
...						

制订：　　　　　审查：　　　　　批准：

（3）物品存量管制标准表

物品存量管制标准表如表5-3所示。

◇ 表5-3　物品存量管制标准表

序号	物品名称	物品规格	颜色	安全库存量	库存上限	库存下限	备注
1							
2							
...							

制订：　　　　　　　审查：　　　　　　　批准：

（4）不要物品的处理流程

不要物品的处理流程如表5-4所示。

◇ 表5-4　不要物品的处理流程

不要物品的处理流程	处理办法	审批权限	责任部门	使用单位
1				
2				
...				

制订：　　　　　　　审查：　　　　　　　批准：

（4）落地内容4：清理及处理"非必需品"

清理"非必需品"时必须把握物品现在有没有使用价值，很重要的一句话是，应注意使用价值，而不是原来的购买价值，也就是使用价值大于购买价值。"不要品"清理完之后要不要让车间主管把它们拿回去，就要看企业的决心和魄力。

① 处理对象及方法。重点清理以下物品：货架、工具箱、抽屉、橱柜中的杂物、过期的报纸、杂志、空的罐子、已损坏的工具或器皿，仓库墙角、窗台、货架上，甚至货柜顶上摆放的样品，长时间不用或已不能使用的设备、工具、原材料、半成品、成品，在办公场所、桌椅下面，还有写字板上报废的文具、过期的文件、表格、速记记录等。依分类的种类，该报废丢弃的一定丢掉，该集中保存的由专人保管。具体的处理方法如图5-1所示。

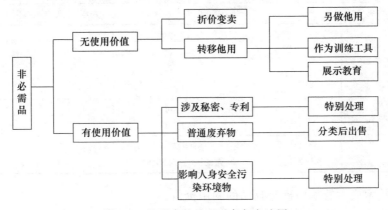

图5-1　整理中的处理对象与方法图

a. 转移他用。将材料、零部件、设备、工具等改用于其他的项目或其他需要的部门。

b. 折价变卖。由于销售、生产计划或规格变更，购入的设备或材料等物品用不上。对于这些物品可以考虑与供应商协调退货，或是以较低的价格卖掉，回收货款。

c. 废弃处理。对于那些实在无法发掘其使用价值的物品，必须及时实施废弃处理。处理要在考虑环境影响的基础上，从资源再利用的角度出发，具体方法如由专业公司回收处理。

② 处理的注意事项。

a. 实施处理要有决心。在对非必需品进行处理时，重要的是有决心，把该废弃的处理掉，不要犹豫不决，拖延时间，影响工作的进展。

b. 正确认识物品的使用价值。对非必需品加以处置是基于对物品使用价值的正确判断，而非当初购买时的费用。一件物品不管当初购买的费用如何，只要现在是非必需品，没有使用价值，并且在可预见的将来也不会有明确的用途，就应该下决心将其处理。

③ 建立一套非必需品废弃的程序。为维持整理活动的结果，最好建立一套非必需品废弃申请、判断、实施及后续管理的程序和机制。建立物品废弃处理程序是为了给整理工作的实施提供制度上的保证。建立物品废弃的申请和实施程序，就是制订标准，明确物品废弃的提出、审查、批准和处理方法。一般来说，非必需品废弃的申请和实施程序一定要包括以下内容。

a. 物品所在部门提出废弃申请，如表5-5所示。

◇ 表5-5　物品废弃申请单

申请部门			物品名称		
废弃理由			购买日期		
物品类别		判定部门		判定	负责人签字	
可否再利用		□可　□不可				
		□可　□不可				
		□可　□不可				
		□可　□不可				
其他判断		□可　□不可				
		□可　□不可				
认可废弃	□废弃　□其他处理　　总经理					
	仓库部门：　　　　凭证　　　提交财务					

b. 技术或主管部门确定物品的利用价值。

c. 相关部门确认再利用的可能性。

d. 财务等部门确认。

e. 高层负责人作最终的废弃处理认可。

f. 由制订部门实施废弃处理，填写废弃单，保留废弃单备查。

g. 由财务部门做账面销账处理。

（5）落地内容5：养成整理的习惯

整理是一个永无止境的过程，现场每天都在变化，昨天的必需品，今天就有可能是多余的。整理贵在日日做，时时做，如果仅是偶尔突击一下，做做样子，就完全失去了整理的意义。所以整理，是一个循环的工作，根据需要随时进行，需要的留下，不需要的马上放在另外一边。

【案例 5-2】 某企业 5S 管理中整理阶段标准与决策权限表

某企业 5S 管理中整理阶段标准与决策权限表如表 5-6 所示。

◈ 表 5-6 某企业 5S 管理中整理阶段标准与决策权限表

对象 ＼ 方向	要与不要的区分	必要品的决定及数量	非必要品的处理	最终决定者				
				班长	主管	经理	厂长	总经理
机器设备	①设备的增减；②现有的设备是否使用；③现有的设备是否适用	①现有的设备数量是否合理；②现有的设备是否有效利用；③现有的设备是否需要改进	①报废设备注销；②不再使用的设备应清理出生产现场；③利用率低的设备应隔离生产现场				●	●
桌椅台面	①现有的桌椅是否有多余；②现有的台面是否多余；③现有的桌椅、台面是否适用	①留下适用、合理数量的桌椅、台面；②对于适用、不合理的桌椅、台面进行改造，去掉不合适的	①注销报废；②隔离生产现场	●	●	●		
模具、测试夹具	①是否为生产用的模具、测试夹具；②是否为经常使用的；③是否为良好的状态；④是否标识清楚	①模具、夹具是否在数量上合理，满足生产的需要；②是否为良好的状态，有没有报废的或长期过期不用的存放在生产现场；③是否适用	①报废、隔离；②维修再使用；③标识清楚	●	●	●		

续表

方向 对象	要与不要的区分	必要品的决定及数量	非必要品的处理	最终决定者				
				班长	主管	经理	厂长	总经理
物料、在制品、制成品、不良和报废品	①是否为生产使用的物料； ②是否常用； ③是否为不良的物料； ④是否为报废的物料； ⑤在制品是否为生产中计划产品,如为滞留品,如何处理； ⑥是否为不良的或待处理的在制品； ⑦成品状态； ⑧报废品处理方法是否为标明状态； ⑨所有产品是否作标识	①生产使用的物料； ②在计划之列且常用的物料； ③生产过程中流动的在制品； ④如为待处理的在制品须标识清楚并写明处理的方法； ⑤成品标明状态	①退仓； ②报废； ③丢弃； ④标识清楚并且隔离生产区域	●	●	●	●	
作业文件、文具、办公台	①使用的是否为最新文件？ ②是否受控？ ③位置正确吗？ ④发放恰当吗？ ⑤文具是否为使用的用品？ ⑥文具适用吗？ ⑦办公台是否摆放合理； ⑧是否适用； ⑨有无损坏或报废； ⑩有无正常使用或使用频率如何	①正常使用的文件； ②受控的最新版本； ③发放正确且放置在正确的位置； ④需要正常使用的文具； ⑤办公台属于正常使用的办公用品	①退回报废； ②退回重发放； ③不受控文件清除现场； ④报废文件隔离正常的文件并依据规定程序保存； ⑤不用的文具或不能够使用的文具清理出桌面或报废； ⑥不良的桌子维修或申请报废			●	●	●

2. 整理的推行要点与注意事项

（1）整理的推行要点

① 马上要用的，暂时不用的，先把它区别开；一时用不着的，甚至长期不

用的要区分对待，即便是必需品也要适量。

② 将必需品的适量降到最低的程度。

③ 对可有可无的物品，不管是谁买的，无论有多昂贵，都应坚决地处理掉，绝不能手软。

（2）开展整理活动注意事项

整理是推行5S的第一步，若没有做好整理，后续的5S推行就很难继续。很多企业会认为，花钱买来的东西不能随便丢掉，否则就是浪费。其实浪费这个动作在呆滞物品产生时就已经产生，整理只是对已经产生的浪费进行处理，以将浪费的程度降到最低。整理本身并不产生浪费。

没有做好整理对企业的影响远不止产生呆滞物品。呆滞物品的堆放占用生产现场的空间，造成马上要用的物品没有空间存放；或者造成"要"与"不要"物品混在一起，不能有效识别，生产一忙就会拿错、用错物料，进而导致产品返修、返工或报废的情况；呆滞物品还增加现场管理人员、员工寻找物料的时间，直接影响生产效率。因此有效的整理活动应注意以下问题。

① 整理不是扔东西。

通过整理从生产现场清理出来的不要物品，有的只是在本部门没用，但可用于其他的地方；有的是多年的库存积压品，但可与供应商进行调剂和做退货处理；有的废弃工装，经过改进之后，可派上新用场。整理并不是扔东西，即使是确定需报废的物品，也应按财务的有关规定办理报废手续，并收回残值。

整理过程中要遵循先分开后处理的原则。分开是先将"要"和"不要"的物品分开，过期和未过期的分开，好的和坏的分开，经常用的和不经常用的分开，原件和复印件分开等。在分开这一过程中，先不要去考虑如何处置。分开完成后，再考虑如何处置，处理视物品和内容的不同可以有多种方式，如废弃、烧毁、切碎、转送、转让、廉价出售、再循环等。

② 不要产生新的"不要物"。

不少企业在实施5S整理之后，虽然生产现场面貌暂时有了很大的改善，但过了一段时间以后，又发现现场有不少新的不要物品。产生不要物品的原因主要有以下几点：

• 没有严格执行限额领料制度，多余的零部件、材料没有办理退料缴库手续，因而滞留在生产现场。

• 没有按生产部门下达的生产计划进行生产，有时因为套料而多生产的部件没有入库而摆在工作现场。

• 生产过程中产生的废弃物没有及时清理，如各种包装袋、塑料袋等，占据生产空间。

在日常的整理中，注意不要超计划多领料，不生产计划外的产品，制造过程中要进行过程控制，不生产不合格品。对作业后残存的物料立即清理，生产现场不放置私人物品。放置物品时要遵循平行、直角、直线的原则，使之一目了然。

③ 整理时要做到追源溯流。

整理的同时要做到追源溯流，日本人称之为源头行动，也就是不断的追溯，直到找到问题的根源所在，然后彻底加以解决。通常企业由于以下原因产生各种废料废物：

- 原辅材料采购量的控制和库存管理不善导致废物产生。
- 过程控制中计量不准确导致浪费和废料增加。
- 投料过程中的跑冒滴漏造成原材料的浪费和废料的增加。
- 设备泄漏导致污染物产生等。

在现场管理中对上述现象进行根除非常重要和迫切，否则就会影响企业的环境、增加企业的成本。在做整理时，一定要找出废料废物的源头，以便根治。

（3）整理检查表

推行任何活动，除了要有详尽的计划表作为行动计划外，在推行过程中，每一个要项均要定期检查，加以控制。通过检查表的定期查核，能得到进展情况，若有偏差，则可随即采取修正措施。推行5S活动，同样要导入PDCA管理循环。

检查表的使用有两种：一种是点检用，只记入好、不好的符号；另一种是记录用，记录评鉴的数据。表5-7～表5-9是一些企业整理过程中检查的项目及重点，表5-7适用于部门内自我评价，表5-8为对办公室诊断用的检查表。

◇ 表5-7 生产现场5S查核表（诊断表）

项次	查检项目	得分	查检状况
1	通道状况	0	有很多东西，或脏乱
		1	虽能通行，但要避开，台车不能通行
		2	摆放的物品超出通道
		3	超出通道，但有警示牌
		4	很畅通，又整洁
2	工作场所的设备、材料	0	一个月以上未用的物品杂放着
		1	角落放置不必要的东西
		2	放半个月以后要用的东西，且紊乱
		3	一周内要用的物品，且整理好
		4	3日内使用的物品，且整理很好
3	办公桌（作业台）上、下及抽屉	0	不使用的物品杂乱
		1	半个月才用一次的也有
		2	一周内要用的物品，但过量
		3	当日使用的物品，但杂乱
		4	桌面及抽屉内均最低限度，且整齐

续表

项次	查检项目	得分	查检状况
4	料架状况	0	杂乱存放不使用的物品
		1	料架破旧,缺乏整理
		2	摆放不使用的物品但整齐
		3	料架上的物品整齐摆放
		4	摆放为近日用的物品,很整齐
5	仓库	0	塞满东西,人不易行走
		1	东西杂乱摆放
		2	有定位规定,没被严格遵守
		3	有定位也在管理状态,但进出不方便
		4	任何人均易了解,退还也简单
	得分		

◇ **表 5-8　办公室检查项目表**

检查对象	检查项目("要"与"不要"的区分)	检查区域	责任人	得分
1. 地面	①有无灰尘; ②有无水渍和油污; ③有无碎纸屑和废纸张扔在地上; ④有无垃圾和其他的废弃物扔在地上			
2. 办公桌椅	①办公室的桌、椅有无破损而无维修; ②办公室的桌、椅有无废弃无用而仍放置在位			
3. 电脑、打印机	①显示器和主机有无灰尘附着,并有无经常用抹布擦拭; ②电脑内是否装有和工作不相干的软件或其他不健康的东西; ③是否在电脑上下载或在公司的内部网络内传递和工作没有关系的文字和内容; ④电脑上是否贴有娱乐图片或其他的纸片; ⑤电脑的机箱上是否放有工具、文件等物品			
4. 文件柜、办公家具	①文件柜有无统一的标识,是否清楚; ②清除无用的破损文件柜; ③清除不适用的影响办公室美观和公司形象的文件和办公家具			
5. 文件	①不用和作废文件有无及时清除并另外放置; ②清除掉每天过期的报表和各种作废的单据			
6. 墙面	①墙面是否干净; ②墙面是否有过期或不必要的宣传和文件悬挂			

◇ 表 5-9　5S 整理中的审核清单样本表

单位名称：＿＿＿＿＿＿＿＿＿＿＿＿＿＿＿＿＿＿＿＿＿＿

工作场所：＿＿＿＿＿＿＿＿＿＿＿＿＿＿＿＿＿＿＿＿＿＿

日期：＿＿＿＿＿＿＿　时间：＿＿＿＿＿＿＿　审核员姓名/签署：＿＿＿＿＿＿＿

审核项目	审核内容	妥善	须改善	须实时改善	不适用	跟进工作
1. 工作场所	①是否定出每日工作上所需的物料数量？	☐	☐	☐	☐	
	②工场、通道及出入口地方有否避免充斥着不需使用的物料和制成品？	☐	☐	☐	☐	
	③是否有指定的收集地方放置损坏品及低使用率的东西？	☐	☐	☐	☐	
2. 机械设备	①是否将故障和损坏的机械设备清楚地分辨出来？	☐	☐	☐	☐	
	②是否有指定的收集地方放置不能用的机械设备以方便丢弃？	☐	☐	☐	☐	
	③工场是否避免充斥着不需使用的机械设备？	☐	☐	☐	☐	
3. 电力装置及设备	①电掣房是否避免存放杂物及遗留无用物料？	☐	☐	☐	☐	
	②是否将故障和损坏的电气设备、插头及电线清楚地分辨出来？	☐	☐	☐	☐	
	③是否有指定的收集地方放置不能用的电器设备、插头及电线以方便丢弃？	☐	☐	☐	☐	
4. 手工具	①是否定出每日工作上所需的手工具数量？	☐	☐	☐	☐	
	②是否将损坏的手工具分辨出来安排修理？	☐	☐	☐	☐	
	③是否有指定的收集地方放置损坏及低使用率的手工具？	☐	☐	☐	☐	
5. 化学品	①是否将工作间化学品的存放量尽量减少只供当日使用？	☐	☐	☐	☐	
	②是否采取适当措施处理标签损坏或破损的容器？	☐	☐	☐	☐	
	③超过法定容量或并不需要即时使用的危险品是否储存于合格的危险仓内？	☐	☐	☐	☐	
6. 高空工作	①是否将损坏的棚架或梯具清楚地分辨出来已安排维修或弃置？	☐	☐	☐	☐	
	②工作台是否避免充斥着不使用的工具或物料？	☐	☐	☐	☐	
	③是否把碎铁杂物及夹杂易燃液体的废布分别放在指定的收集地方，以方便丢弃？	☐	☐	☐	☐	
7. 吊重装置	①工场、通道及出入口地方是否避免充斥着不需使用的吊索、链索及勾环？	☐	☐	☐	☐	
	②是否将故障或损坏的吊重装置及吊具清楚地分辨出来？	☐	☐	☐	☐	
	③是否有指定收集地方放置损坏的吊重装置及吊具以便日后维修或丢弃？	☐	☐	☐	☐	

续表

审核项目	审核内容	妥善	须改善	须实时改善	不适用	跟进工作
8. 体力处理操作	①是否避免员工在地面湿滑、凹凸不平或有其他障碍物的工作地方搬运货物？	☐	☐	☐	☐	
	②是否将有尖锐或锋利边缘、过热、过冷或过于粗糙表面的货品分辨出来？	☐	☐	☐	☐	
	③搬运场地是否避免充斥着不需使用的杂物及遗留无用的物料？	☐	☐	☐	☐	
9. 个人防护设备及工作服	①工作间是否避免充斥着不需使用的个人防护设备及工作服？	☐	☐	☐	☐	
	②是否将损坏、变形或已过期的个人防护设备清楚地分辨出来？	☐	☐	☐	☐	
	③是否有指定的收集地方放置损坏及低使用率的个人防护设备？	☐	☐	☐	☐	

二、整顿的具体推进落地与要点

1. 整顿实施的 6 项落地内容

整顿的主要对象是"场所"，而工作场所最大的时间浪费在选择和寻找中。消除选择和寻找带来的时间浪费必须做到以下几点。

（1）落地内容 1：分析整顿前的现状

人们取放物品时为什么时常会花很多的时间，或者说人们取放物品时间为什么会那么长，追根究底有几个原因：

① 不知道物品存放在哪里。

② 不知道要取的物品叫什么。

③ 存放地点太远。

④ 存放的地点太分散，物品太多，难以找到。

⑤ 不知道是否已用完，或者别人正在使用，他找不着。

把这些原因归纳起来进行分析后所得到的结论就是对于现状没有分析。在日常工作中必须对必需物品的名称、物品的分类、物品的放置等情况进行规范化的调查分析，找出问题所在，对症下药。在进行分析的时候，从物品的名称、物品的分类，还有物品的放置这几个方面进行规范化。

（2）落地内容 2：对现场必需物品进行分类

整顿时要根据物品各自的特征进行分类，把具有相同特征或具有相似性质的物品划分为同一个类别，并制订标准与规范，确定物品的名称并做好物品名称的标示。

（3）落地内容3：根据整理重点决定物品放置场所

推行整顿的过程中应对物品放置的场所进行事前确定。整顿初期将整理所腾出的棚架、橱柜、场所等空间进行重新规划使用，将常用的东西放在身边最近的地方，不常用的东西可另换位置存放。对于场所的区分，可使用不同颜色的油漆和胶带加以明确，如白色的代表半成品，绿色代表合格品，红色代表不合格品。

在明确场所时应注意以下事项：

① 经整理所留下需要的东西，物品要定位存放。

② 依使用频率，来决定放置场所和位置。

③ 用标志漆颜色（建议黄色）划分通道与作业区域。

④ 不许堵塞通道。

⑤ 限定高度堆高。

⑥ 不合格品隔离工作现场。

⑦ 不明物撤离工作现场。

⑧ 看板要置于醒目的地方，且不妨碍现场的视线。

⑨ 危险物、有机物、溶剂应放在特定的地方。

⑩ 无法避免将物品放于定置区域时，可悬挂暂放牌，注明理由、时间。

（4）落地内容4：决定必需物品的放置方法

明确物品的放置方法，也是整顿工作中的重要内容，这种方法必须符合容易拿取的原则。物品的放置一般放在架子上、箱子里、塑胶篮里、袋子里及进行悬挂放置等。决定放置方法时要考虑物品的用途、功能、形态、大小、重量、使用频率等因素，尤其要注意取用和放置的方便。在明确方法时要注意以下问题。

① 置放的方法有框架、箱柜、塑料篮、袋子等方式。

② 在放置时，尽可能安排物品的先进先出。

③ 尽量利用框架，向立体发展，提高收容率。

④ 同类物品集中放置。

⑤ 框架、箱柜内部要明显易见。

⑥ 必要时设定标识注明物品"管理者"及"每日点检表"。

⑦ 清扫器具以悬挂方式放置。

（5）落地内容5：决定必需物品的定位放置

按照确定的储存场所和存放方法，将物品放在该放的地方，不要造成物品的放位不当或东零西落。物品的定位十分重要，做好定置工作的主要项目：

① 工作场所的定置要求。

② 生产现场各工序、工位、机台的定置要求。

③ 工具箱的定置要求。

④ 仓库的定置要求等。

同时注意要对现场的各定置要求进行检查，看是否都有明确的规定并且按规定进一步具体地实施对物品的放置。

（6）落地内容 6：工作区域的画线标识

① 画线标识。企业的现场管理其实和交通管理的理念一致，在公路上设置不同的线，不仅为了美观，更主要是为了安全、高速，使现代化城市交通保持顺畅、有序，减少交通事故发生。企业管理也是一样，现场画线也不是单纯为了现场美观，更重要的是为了营造一个井然有序、安全高效的工作环境。

企业管理的最高境界就是清楚、简单、明了，5S 在推行的时候要求对现场的区域和区位进行画线，也是为了使管理简单化，让任何人都清楚物品的摆放位置，这样才能进一步做到"三定"。

② 画线方法。画线的基本方法如下。

a. 首先使用胶带对各区域进行定位。用胶带的目的是便于对区域规划随时进行修改、完善。

b. 区域运行一定阶段，如胶带粘贴 3 个月之后就可把胶带撕掉并清洗干净，用油漆进行固定，最好用公路画线的油漆，以加强油漆的附着力，不易脱落。特别的地方如危险区域、有安全隐患的区域应该用铁栅栏进行区隔并刷上红黄相间的警戒色，以示警示，如图 5-2 所示。

2. 整顿的推行要点与注意事项

（1）整顿的推行要点

整顿的目的是针对作业效率、品质、安全等来思考物品归位方法，确定物品定位的应有状态。整顿的推动要点如下。

① 彻底进行整理：

· 彻底地进行整理，只留下必需物品。

· 在工作岗位只能摆放最低限度的必需物品。

· 正确地判断出是个人所需还是小组共需品。

② 确定放置场所：

· 放在岗位上的哪一个位置比较方便？进行布局研讨。

· 制作一个模型（1/50），便于布局规划。

· 将经常使用的物品放在工作地点的最近处。

· 特殊物品、危险品必须设置专门场所并由专人来进行保管。

图 5-2　工作区域画线图例

- 物品放置要 100％定位。

③ 规定摆放方法：

- 产品按功能或按种类来区分放置。

- 摆放方法各种各样，例如架式、箱内、工具柜、悬吊式，各个岗位提出最适合各自工作需要的想法。

- 尽量立体放置，充分利用空间。

- 便于拿取和先进先出。

- 平行、直角、在规定区域放置。

- 堆放高度应有限制，一般不超过 1.2 米。

- 容易损坏的物品要分隔或加防护垫来保管，防止碰撞。

- 做好防潮、防尘、防锈的三防措施。

④ 进行标识：

- 采用不同色的油漆、胶带。

- 用地板砖或栅栏来划分区域。

- 通道最窄的宽度、人行道、人走的地方要 1 米以上，单向车道的宽度为最大的车宽再加上 1.8 米，双向车道的宽度为最大车宽乘以 2 再加上 1 米，这些都是通过 5S 整顿的数据规范，一目了然。

• 区分的各种标识，有绿、黄、白，还有红线。绿色的叫通行道，或者它是摆放良品和固定永久性设置标志。

（2）整顿推进的注意事项

① 持之以恒地坚持。刚开始整顿时，大家都能按规定摆放好每一件物品，但是过了一段时间，又慢慢地乱了起来，回到原来的状态。5S 活动必须持之以恒地坚持，杜绝"走过场"现象。

② 注意标识的统一。标识是整顿的最终动作，其标志是物品的身份证。相关类别的标识，在企业内要尽可能地做到统一规格大小，统一加工制作。

③ 摆放位置相对固定。物品摆放要严格按照设定的层、区、架要求规范摆设，不能经常更换场所，摆放的位置要相对不变。

（3）整顿检查表

表 5-10～表 5-13 是一些企业整顿过程中检查的项目及重点。

◈ 表 5-10　生产现场 5S 查核表（诊断表）

项次	查检项目	得分	查检状况
1	设备、机器、仪器	0	破损不堪，不能使用，杂乱放置
		1	不能使用的集中在一起
		2	能使用但脏乱
		3	能使用，有保养，但不整齐
		4	摆放整齐、干净、最佳状态
2	工具	0	不能用的工具杂放
		1	勉强可用的工具多
		2	均为可用的工具
		3	工具有保养，有定位位置
		4	工具采用目视管理
3	零件	0	不良品与良品杂放在一起
		1	不良品虽没及时处理，但有区分及标识
		2	只有良品，但保管方法不好
		3	保管有定位标识
		4	保管有定位，有图示，任何人均很清楚
4	图纸、作业标示书	0	过期与使用中的杂在一起
		1	不是最新的，但随意摆放
		2	是最新的，但随意摆放
		3	有卷宗夹保管，但无次序
		4	有目录，有次序，且整齐，任何人很快能使用

项次	查检项目	得分	查检状况
5	文件档案	0	凌乱放置,没法找
		1	虽显凌乱,但可以找得着
		2	共同文件被定位,集中保管
		3	以事务机器处理而容易检索
		4	明确定位,使用目视管理,任何人能随时使用
小计			

◇ 表 5-11　办公室的整顿检查表

检查对象	检查项目	检查/区域	责任者	得分
1. 办公桌、椅、文件柜	①办公台的摆放是否整齐有序; ②办公桌面是否干净整洁; ③办公桌台面摆放的办公用品和文件是否整齐有序; ④办公椅是否摆放整齐; ⑤办公椅在人员离开时是否统一摆放整齐有序; ⑥抽屉内的办公文具和资料是否摆放得整整齐齐; ⑦抽屉内是否有和工作不相干的物品或储存有食物; ⑧文件柜内是否有放置和文件不相干的其他物品; ⑨文件柜有无统一放置并易于拿取文件			
2. 电脑、打印机	①电脑的主机和显示器是否统一摆放在办公桌或放置在某个位置; ②电脑和显示器的连接的电缆线是否有序地摆放和整齐地捆扎			
3. 文件	①文件有无分类整理; ②文件有无分类摆放; ③文件夹外面的标签有无统一制作且采用相同的字体; ④文件是否放置在文件夹内和统一的文件柜内; ⑤文件夹和文件柜有无标示清楚并整齐地摆放; ⑥文件的使用和传递有无统一的格式; ⑦文件的发放是否统一用电脑打印的字体			
4. 地面	①有无油漆的破损、脱落; ②对于放置有无界定区域			

◇ 表 5-12　整顿的审核清单

项目	审核内容	妥善	须改善	即时改善	不适用	跟进工作
1. 工作场所	①是否把通道画线以区分通道及工作区的范围?	☐	☐	☐	☐	
	②货品是否整齐叠起及远离通道和出口?	☐	☐	☐	☐	
	③是否避免把材料或工具靠放在墙边或柱旁?	☐	☐	☐	☐	

续表

项目	审核内容	妥善	须改善	即时改善	不适用	跟进工作
2. 机械设备	①是否在信道画线以区分通道及机械设备摆放的位置？	☐	☐	☐	☐	
	②机械设备是否整齐排列及避免阻塞通道和出口？	☐	☐	☐	☐	
	③是否采用识别系统标示机械设备的名称及编号？	☐	☐	☐	☐	
3. 电力装置及设备	①电掣板的所有导电体是否清楚地标明？	☐	☐	☐	☐	
	②是否采取措施避免将电线横置于通道上？	☐	☐	☐	☐	
	③是否采用识别系统标示电力设备的编号及摆放位置？	☐	☐	☐	☐	
4. 手工具	①手工具是否有贴上名称或编号？	☐	☐	☐	☐	
	②手工具是否有秩序地摆放在工具架或工具箱内以方便取用？	☐	☐	☐	☐	
	③工作台上的工具是否有秩序地摆放？	☐	☐	☐	☐	
5. 化学品	①在订购任何化学品时，是否将化学品的名称、危险分类及其他有关资料作出登记以便员工翻查？	☐	☐	☐	☐	
	②不同危害分类的化学品是否有明确的标签及颜色区分以便分开存放？	☐	☐	☐	☐	
	③容器内储存的化学品是否清楚标明其输入口、出口和连接的位置？	☐	☐	☐	☐	
6. 高空工作	①工作台上需用的物料是否平均分布于棚架上及没有负荷过重？	☐	☐	☐	☐	
	②需要的物料或工具是否避免放置在坑槽或地洞的边缘，以免坠下危害周围工作的人？	☐	☐	☐	☐	
	③梯具是否妥善贮存，避免接近化学品或被阳光直接照射而减少梯身受损？	☐	☐	☐	☐	
7. 吊重装置	①是否采用识别系统标示吊重装置，包括电绞辘和吊索的编号及摆放位置？	☐	☐	☐	☐	
	②吊重装置和吊具是否有秩序地摆放在仓库的储存架上以方便取用？	☐	☐	☐	☐	
	③使用后的吊具包括吊索、链索及勾环是否立即放回仓库以便妥为保存？	☐	☐	☐	☐	
8. 体力处理操作	①是否将负荷物的资料，例如对象的重量和对象较重一边的位置清楚地标明出来，以方便搬运？	☐	☐	☐	☐	
	②整理货架时，是否将较重或常处理的货品放置在较易拿取的位置，例如接近手肘的位置？	☐	☐	☐	☐	
	③搬运时，是否采取措施确保货品整齐叠起及避免堆叠过高，以免阻碍视线增加碰撞及绊倒的危险？	☐	☐	☐	☐	

续表

项目	审核内容	妥善	须改善	即时改善	不适用	跟进工作
9. 个人防护设备及工作服	①在订购任何个人防护设备时,是否将该设备的类别、标准及其他有关数据作出登记以便员工翻查?	☐	☐	☐	☐	
	②个人防护设备和工作服是否有秩序地摆放在储存架上以方便取用?	☐	☐	☐	☐	
	③是否采用识别系统标示个人防护设备和工作服的摆放位置?	☐	☐	☐	☐	

三、清扫的具体推进落地与要点

1. 清扫实施的 7 项落地内容

现场 5S 管理的清扫不是指突击性的大扫除、大会战,而是制度化、经常化,每个人从身边做起,然后拓展到现场的每个角落。清扫的实施步骤如下。

(1)落地内容 1:清扫的准备工作

准备工作就是对员工做好清扫的安全教育,对可能发生的事故,包括触电、刮伤、捅伤,油漆的腐蚀,尘埃附落的扎伤、灼伤等不安全因素,进行警示。很多人往往会觉得,清扫是一件很简单的事情,其实清扫的准备工作首先要实施安全教育,这非常重要。对那些不安全的因素要警示。

对于设备的耐用教育,比如用什么方法可以减少人为的劣化,从而避免过早地因老化而出现故障,如何减少损失、提高效率,等等。通过学习设备的基本构造来了解机器设备及其工作原理,绘制设备简图,对出现尘垢、漏油、漏气、振动、异因等状况的原因要进行解析,使员工对设备要有一定的了解。

指导并组织学习相关的指导书,明确清扫工具,清扫的位置,提出加油润滑,螺丝钉卸装的方法及具体的顺序、步骤等基本要求。如图 5-3 所示,瓦斯泵在运行时存在转动部位,为确保人员在设备清扫中人身安全,在执行设备清扫前,必须对劳保用品进行检查,作业前穿好工作服,并将袖口扣好,防止设备清扫期间被卷入转动部位,造成安全事故。

(2)落地内容 2:从工作岗位扫除一切垃圾灰尘

作业人员要自己动手清扫而非用清洁工来代替,清除常年堆积的灰尘污垢,不留死角,将地板、墙壁、天花板,甚至灯罩的里边打扫得干干净净。在工作岗位内设置一个区域,在这个区域内,所有看得到的或看不到的物品与机器设备,都要进行清扫，扫除一切垃圾和灰尘。如图 5-4 所示。

对照标准，整理服装　　　　　　　　　　瓦斯泵转动部位

图 5-3　某煤矿供电人员清扫前准备

(a)毛刷对电机散热槽内灰尘进行清理　　　　(b)专用毛掸对电机表面灰尘清理

(c)湿抹布对泵体表面灰尘进行清理　　　　(d)干抹布对传感器上灰尘进行清理

图 5-4　某煤矿瓦斯泵站日常清扫项目

（3）落地内容 3：清扫、检查机器设备

设备应是一尘不染，干干净净，每天都要保持设备原来的状态。设备本身及其辅助设备也要清扫，比方说分析仪或气管、水槽容易发生跑气、冒烟、滴油滴水等问题，这些部位要重点检查和确认。油管、气管、空气压缩机等不易发现、看不到的内部结构也要处处留心。

① 设备清扫的注意事项。在进行设备清扫时注意以下内容：

- 不仅设备本身，其附属、辅助设备也要清扫。
- 容易发生跑、冒、滴、漏部位要重点检查确认。
- 油管、气管、空气压缩机等看不到的内部结构要特别留心。
- 检查注油口周围有无污垢和锈迹。
- 表面操作部分有无磨损、污垢和异物。
- 操作部分、旋转部分和螺丝连接部分有无松动和磨损。

② 设备的点检。某种意义上说，清扫就是点检。通过清扫把污秽、灰尘尤其是原材料加工时剩余的那些东西清除掉。这样磨耗、瑕疵、漏油、松动、裂纹、变形等问题就会彻底地暴露出来，也就可以采取相应的弥补措施，使设备处于完好整洁的状态。同时，还应把设备的清扫检查与保养润滑结合起来。

第一，对操作者的教育。为了使操作者能胜任对设备的点检工作，对操作者应进行一定的专业技术知识和设备原理、构造、技能的培训和教育。这项工作可由技术人员负责，并且要尽量采取轻松活跃的方式进行。

第二，点检项目的确定。点检项目应注意根据技术能力、维修设备、维修工具等实际情况确定，并且要与专业技术人员进行的点检加以区别。在操作者的能力范围内，要做到点检项目尽可能完善，保障设备日常运行安全可靠。

在确定点检项目的同时，要相应地制订每项点检项目的点检方法、判定基准和点检周期，以便点检工作能顺利实施。点检方法是指完成一个点检项目的手段，如目视、电流表测量、温度计测量等。点检基准是指一个点检项目测量值的允许范围，它是判定一个点检项目是否符合要求的依据，如电机的运行电力范围、液压油油压范围等。判定基准不是很清楚时，可以咨询设备制造商或根据技术人员（专家）的经验值进行，以后逐渐提高管理精度。点检周期是指一个点检项目两次点检作业之间的时间间隔。

第三，日常点检的内容。一是对开关和电器操作系统进行点检。显示设备运行状态的各类仪表以及控制设备运行状态的开关是确保设备能否正常运行的关键，日常点检时在这方面多加注意。如对各类仪表进行点检时，应注意液压是否清晰、表针是否归零、指示灯是否正常工作等。对开关按钮进行点检时，应检查转换开关、行程开关、限位开关等有无灰尘、接触不良、老化损坏等现象。对机械传动部分进行点检时，要注意是否有异常的声音和发热，是否有漏油、异味以及螺丝松动偏移、床身振动等现象。

二是对润滑、油压系统进行点检。对润滑系统，按照供油门、油箱、输油管、注油点的顺序检查：检查供油门是否有灰尘和污垢及破损现象、油量显示和水平线是否正常；检查油箱里面和底部是否有污垢或有异物、油箱是否有裂缝现象；检查油管是否有破损或堵塞现象；检查注油点是否有灰尘和污垢、注油器是否有脏污等。对油压系统，按照供油口、压力油箱、泵、控制阀、油压缸的顺序检查：检查供油口是否有破损和污垢现象、油量显示和水平线是否正常；检查油箱中的油是否洁净，油箱是否有缝隙、是否有渗漏现象；检查油泵声音是否正常、是否有异常发热现象；检查控制阀是否有漏油现象；检查油压缸是否有漏油现象等。

三是对电气控制系统和空气压缩系统进行点检。对电气控制系统，按照控制台、限位开关、配电线、驱动系统的顺序检查。具体检查控制台是否有污垢，显示灯、显示屏是否脏污；限位开关是否接触良好；配电线是否有破损短路现象；驱动马达及其控制器、传感器是否正常运行等。对空气压缩系统，按照空气三点装置、控制阀、气缸、排气装置的顺序检查：检查空气过滤器中是否有垃圾和污垢、注油器内是否洁净；检查控制阀是否漏气、放松螺母是否有松动现象；检查气缸是否有破损或有空气泄漏的现象；检查排气装置是否有堵塞、消音装置有无异常。

（4）落地内容4：对发现的问题及时整修

对清扫中发现的问题，要及时进行整修。如地板凹凸不平，搬运车辆走在上面会摇晃甚至碰撞，导致问题发生，这样的地板就要及时进行整修。对于松动的螺栓要马上紧固，补上丢失的螺丝螺帽等配件，对于那些需要防锈保护、润滑的部位要按照规定及时地加油或保养。

更换老化的或可能破损的水、气、油等各种管道。只有通过清扫，才能随时发现工作场所的机器设备或一些不容易看到的地方需要维修或保养，及时添置必要的安全防护装置。比方说，防电的鞋、绝缘手套等，要及时更换绝缘层；已经老化或被老鼠咬坏的导线，要及时更换。

（5）落地内容5：查明污垢的发生源

污垢的发生源，主要是由"跑、滴、冒、漏"等原因造成的。

① 跑：可能仪表变动得特别快。

② 滴：可能是油管或水管出现滴油或滴水。

③ 冒：冒气、冒油、冒烟。

④ 漏：漏油、漏水。

即使每天进行清扫，这些油脂灰尘或碎屑还是四处遍布，要彻底地解决这个问题就必须查明污垢的发生源。要从根本上去解决问题，如为什么会经常地滴油、漏气、冒烟，就必须通过每天的清扫，查明冒烟、滴油、漏气、漏水的问题所在。随时查明这些污垢的发生源，从源头去解决问题。要制订污垢发生源的明细清单，按照计划逐步地去改善，将污垢从根本上消灭。

【案例 5-3】 某化工集团煤矿综采队井下清扫

1. 问题

① 减速器、机头架、挡煤板等设备外表面生锈。

② 后溜机头小油箱、液压紧链器外表面污染与锈蚀。

③ 后溜启停装置外表面污染。

2. 清扫措施

① 使用小铲、钢丝球、砂纸进行设备外表面除锈。减速器、机头架、挡煤板外表面污垢、锈迹采用"三步走"方法除淤、除锈，简单总结为"刮、刷、磨"三步。

第一步："刮"。即使用小铲将设备外表面淤泥刮一遍。

第二步："刷"。使用钢丝球或钢丝刷将设备外表面污垢刷掉。

第三步："磨"。使用砂纸对紧贴设备的锈迹进行打磨，使其露出设备底色。

② 采用小铲、钢刷、棉纱等清污、除锈。针对后溜司机岗位范围内的设备老化、外表面原漆已掉光，岗位工使用各类清扫工具对外表面淤煤、污垢及锈迹进行清理；小油箱加注油脂口使用棉纱抹干净，保证杂物不会进入小油箱内部。

③ 使用各类清扫工具清扫后溜启停装置外表面浮尘。鉴于后溜司机岗位范围煤尘大、现场条件恶劣，要求每班岗位工使用毛刷、棉纱将后溜启停装置至少清扫一遍。后溜启停装置下方的溜槽隔板上放置简易清扫工具，岗位工可以随用随取（如图 5-5 所示）。

(a) 使用砂纸打磨设备外表面

(b) 液压紧链器清扫后

(c) 后溜机头减速器

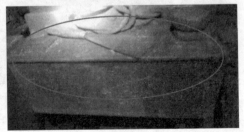
(d) 各类清扫工具助力

图 5-5　使用各类清扫工具清扫

（6）落地内容6：标识区域或界限

标识区域或界限，或者叫责任制，有些企业也叫安全责任区。对于清扫应进行区域划分，实行区域责任制，责任到人，不可存在无人理的死角。如果一个工厂有很多无人理的死角，就难免出现问题。

以平面图的形式，把职场的清扫范围划分到各部门划分至个人。公共区域可利用轮值和门前承包的方式进行，门前承包的区域将列入总结评比条件，人越少，责任区越大，得分自然越高。所以不必相互退让，而且要力争多承担。清扫工作必须做到责任到人，但也需要做到互相帮助。

（7）落地内容7：制订相关的清扫标准

清扫标准包括：明确清扫对象、方法、重点、周期、使用的工具、担当者等各种项目。这个场所是谁清扫、保管、多久清扫一次，会议室、电视机、计算机、机器设备等也都要明确保管人是谁，或者清扫人是谁，如表5-13和表5-14所示。

通过清扫可以发现，一个企业在推动5S时通常要经过以下几个步骤。

① 进行整理，整理就是把要的与不要的物品都区分开。

② 进行整顿，要的东西摆在什么位置，随时可以拿到。

③ 清扫，责任到人，领导要以身作则，每一个人都有责任区域，如果整理很彻底，整顿使职工作业更方便，这个企业肯定会提高效率。

◎ 表5-13　公共区域的清扫基准和查核表

日期	会议桌	地板	窗户	门柜	灯罩	椅子	奖杯奖牌	画框	黑板	笔	电话	烟缸	纸杯	窗帘	垃圾桶	查核表

注：1."○"表示良好，"×"表示不良；2. 发现不良现象，责任人应尽快改进

◎ 表5-14　办公区域每日清扫单（规定例行清扫的内容，具体责任人）

5S	责任人	值日检查内容
电脑区		机器是否干净、无灰尘
检查区		作业台、作业场所是否整齐
计测区		计测器摆放是否整齐，柜面保持干净
休息区		地面无杂物，休息凳是否整齐
不良区		地面无杂物，除不良区无其他零件和杂物
零件规格书		柜内零件是否摆放整齐、标识明确
文件柜及其他		文件柜内是否干净，物品摆放整齐

注：1. 此表的5S是由担当者每天实施；2. 下班前15分钟开始；3. 其他包括清洁器具、放置柜、门窗玻璃

2. 清扫推行的要点与注意事项

（1）清扫推行的要领 1：明确清扫目的

清扫是工作过程中重要的一部分，员工只有明白什么是清扫，清扫的目的和注意事项都有哪些，员工才愿意去做，员工才会自觉地、主动地去完成清扫工作；另外要对员工进行各种宣传和教育，安全教育、设备保养教育、设备的结构教育、技能提升教育等。

（2）清扫推行的要领 2：界定清扫责任

界定清扫责任就是要分清谁来负责清扫、何时清扫、清扫哪里、怎么清扫、用什么工具来清扫、要清扫到什么样的程度，等等。清扫的对象是指要确定清扫的范围，清扫的场所，清扫的责任人、小组等，清扫的时间为从某一天的某一时间到另外一时间等，清扫的工具，清扫到什么样的程度，制订每台设备和车间的标准，按照什么样的方法清扫等。

（3）清扫推行的要领 3：全员参与

全员参与的概念至关重要，它是为了明确各自的责任，必须实行岗位责任制和值班的制度，这是非常有效的方法，进行区域划分、实行区域责任制利用工厂平面图明确标记各责任区及负责人，同时把各责任区应细化成各自的定置图、责任到人，不可存在没有人负责的死角，建立清扫的机制和制订清扫的制度，制订清扫的标准，确保干净整洁。

（4）清扫推行的要领 4：定期进行

① 资料文件的清扫。文件档案的清扫范围为过时的表单、报告书、检验书、没有用的文件、名片、修正完毕的原稿、回答了结的文件等过时、没有用的物品，首先是定期整理个人和公共的档案文件，保留经常使用和绝对必要的资料，保留机密文件和单位标准书档案文件，保留必须移交的资料；建立文件的清扫标准，机密文件的销毁必须进行管制。

② 设备的清扫。对设备进行清洁保养：设备一旦被污染了就容易出现故障并缩短使用寿命，这是设备运行不灵和发生事故的原因，为了防止这类事件的发生，必须清除污染的源头。污染源大致同设备和日常工作有关，要定期进行设备、工具及使用方法等方面的检查，要经常细心地进行清洁保养，要经常对设备、机械、装置内部进行清洁，不要有死角。要确认每台设备的构造和性能，明确其检查的方法，用棉纱和碎布等擦拭设备，检查容易脏的地方，清除注油口仪表表面操作部分的灰尘和污垢，对设备的保养还要注意对周围环境的检查。需要注意以下五点：

- 是否所有的设备都放置在合适的位置。
- 设备的各个部分是否有充足的照明。
- 必要的工具、模具的放置场所是否明确。
- 注意同周围设备的间隔是否有充足的空间。
- 注意通道间的间断对阻止危险是否有益。

设备的定期保养要不定期地检查，具体要注意以下四个方面：

- 检查注油口周围有无污垢和锈迹。
- 表面操作部分有无磨损、灰尘、污垢和异物。
- 操作部分、旋转部分和螺丝连接部分有无松动和破损。
- 运转部分有无过高发热的现象。

设备在运行时会产生少量的料头和碎屑，检修时灰尘和各种油污也会给现场带来一些麻烦，如果采取预防措施就可大大地减少今后清洁的时间。

（5）清扫推行的要领5：追踪污染源

一提起清扫常常想到的是除去表面污垢，其实最有效的清扫方法是清除污染源，清扫一般是用手来进行，而污染源要用手摸、眼看、耳听、鼻闻等方法，有时必须要动脑筋，想办法才能找到。只有调动了人体五官的各项功能才能找到污染源。

工厂污染源产生的原因大致有以下几个方面。

① 管理意识低落：没有将污染源当作重要的问题来考虑。

② 放任自流：不管污染发生源产生在何处，任其呈现不正常的状况。

③ 维持困难：由于清扫难度大，干脆放任不管。

④ 技术不足：技术的解决方法不足或完全没有加以防范。

通过工作来寻找和清除造成各种现象的源头在哪里，即：污染的源头在哪里；清扫困难的源头在哪里；故障的源头在哪里；浪费的源头在哪里；危险的源头在哪里；缺陷的源头在哪里。要是没有找到源头，再怎么清扫都会有问题，特别要追查到污染源并予以杜绝，污垢是一切异常和不良的根源，如配电柜内污垢是短路、断路的主要原因；设备上残留的切削料会影响精度；对污染的形态和对象予以明确化，调查发生部位、发生量、影响的程度，研究采取对策，如果能够使污染问题消除使之不要发生自然最好，即使无法杜绝也要把发生量减少到最低，或减小影响的范围。

（6）清扫推行的要领6：预防与保护

设备必须由操作员工清扫，只有自己才能够做好，清扫有两个作用：一个是保护，防锈、抹油、涂漆、修理；另一个是预防，保养制度、扫怪、扫黑、扫漏、扫异。清扫对设备起保护和预防两个作用，通过清扫做检查、做点检去发现一些问题。

四、清洁的具体推进落地与要点

1. 清洁实施的 9 项落地内容

（1）落地内容 1：对推进的组织进行培训或教育

不要认为这是一个很简单的工作而忽略对员工的培训或教育，往往就是因为很简单，很多人就会满不在乎，感觉不用这么兴师动众。这样一来，最终会因为不同人的不同理解而得到不同的结果，造成无法贯彻实施，又收不到预期的效果，5S 从此夭折的后果。人的思想是复杂而多变的，必须统一思想，才能一起朝着共同目标去奋斗，所以必须要把 5S 的基本思想向企业的全体员工，进行长期的、耐心的教育。

（2）落地内容 2：区分工作区的必需品和非必需品

经过了必要的培训或教育，就应该带领组员到现场，进行实际操作，将目前的所有物品整理一遍，区分工作区的必需品和非必需品，调查它们的使用周期，并认真记录。

（3）落地内容 3：向作业者进行确认、说明

作业者就是岗位的主人，现场的作业者就是指岗位上的主人，是这个机器的操作人，或者这个责任区的负责人。作业者可以做好该岗位的工作，也可能使该岗位的工作出现问题。因此，必须使岗位的作业者清楚他们的岗位需求，让他们知道，哪些是不完善或不适用的。所以在区分必需品和非必需品时，应该先向那个保管人或作业人进行询问，并确认清楚，说明一些相关的事情。这样，在进行清洁时，就能得到更高的效率。

（4）落地内容 4：撤走各个岗位的非必需品

只要是用不着的，或要很长时间才能用一次的，都称之为非必需品，非必需品没有必要留在现场，必须全部撤走。绝不能以明天的心态来对待。在日本企业里，所谓即时处理，就是发现问题，即时解决。

（5）落地内容 5：整顿，规定必需品的摆放场所

整顿的目的就是把东西特别是必需品，摆在应该放的地方。撤走了非必需品并不就是万事大吉了。现场的必需品应该怎样来摆放，是否妨碍了交通、妨碍操作者的操作、拿取是否方便，都是必须解决的问题。必须根据实际条件、作业者的作业习惯以及作业的规定来摆放必需品的位置。

（6）落地内容 6：规定摆放的方法

必须明确规定物品的摆放方法，如摆放的高度、数量、宽度等，并将这些规

定最终形成文件，便于日后的改进，更好地推进和总结。

（7）落地内容 7：进行标识

所有的工作都做了，下一步就要做一些标识，标识规定的位置、高度、宽度、数量，以方便员工识别、减少员工的记忆劳动为准。标识好了，就能使员工一目了然。这样，也大大减少了因为选择错误而造成的成本损失。

（8）落地内容 8：将放置和识别的方法对作业者进行说明

人是需要交流的，有了交流才能有进步。将规定下来的放置方法和识别方法交给作业者，将工作从推进人员的手中移交给作业者日常维护。将规定下来的放置和识别的方法告诉作业者、员工，在说明时必须注重原则性的问题。有些作业者开始可能有些不太适应或认为不对时，要做好工作，凡是有必要的就要坚决执行规定。在实施中可以提出改进意见，但不得擅自取消。

（9）落地内容 9：清扫，画出曲线，明确责任区或责任人

清扫并在地板上画出曲线，明确责任区或责任人。

2. 清洁推行的要点与注意事项

（1）落实前 3S 的工作

1）制订清洁手册

整理、整顿、清扫的最终结果是形成"清洁"的作业环境，要做到这一点，动员全体员工参加整理、整顿、清扫是非常重要的，所有的人都应该清楚要干什么。每一个人都要划分责任区，每一个人都要参加 5S 的维护，比如每天什么时候清扫、从哪儿清扫到哪儿，把大家认可的各项应做的工作和应保持的状态汇集成手册，形成专门手册，从而达到确认的目的。

清洁手册要明确以下内容：

- 工作现场地板的清洁程序、方法和清洁状态。
- 确定区域和界限，规定完成后的状态。
- 设备的清扫、检查的进程和完成后的状态。
- 设备的动力部分、传动部分、润滑油、油压、气压等部位的清扫、检查进程及完成后状态。
- 公司清扫计划的责任者、规定清扫实施后及日常的检查方法。

2）定期检查

清洁是通过检查前 3S 实施的彻底程度来判断其水平和程度的，一般需要制订相应的检查表来进行具体检查。检查中遇到的问题，应拍下照片，记录清楚问题点，便于责任人进行整改。

① 检查有哪些不要的东西（整理）。

• 不要物品的检查点。在 3S 之后，应在身边检查是否有不要的东西并做好相关记录，记录可运用表格形式，如表 5-15 所示。

◈ 表 5-15　定期检查表

序号	检查点	检查		对策
		是	否	（完成日期）
1	放置场所有无不要的东西			
2	通道上是否放置不使用的东西			
3	有无不要的机械			
4	栏架上有无不要的东西			
5	机械周遭或下边有无不要的东西			
...				

• 编制废弃物品一览表并做相应处理，处理原则是：库存与设备是公司的资产，个人不能任意处分；编制废弃库存品、废弃设备一览表；一定要全数显示；与财务责任人协商后处理。

② 检查物品的放置方法（整顿）。明确物品放置方法的检查点，列表以便做好检查记录，如表 5-16 所示。

◈ 表 5-16　整顿检查表

序号	检查点	检查		对策
		是	否	（完成日期）
1	制品放置场所是否显得凌乱			
2	装配品放置场所是否做好三定(定位、定品、定量)			
3	零件、材料放置场所是否做好三定(定位、定品、定量)			
4	画线是否已完成 80％以上			
5	工具存放是否以开放式来处理			
6	工具是否显得凌乱			
7	模具放置场是否可以一目了然			
...				

③ 列出整顿鉴定表。编订整顿鉴定表，"否"的项目在 30 个以上时则再次进行整理。整理表的主要内容包括：部门（填入对象部门或工程名）、检查者（填入检查者的姓名）、分类（将整顿的对象作分类）、着眼点（整顿对象的整顿点）、检查（检查者进行现场巡视的同时做检查，"是"——做到，"否"——没做到，必须采取对策处理）、对策和改善的完成期限（针对检查中"否"的场所，想出对策或改善方案，将其填入改善栏内）。

④ 消除灰尘、垃圾的检查点（清扫）。

• 清扫的检查点。在窗框上用手指抹抹看，就大致可以知道工作场所的清扫程度，也可运用上一章中提到的白手套检查法，如表 5-17 所示。

◈ 表 5-17　清扫中的检查点表

序号	检查点	检查		对策
		是	否	（完成日期）
1	制品仓库里的物品或棚架上是否沾有灰尘			
2	零件材料或棚架上是否沾有灰尘			
3	机器上是否沾有油污或灰尘			
4	机器的周遭是否飞散着碎屑和油滴			
5	通道或地板是否清洁亮丽			
6	是否执行油漆作战			
7	工厂周遭是否有碎屑或铁片			
...				

• 填写清扫检查表。清扫检查表的用途是将库存、设备、空间等有关事项，在清扫时的检查要点加以整理的表格。其主要项目包括：部门（填入检查对象的部门或工程名）、检查者（填入执行检查者的姓名）、分类（清扫对象类别）、检查要点（与清扫有关的检查要点）、检查（检查者一边现场巡视一边进行检查，"是"代表做到，"否"代表没做到，必须采取对策处理）、对策和改善的完成期限（针对检查中"否"的场所，想出对策或改善方案，将其填入改善栏内）。

巡查评比。对自己负责的项目、区域所做出的清扫工作，不知上司对此有什么评价，周围的同事又是怎么看的，每个人都渴望得到公正的评价。因此，应定期进行巡查评比，公布结果，表彰先进，督促后进。巡查中遇到的不合格项目，拍下照片，并记录清楚，除了要让当事人明白之外，也要给其他同志做个提醒。

3）坚持实施 5 分钟 3S 活动

每天工作结束之后，花 5 分钟对自己的工作范围进行整理、整顿、清扫活动，不论是生产现场还是行政办公室都不能例外。

5 分钟 3S 活动必须做的项目包括：

① 整理工作台面，将材料、工具、文件等放回规定的位置。

② 整理次日要用的换洗品，如抹布、过滤网、搬运箱。

③ 理顺电话线，关闭电源、气源、水源。

④ 清理工作垃圾。

⑤ 对齐工作台、椅，并擦拭干净，人离开之前把椅子归位。

（2）制订目视管理、颜色管理的基准

清洁的状态，狭义上是指"清净整洁"，在广义上则是"美化正常"，也就是除了维持前3S的效果以外，更要透过各种目视化的措施，来进行点检工作，使"异常"现象能及时消除，让工作现场保持在正常的状态。

借整顿的"定位、画线、标识"，彻底塑造一个地、物明朗化的现场，达到目视管理的要求。如：一个被定为"台车"的地方，被放置"半成品"，即可显示"异常"，应加以处理。目视管理的方法如下。

1）管理标签

① 润滑油标签：是最具代表性的应用，可知道油种、色别、加油周期等。

② 计测、仪表标签：标识测定器、仪表的管理技术、精度、校正周期等。

③ 热反应标签：若设备的温度超过某既定温度，则标签的颜色起变化，可代替温度计，作温度管理之用。例如：马达或油压泵，由于异常发热，依事前标签颜色的变化而进行预防保养，可防止马达或油压泵烧毁。

④ 在管道上标识出里面流的是什么：由于在外面看不出里面是什么，也不知道液体流动方向，所以要在外面进行标识，以便于目视管理。

⑤ 进水和出水方向标识在管道上，且有常开标识牌。

2）管理界限的标识

① 仪表范围标识：以线或色别分出一般使用范围与危险范围，原物料、半成品、配件、备品等最低库存量，亦可作颜色提醒担当者，以便管理。

② 发音信号灯：当有异常时，信号灯亮起并发出声音警告。

③ 状态信号灯：当生产线正常运转时亮蓝色灯；当物料用完或轻微机器故障时亮黄灯；当有重大异常需停止时亮红灯。这样便于管理人员及时了解生产线状况。

④ 分类放置：分类放置，且标识清晰，一目了然，便于查找。任何人都能立即取出所需要的东西。

⑤ 形迹管理：工具悬挂，便于寻找、拿取及归位。

⑥ 对齐标记：将螺帽和螺丝锁紧后，在侧面画一条线，如果以后该线上下未对齐，则可发现螺丝已松，以防止设备故障、灾害。

⑦ 定点相片：标准难以用文字表述的，在同一地点、同一角度对着现场进行照相，以其作为限度样本和管理依据。

3）着色

着色可依重要性、危险性、紧急性程度，以各种颜色提醒有关人员，以便监视、追踪、留意，从而达到时效、安全的目的。

（3）制订稽核方法

稽核的作用是增强公司员工的工作意识，养成良好的工作习惯，提升公司形

象及员工归属感，减少浪费。使产品质量有保障，工作效率有提高。

稽查评分标准如下。

① 每个部门建立一份"清洁稽核考评标准表"，作为稽查的标准。

② 5S小组定期于每周稽查。组长负责组织稽查，并收集、汇总、公布各推行员的评分结果。

③ 得分为所参加稽查推行员总和的平均值。

（4）制订奖惩制度，加强执行

清洁奖惩的目的在于鼓励先进，鞭策后进，形成全面推行的良好气氛。奖惩的具体实施应以促进"5S"工作开展为中心，不以惩罚为目的。依5S竞赛办法，对在5S活动中表现优良和执行不力的部门及人员予以奖惩，奖惩只是一种形式，而团体的荣誉与不断的进步才是最重要的。

（5）持续坚持 5S 意识

企业一旦开始实施5S就绝对不能半途而废，否则就会很快地退回到原来的状态。很多企业在推行5S的过程中，刚开始时都很热，全体员工、领导都非常重视、集会、宣传、海报、办演讲比赛等都在具体化地实施5S。可是过了一段时间以后，很多企业又逐渐地退回到原来的状态。

推动5S并不是某个人的事，而是每一个人的事情，领导者必须以身作则，要持续不断，坚持不懈，必须树立这样一种观念：一就是一，二就是二，对长时间养成的坏习惯，必须长时间地、持之以恒地进行改正。

① 企业全体员工必须永远抱着要推进5S的心情。5S的信息、期刊、海报、徽章、标语、工具要能运用自如，经常维持新鲜的心情。

② 赋予对5S活动要不断超越的动机。公司的5S水平现在已达到什么程度；5S活动的最终目标何在；再提升多少水平，就能超过其他竞争厂家，即企业5S的水平要明确化。

（6）高层主管经常带头巡查，带头重视

要想始终保持整理、整顿、清扫的状态，很重要的一点就是要做到在手头空闲的时候能够随时认真地收拾打扫。而且，更重要的是，企业的领导层应该对5S活动坚持不懈地予以支持。全体员工时时刻刻都在关注着企业领导层的态度和行为。如果企业领导层对5S活动非常热心，员工即使有所抱怨，也会持续地对自己负责的区域进行维护，5S活动会慢慢地固化下来。同时，为了使全体员工清楚看到领导层对5S活动的执着程度，领导层应该亲自对现场进行巡查，对各个区域进行巡回点评。例如，表5-18是某企业的检查标准示例。

◈ 表 5-18　山西某煤矿综采队后溜司机岗位工"5S"检查标准

项目	检查项目	标准要求	周期	责任人	考核
标准	减速器、护轴叉、小油箱外表面卫生清洁、无污垢及锈迹	后溜机头电机、减速器小油箱外表无淤泥、无油渍；小油箱、减速器加注油脂口清洁卫生	每班检查、清扫一次	岗位工	±5/项
		后溜机头范围内设备各部位连接螺栓四周清洁，无明显锈迹，能松动与紧固	每天检修班检查、清理一次	岗位工	±10/项
		使用除锈工具清理出设备底色	每天检修班检查、清理一次	岗位工	±5/项
整顿	电缆管吊挂线	电缆管线横平竖直吊挂于挡煤板上，吊挂平直；跨越转载机的电缆管线统一高度；电缆管线与单体柱距离不小于100mm	每班检查一次	岗位工	±5/项
		进液、回液、喷雾管使用铁丝或钢丝绳每间隔800mm距离捆绑一次，横平竖直吊挂于转载机溜槽外侧；后溜机头电机至前溜机头之间电缆张紧度适中	每班检查一次	岗位工	±5/项
素养	岗位工通过6S发现设备问题	班中能积极发现问题并提出解决意见的；提出具体3S改进办法、改进清扫工具等情况的		岗位工	±10/项
	岗位工设备3S清扫到位	连续3天以上岗位3S清扫达标的	每三天汇总一次	岗位工	±10/项

五、素养实施的具体推进落地

（1）落地内容1：建立共同遵守的制度

规章制度是员工行为的准则，是让人们达成共识，形成企业文化的基础。制订相应的语言、电话、行为等员工守则，帮助员工达到素养的要求。

① 规章制度要合情。制度贵在精，不在多。对于每一家企业而言，都会有一大堆的规章制度，但是真正发挥作用的制度有多少不得而知，已经失效的制度有多少不得而知，不能很好执行的制度有多少也不得而知。特别是在一些工艺流程较为复杂的企业，如电力企业、航空企业等，流程的烦琐和制度的复杂程度很高，无效和无用的制度不在少数，但是公司每年的制度数量还在不断增加。

② 规章制度要合理。制度的合理性来自内外部两个方面。从外部来讲，一个制度的设计要考虑公司、社会、客户等多方面的利益诉求，要尽量做到平衡。从内部来讲，制度的设计要考虑到公司内部各个部门和层级之间的平衡，不能顾此失

彼，从而引发部门与部门之间的矛盾或者公司层级之间的隔阂。如在很多企业，一线技术人员和后勤支持人员之间的矛盾很深，特别在薪酬和职业发展通道方面，一线技术人员往往认为公司的制度不合理，他们的付出和得到的利益太少，而后勤支持人员却认为他们和一线技术人员之间在薪酬等方面的差距太大，很不公平。

③ 规章制度要合法。首先是要符合国家的法律法规，这是最基本的要求。特别是一些财务规定和人力资源方面的管理制度，不能单纯从公司利益出发，不考虑社会法律的要求和员工的利益，否则最终吃亏的还是公司自己。尤其是在目前的形势下，社会对企业的要求越来越高，因此公司的制度制订不仅要满足自身发展的要求，同时也要满足社会对企业的要求。其次是要符合公司的规章制度，就是公司章程。公司任何制度的制订都要以公司章程为要求，以公司股东利益为最高要求，而绝不能仅仅以部门甚至个人利益为出发点。最后是规章制度的制订要与公司其他的规章制度相融洽，不能出现制度之间的相互矛盾和对立，否则不利于执行。

特别需要注意的是，在制订各种制度的时候，一定要召开会议审议，使制度代表大多数人的意见，要让全员理解，而不是张贴在公告栏里了事。管理制度的定位不能仅仅源于管理者的主观期望，它必须得到管理制度约束的对象——广大员工的认同，与员工的利益和期望相适应，这是根源于管理制度的设计预期和执行成本必须紧紧依赖员工的认同这一理念。因此，只有消除了员工中存在的制订制度是对员工的"威胁"的情绪，才能最大限度地实现制度设计的目标。要达此目的主要从以下几个方面入手。

第一，管理制度体现倡导的工作标准和管理模式，不能造成人际关系紧张。组织中人际之间的相互关系（上下级之间，部门之间，直线人员和参谋人员之间）是否存在信任和合作是能否调动员工积极性的主要条件，组织内部人际间利益的竞争会使员工感到是对自己的最大威胁。

第二，制度避免单纯强调惩罚。例如，有的企业规定完不成定额，就会有某种形式的处罚；如果在考核评价中处于落后状态，就会影响到未来的晋升与工资水平等。惩罚是需要的，但只强调惩罚，企业肯定是管理不好的。

第三，管理制度对员工的自我实现、成长路线、个人安全或情绪产生不利的影响时，员工就会感到威胁的存在。这些现象产生的制度原因，主要是企业传统的管理控制体系设计存在多种标准，如成本控制标准、预算标准、工作绩效标准等，这些标准形成对员工的多重压力。在管理者看来，如果建立了压力结构，仍有不服从的现象，那就只好增加压力。此外，传统控制体系的责任制度往往是只包含对员工没有达到标准的一套惩罚办法，而缺乏对达到或超过标准的激励办法。在这种情况下，员工就会更加对抗规章制度，使之失效。这又会导致管理者采取反应式的管理措施，设法制订出更严格的规章制度，结果势必耗费巨大的管理成本。另外，员工对制度的抵抗情绪也会阻碍正常的企业文化的形成。

（2）落地内容2：建立系统科学的奖惩体系

从心理学的角度讲，奖惩制度是通过一系列正激励和负激励的作用，引导和规范员工的行为朝着符合企业需求方向发展。对希望出现的行为，企业用奖励进行强化，也就是正刺激；对不希望出现的行为，利用处罚措施进行约束，也就是负刺激。二者相辅相成，才会有效促进企业目标的实现，利于员工素养的形成。

① 建立切实可行的绩效考评体系。

绩效考评体系应根据企业的发展，科学地设置机构和岗位，明确各岗位的职责，进行岗位评价，然后根据岗位描述进行绩效考评。绩效考评主要是用一定的量化标准对人做出的业绩和效果进行衡量。它是一项经常性的工作，一般每年一到两次。绩效考评的第一步就要确定绩效考评指标体系。将考评指标设计成两大类，工作成果类和行为表现类。工作成果类：即员工是否按时、按质、按量完成本职工作，有无创造性结果等。行为表现类：即员工在执行岗位职责时所表现出来的行为和工作态度等，如表5-19所示。企业在不同项目的考评中有不同的侧重点，一定要结合企业的特征制订考评标准。

◇ 表5-19　工作态度考核表

序号	名称	考核标准				分值区间
		A(超出目标) 5分	B(达到目标) 3分	C(接近目标)1分	D(远离目标) 0分	
1	主动性	即使没有指示，也能主动做好工作	在没有领导指示时，基本上能够主动工作，并取得一定的效果	基本上依靠领导的安排来开展工作	领导没有指示时，无法独立开展工作	0～10分
2	积极性	积极寻求解决问题的方案，即使困难的工作，也主动承担，积极去完成，并且完成效果较好	一般的工作都能主动承担，积极完成，对一些难度大的工作也主动承担，积极完成，但效果一般	一般的工作能主动承担，积极完成，难度大的工作不敢承担	有工作就互相推诿，不积极主动寻求问题的解决方案	0～10分
3	执行力	绝对服从领导安排；合理分解手头的工作，上级领导安排的工作执行非常到位	对上级领导安排的工作，服从性较好；适时监督、检查、执行上级领导安排的工作，执行情况良好	有时不服从上级领导的安排；有时上级领导安排的工作执行不到位	很多时候不服从上级领导的安排；上级领导安排的工作经常执行不到位	0～10分

续表

序号	名称	考核标准				分值区间
		A(超出目标) 5分	B(达到目标) 3分	C(接近目标)1分	D(远离目标) 0分	
4	敬业精神	爱岗敬业,工作热情高,主动承担上级领导交办的临时任务,主动解决工作中的问题,任劳任怨,勤勤恳恳;以企业大局为重,毫无怨言,并将出色完成上级领导交给的工作	热爱本职工作,态度端正,做事踏实,基本上做到"今日事,今日毕";绝大多数时候都能做到以企业大局为重,主动牺牲个人利益	虽然有一定的解决问题的能力,但工作热情不是很高;在个人利益和公司集体利益发生冲突的时候表现一般	积极性不高,对工作失误推卸责任,不善于灵活处理工作中的问题;个人主义较强,总是给自己找借口	0~10分
5	责任心	坚决履行自己的职责,敢于承担责任,从不推卸责任,诚实守信,廉洁奉公,出现问题,明确、合理地落实相关责任人;工作踏实,一丝不苟,坚持原则,严格遵守公司各项规章制度,处处起到模范带头作用	履行职责,大多数情况下都敢于承担责任,并合理落实相关责任人;工作比较认真,严于律己,大多数情况下,能起到模范带头作用	基本上能够履行职责,有时出现问题害怕承担责任;工作态度、自觉性一般,模范表率一般	工作职责落实不到位,不敢承担工作责任,互相推诿;工作态度不端正,经常违反公司的管理制度,模范表率差	0~10分
6	纪律性	从未违反公司规章制度,不迟到,不早退	较为遵守公司规章制度,偶有迟到或早退,每月不超过1次	不大遵守公司规章制度,经常有迟到或早退,每月不超过3次	极不遵守公司规章制度,长期迟到或早退,每月超过5次	0~10分
7	约束力	随时随地以诚信开展业务,遵守法律法规、社会公德和社会道德规范;尊重他人;随时保持良好职业形象	较为遵守法律法规、社会公德和社会道德规范;较为尊重他人;基本能保持好的职业形象	偶尔有不遵守社会公德和社会道德规范的情形,个人不良情绪偶尔影响自身工作或同事,较不注意个人形象	极不遵守社会公德和社会道德规范,个人感情色彩较重,公私不分,职业形象很差	0~10分

现实生活中有些管理者往往对考评并不认真，原因可能是怕得罪人，从而回避矛盾，或因为考评标准不明确，而不愿意考评。如果对员工不进行考评或进行错误的考评，都会使绩效和奖惩脱离，甚至挫伤员工积极性，违背奖惩的初衷。所以，企业应建立一套完善的绩效考核评价体系，并尽可能地做到考评的科学性、可行性、时效性。

② 建立科学合理的薪酬体系。

薪酬体系设计必须根据企业的实际情况，并紧密结合企业的战略和文化，系统全面科学地考虑各项因素，并及时根据实际情况进行修正和调整，才能充分发挥薪酬的激励和引导作用，为企业的生存和发展起到重要的制度保障作用。

③ 建立能上能下的用人机制。

职务晋升是企业一种重要的激励措施。企业职务晋升制度有两大功能，一是选拔优秀人才，二是激励现有员工的工作积极性。企业从内部提拔优秀的员工到更高、更重要的岗位上，对员工或对企业发展都有重要意义。首先，相对于其他激励措施，晋升可以鼓励组织成员的长期行为。晋升前企业需要对被晋升者进行长期的业绩评价，所提供的激励是一种长期的激励，进而鼓励组织成员的行为要符合企业的长远利益；而企业往往根据员工的短期业绩进行货币奖励，这种激励就主要是短期的激励，有可能驱使组织成员更注重自己的短期利益而忽视企业的长期利益。其次，企业从内部晋升优秀员工，能使与企业同甘共苦、一起成长的员工受惠于企业发展的成果。相对于外部招聘，企业从内部提拔合适的人选更能加强企业的凝聚力。

④ 及时纠正与处理违反制度的人员。

员工犯错误在所难免，当发现有人违反规定的时候进行相应的处罚是必要的。在处理违规事件时，一定要果断，如果总是客客气气地对待，就会让人觉得不重要，从而马虎对待。这种心态一旦产生，便会迅速蔓延，大家就都对制度漠不关心了。然而，企业在纠正犯错误的员工行为时，一定要建立正确的认知，即纠正而不仅仅是惩罚。

（3）落地内容 3：进行多样化的教育培训和活动

培训是制度和文化传承的有效工具。培训活动不应拘泥于形式，只要是员工可以接受的方式都可以尝试，以下列举几种企业常用的形式供参考。

① 建立活跃且规范的早会制度。

早会制度，被越来越多的企业所接受，其也成为公司对员工素养培训的一个重要方式。实行早会制度，有以下优点。

a. 可以统一员工的思想和行动，鼓舞员工的士气，增强团队凝聚力和战斗力，通过召开早会，把员工的思想和行动统一到团队的业务经营上来，营造团队良好的氛围，使员工产生自豪感和归属感。

b. 可以做好当天工作的基础和保障。俗话说，"一天之计在于晨"。在早会上通过布置当天工作，可以使大家明白当天的重点工作和目标，围绕重点和目标去工作。

c. 可以增强员工的整体素质，通过早会传递信息、组织员工学习，进行典范分享，使员工不断增长知识，学到和掌握更多的专业技能。

d. 对员工是一个很好的锻炼。尤其对新员工，参与早会上的宣讲，可以帮助他们尽快融入团队，得到了在更宽广的舞台上锻炼的机会。

e. 增进和加强沟通，发现、分析和解决业务经营中出现和存在的问题。早会是团队发展的基础，是员工学习的课堂，是员工成长的舞台，是员工的加油站，也是一道营养早餐。

首先，早会要充分准备。事先要精心策划，从早会的主题、流程、主持人（确定）、所需时间、主要内容等方面都要提前谋划。同时，要确定主题。以探讨和解决什么问题为重点，围绕主题，开好早会。

其次，早会氛围要活跃。音乐应轻松欢快，游戏应形式多样，喜闻乐见，让早会变成员工的乐园。除了在礼节性环节注意调整安排外，其他环节、顺序、内容可用不固定方式，灵活多样创造新鲜感和实用性。如一场早会可以是一场电影，如播放励志激励电影、专家讲座，借助其他工具，用不同方法达到推动目的；一场早会可以是一台娱乐节目（歌舞等），在轻松愉快的氛围中制造企业文化，增强团队凝聚力；一场早会可以是一个竞技场（保单填写、条款学习、话术比赛）提高专业技能。

【案例5-4】 日本某企业早会管理制度

1. 前言

一个快速发展的企业，必然是一个重视经营管理的企业，而基层管理又是其中最基础、最重要的一部分，只有做好基层管理，一个企业的根基才牢固，同时企业的凝聚力也会更强，这是一个企业快速发展的必要条件。

一般来说，基层管理有五项工作重点，即早会、整理整顿、工作教导、绩效考核、QCC活动，只有把重点工作做好，基层管理才有可能做好，而早会又是基层管理的重要圈地，通过早会，一方面可以传播公司的企业文化，改变部属的思想、行为与观念，培养好的习惯。另一方面可以培养主管的风范与气度，带动部门气氛及提供良好的沟通圈地。

曾有一位总经理说过，"我一生最大的收益来自早会"。另一位总经理认为"早会是我一生之最爱"。从这里可以看出早会的重要性，它对一个人的成长、风范及气质的培养起着不可估量的作用。

2. 早会的目的

早会可以提供教导的圈地，利用早会，可以进行新产品、新方法、新工艺的说明，提高员工的技术水平，同时可以进行品质观念的灌输及公司各项政策的宣传。真正做到始于教育，终于教育。

早会可以促销，达成共识。早会是传播企业文化的媒介，可以培养好的习惯及行为观念，通过早会可以对工作教养、工作伦理及工作习惯加以宣传，不断地促进、不断地改进必然会有所收获，从而提升整个公司员工的素质。

通过早会可以实施追踪与管理，可对品质异常进行检讨、分析与矫正，可以对过去工作加以回顾、总结经验、改正缺失。同时通过早会，可以进行生产安排、市场反应、上级指令的传达，从而使员工更清楚地了解整个公司的方针政策、市场运转情况及自己的工作方向，提升工作效率。

早会可以培养主管的权威与形象、风范与气质，给主管提供良好的锻炼环境，带动部门气氛及提供良好的沟通圈地。

3. 如何做好早会

（1）早会是最基层的管理工具，所以必须由最基层的班组长来做，他们最了解基层的情况与动向，只要很好地运用早会这一管理工具，就可以起到事半功倍的成效。

（2）早会的频率一般为每周1~2次，每次10分钟左右，时间一旦定下来，就不要轻易改变，最好定期、定时举行。

（3）早会的内容要具体，一般包括教导、理念及目标的内容，大致分配如下。

① 教导50%：包括新产品、新方法的说明；标准化工作；品质异常及个人品质、效率的掌握。

② 理念25%：包括工作教养、工作伦理、工作习惯。

③ 目标25%：包括生产安排、工作目标、政令传达、市场反应等。

（4）要有早会报告单，这是早会成败的关键所在，它可以使早会有准备、有步骤的进行从而达到早会所要达到的目的。

（5）早会的主持者事先要有所准备，主持早会的音量要大、态度要好。早会气氛要轻松，要懂得鼓励下属。早会时作业员可以反映问题，积极参与。必要时可以有上司指导、协助及列席。

4. 一般企业实施早会的缺失

早会看似是小问题，但如果真正发挥功能，将带来无穷的好处。

第一线的员工迫切地希望被了解，以及尊重他们的角色及定位，使他们有一种家的感觉。

第一，早会的内容欠具体，进而缺乏说服力。

第二，没有早会报告单，失掉了早会实施成功的精华。

5. 结论

早会由班组长主持，而不是由课长、经理、总经理主持，否则就失去了它原有的功效。

② 按期召开形式多样的班前会。

员工班前会既是一种有利于加强企业管理、促进员工队伍素质的提高、塑造企业良好形象、展示员工精神面貌的有效的现代管理形式，又是一种寓教于管理，加强思想政治工作的有效形式。员工班前会着重学习宣讲国际国内形势、国家大政方针政策、公司改革发展重大决策、生产经营方针、形势任务教育、公司动态信息等内容以及总结前一天工作，布置当天工作等。

班前会有着营造工作气氛、员工教育指导、传递公司信息、宣传公司文化等作用，便于有序、有效地安排工作，能传达信息，保持上下级的良好沟通；更有利于员工增强集体观念、引导良好的工作习惯、培养良好的班组风气。班前会作为班组建设工作的活动载体，既是传达文件精神、布置工作任务、增强班组成员交流和沟通、进行安全和质量提醒的有效平台，又是提高员工工作士气、培养团队精神、改善员工精神风貌的重要形式，对促进公司各方面工作具有重要作用。

班前会的内容丰富多彩，可以分享工作感想、昨天工作总结、今日工作安排、工作要求事项、公司相关信息，再到生产信息、质量信息、现场 5S 状况、安全状况、工作纪律、班组风气、一分钟安全知识大播报，等等。

③ 开展积极向上的文化活动。

企业文化是企业在长期生产经营中所形成的管理思想、管理方式、群体意识和行为规范。企业文化活动是企业文化的重要组成部分，是塑造企业文化的有力手段，起着引导、促进、激励企业文化不断发展与完善的重要作用。企业文化活动对于一个企业有重要意义，对于员工素养的培养有重大作用。

六、现场 5S 管理的预防与持续改进

现场 5S 管理活动可以达成预防管理功能，从两个方面来理解。

第一，人为失误的防止。为了提升效率与品质，许多企业不断引进高性能的设备与系统，但作业现场依然事故频频。究其原因，绝大多数是人为失误，如错误操作、作业条件未确认等。如果 5S 活动开展不好的话，常常是操作盘及仪表脏污，导致数字读错、模具安装失误等行为发生。这种因人为疏忽的事故必须以彻底的 5S 活动来消灭。

第二，微缺陷的排除。作业现场经常可看到主管为故障的事后处理而烦恼，实际上这些故障只要通过几分钟的事前预防即可防止，却因作业人员视若无睹而造

成大故障，例如：机械的给油量不足、油内混入异物造成管路阻塞、螺丝未能锁紧，等等。这些微缺陷之所以造成故障，是因为当时不排除不至于立刻产生异常，因此谁都认为不重要。微缺陷的排除只有彻底活用5S手法才能真正解决问题。

在丰田式的生产模式中，自动化生产中有一点正式体现了5S管理活动的预防功能，即生产设备在损害之前要及时修好。具体如图5-6所示。

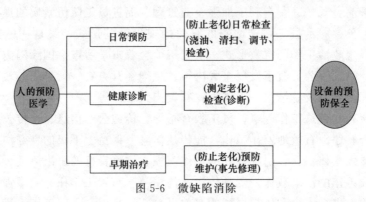

图 5-6   微缺陷消除

要保证机器100％运转率，必须要做到防止老化的日常检查维护、为测定老化程度定期检查定期诊断、为早期阶段修复老化按时维修。主要是必须搞清楚哪台设备应当在什么时候进行必要的检修。在此基础上建立起预维修制度，就是一种定期维修制度。当一台设备使用到一定时间后，不管它出现问题与否，提前安排专人利用空余时间对该台设备进行检修和维护；再就是对设备中一些易损件要提前在它达到规定的安全使用期以前就进行主动更换，也是提前定一个更换时间表。做到这些后，一般就能达到"零事故率"。

1. 现场 5S 管理的预防功能

（1）现场 5S 预防功能与预防措施

在对 5S 管理活动的审核与检查中发现的不合格现象，应该采取一定的措施和行动去改进，以防止同样的事情和问题再次发生，这就是预防 5S 管理活动的预防功能。

为消除实际或潜在的不合格原因所采取的措施称为预防措施。预防措施的程度与问题的大小及轻重有关。所有的预防措施，都必须得到验证。5S 审核的目的在于力求改进、彻底纠正所发现的不合格现象，重在落实以预防为主的原则，对不满意的方面应该采取预防措施。

预防的目的是消除实际或潜在的不合格原因；采取措施，防止类似问题的发生或预防问题的再次发生；不断地进行改进，提高管理水平。审核与检查是为了改进，审核与检查中发现的不足是改进的重点内容，采取有效预防措施是达到维持改进质量体系的手段，是防止同样问题再次出现的必要方法。而发现问题即时纠正，不断地发现问题，不断地采取相应的纠正和预防措施；通过持续的改进，实现5S整体水平的提高。表5-20是一份简单的预防措施改善书。

◈ 表5-20　预防措施改善书

发生区：	管理评审	5S审查	客户调查	生产过程		
序号	问题点	担当(改善区)		纠正措施	预防措施	验证结果
发行区： 签名			担当区： 签名			验证人

预防具有以下三个特点。

① 5S审核的继续。5S审核中出现的不合格现象都应该采取相应的纠正或预防措施；所有的纠正或预防措施都须得到验证；是作为实现5S内部审核目的的有效手段。

② 目的在于改进。力求彻底纠正所发现的不合格现象；重在落实以预防为主的原则，对不满意的方面采取预防措施。

③ 跟踪的范围。跟踪的范围常因需要而扩大；对有效性的验证也因内部管理的需要而更为严格；在完成纠正措施并经验证以后，还可能对一些后续问题实施进一步的跟踪，因而延长跟踪的时间。

（2）预防的程序及其实施

在开展5S管理活动的预防时，首先要明确审核组职责。向受审核方解释5S内部审核中出现的不合格项和需改进的方面；对纠正和预防措施的反馈进行管理。其次要明确受审核方的职责。理解审核员指出的不合格项；制订纠正和预防措施的实施计划；执行纠正和预防措施计划；及时地反馈纠正情况以便得到审核员的验证认可。

实施5S管理活动的预防可以按照以下步骤进行。

① 要调查判断不合格的原因，并进行分析。是人、机械、材料、方法、环境等各个方面的问题，找出原因。

② 制订纠正和预防措施的实施计划。

③ 对于控制纠正和预防措施有没有具体有效的实施。

④ 检查纠正和预防措施的效果。

⑤ 对效果的有效性进行验证。

⑥ 巩固经验，巩固验证有效的成果，就是更新文件以及标准化，纠正和预防措施的效果，不明显的可以进入下一个循环。另外采取更有效的纠正措施。

在制订预防措施计划时要关注以下三点。

① 职责明确。谁负责组织纠正和预防工作开展，谁负责制订计划。计划中的每项具体工作由谁负责完成；由谁检查监督，谁负责验收并评价；谁进行成果巩固。

② 报告与记录。对审核中发现的问题，首先，以不合格报告或者其他报告的形式通知受审核方。如我们发现你这台机器是怎么样的，我们希望或建议你在何时进行改正。如果问题较大，必须经过总经理或推进5S委员会的最高领导进行裁决。其次，记录产生不合格的情况。记录各项纠正和预防措施的主管部门和人员。另外，还要记录各阶段工作的进展情况，由5S审核组长、5S推进委员会的执行长，或最高层管理者来验证与总结纠正和预防措施的状态。

③ 验证与总结。对于纠正和预防措施要有效地进行验证，总结经验和教训，不足之处一定要及时报告，必要时要采取升级行动。

（3）5S管理活动各个环节的预防功能

要做好5S管理活动的预防，必须进行换位思考，转换有关整理、整顿、清扫、清洁、素养和安全的构想和策划。

① 预防整理。要从事后整理转为预防整理。

经过一段时间的5S管理活动的实施，如果已经做到"必要的东西和不必要的东西区分开来，不必要的东西尽快处理掉""不必要的东西出现即予整理的事后处理"，自然是好。但若转成不使"不必要的东西"出现的整理，也就是预防整理，这将是5S管理活动真正的提升。

把"不必要的东西出现—整理"，转换为"不必要的东西出现—为什么会出现"来思考，利用"5WHY"法去思考。

WHY1："为何不必要的东西会出现"——因为从前道工序带来的。

WHY2："为何从前道工序带来"——因为从前序制造出来的。

WHY3："为何在前道工序会制造出来"——因为管理部门有指令。

WHY4："为何管理部门有指令"——因为来不及作计划变更。

WHY5："为何会来不及作计划变更"——因为制造前置准备时间过长。

为此制订不让不必要东西再出现的方案十分重要。

首先是制订出不必要东西不出现的整体对策。利用5W1H把"为什么"作五次反复问，采用动作和时间分析的方法来改善；采用工序平衡与现场改善的方法，五现主义（现场、现物、现实、原点、原理）以及三及（及时对应、及早预防、及时处理）等方法。

其次改善生产计划，生产计划的好坏是预防整理成功的关键。如何编制生产计划，来确保不生产出来"不必要的东西"这里不作细谈。

② 预防整顿。要从事后整顿转化为预防整顿。

把凌乱的东西加以整理使之分门别类放置，摆放整齐，加以标示，然后使之成为习惯非常重要，但更应思考是不是有不使之凌乱的方法，是否能做到凌乱的东西已产生的事后整顿变为预防整顿。

把"东西凌乱"整顿转化为"东西凌乱"，为何会如此，利用5WHY法进行思考，想象该如何处理（HOW）。

【案例5-5】 工装夹具的预防整顿

a. 工装夹具会凌乱的原因——归位时会凌乱，为何拿回来会凌乱？

b. 列出容易归回原位的构想。归回原位使现场不凌乱的关键是素养。

c. 消除归回原位的意识。不归原位的理由，使用完后归位，因归位而凌乱。在加油站可看到加油枪使用完后"一松手即完成整顿"——利用悬吊。

d. 消除使用意识观念。可利用共通化的方式，即"工装夹具为何要使用它——是否可与其他工装夹具共通使用"；或利用替代化的方式，即"工装夹具为何要使用它——是否可以用其他工装夹具来替代，没有那个工装夹具该如何处理"；也可以利用方法上的替代法，即可以从工装夹具的需要性为手段来提出"为何不采用其他的方法"。

③ 预防清扫。要从事后清扫转化为预防清扫。

地面或者机器一有脏污即刻加以清扫，如此已成为惯例。即便如此也不能掉以轻心。要转换思想，把事后清扫转化为预防清扫。

换位思考："地面或机器脏了——清扫"转化为"地面或机器脏了——为何脏了"的思考方式。

许多工作场所的脏污都是从别处带进来的，如工具柜上所积存的灰尘并不是从工具柜里跑出来的，地面上的铁屑也不是从地下渗冒出来的。所以一定要调查污染源，予以杜绝或隔离。具体方法有：首先，看到脏污后要思考其来自何处；其次，了解脏污来源之后，无论是来自何处的皆可抑制脏污，并根除其根本源头；在根本上抑制住脏污之后，接下来思考"不使脏污再现的做法"，如A不产生铁屑的开孔方法（能实现吗？），B加工零件即产生铁屑，如何让铁屑不散落在地面上。

④ 预防清洁。需要制订三个对策。

第一，使不必要的东西不出现的对策。可以设计一个"预防整理检查表"，对工作场所进行检查了解掌握现状，确认哪些地方还需再一次执行预防整理。

第二，不使物品凌乱的对策。"物品的凌乱即是心灵的凌乱"。无论多忙，心多么乱，现场都必须做好预防整理。可以设计一个"预防整顿检查表"，对工作现场进行检查了解掌握现状，确认哪些地方还需要再一次执行预防整顿。

第三，不使脏污产生的对策。可以设计一个"预防清扫检查表"检查了解不使脏污产生的预防清扫的状态如何。确认哪些地方还需要再一次执行预防清扫。

⑤ 预防修养。不良的错误防范——防吊措施。

人都会犯错误的，但可以通过教育、培训等方式来减少相关失误和错误的发生。防范失误后所造成的错误称之为防吊措施。

2. 现场5S管理活动的持续改善

从以下两点说明推进现场5S管理持续改进的原因：

第一，从员工个人的角度出发，推动5S管理活动持续改进，有利于员工工作环境的改善，提高工作效率和工作积极性，提高工作绩效，有利于达到工作质量的最优化和员工个人素养的提高。

第二，从企业的角度出发，推动5S管理活动持续改进有利于企业整体环境和形象的提高，有利于提高组织绩效，促进企业的长远发展和进步。所以作为企业，它必须具有强烈改善意识的员工，能够把问题解决在萌芽状态。

（1）推进5S管理活动持续改善的基本手法

推进5S管理活动持续改进的基本手法有两种，一种是"五现手法"，另一种是"PDCA循环"。

① "五现手法"。"五现手法"是日式企业独有的一种把握现状及解决问题的方式，即"现场""现物""现实""原理""原则"，这五个词开头读音都是"cen"，类似中文发音的"现"，所以统称为"五现"。用四个字来概括，即：视，看，观，现。

现场：事情发生的场所。

现物：变化的或有问题的实物。

现实：发生问题的环境、背景、要素。

原理：被普遍认同的，能说明大多数事情的根本性的道理。

原则：日新月异的，每天都在变化进步的科学技术，也可以认为是基础知识或专业技术。

可以这么说，五现手法就是亲临现场，察看现物，把握现实，找出问题的真正根源，从而根据原理原则地去解决问题的手段和方法。

仔细观察现场的现物、现实，发现问题，并以此作为改善的着眼点；坚持悲观主义，做最坏的打算；预期考虑问题，不如优先地去解决问题；追根溯源，打破砂锅问到底。

a. 现场。第一"现"是现场，就是不要只坐在办公室里做决策，而要立即赶到现场，奔赴第一线。到现场如何观察？现场是生机勃勃的，每天都在变化，不具备正确的观察方法，就没法去感觉变化、异常。

观察一般分四种不同层次。

见：就是物理学上的观察，也就是只观察跟自己有关或自己比较感兴趣的事情。管理者要学会做现场管理，不能只看与自己有关的或自己感兴趣的事。

视：视是什么？就是以某一个特定的事物为对象，睁大眼睛去看，关注某一部分。

看：就是致力于使事物更容易地被看清楚，如将看不见的地方显露出来，细小的东西要放大，移动着的东西使其静止等。

观：观是用目光集中于一点去观察，利用思维和智慧去思考。

b. 现物。对于现物，管理者最重要的是以事实为基础而行动，解决问题要求的是找到事实的真相。到实际问题中去，并客观地观察其过程。观察看不到的地方，这时事实最终会出现。我们需要拥有的是不仅仅停留在观察症状表面，而应培养自己通过观察分析其表面症状后，更深入一步地知其背后原因的洞察力。

c. 现实。对于现实，很多企业经常会脱离实际进行决策，即使面对严峻的后果也没有人怀疑事实的正确性。解决问题需要每一个人都能做到面对现实，把握事实真相。如一份日常报告，报告上只记录做了什么，但不记录还有什么没做，那么，这里边肯定就有问题。事实分为三种，一个是已报告的事实，一个是观察到的事实，还有一个是推测到的事实，如图 5-7 所示。

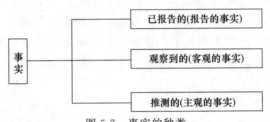

图 5-7　事实的种类

d. 原理。即使能及早地认识问题，如果没有掌握原理，我们还是不知所措。现场、现物、现实让我们能通过实践去行动，认识问题，提高洞察力，而原理正是找寻一种采取怎样的行动，提供一个判断的基准。

e. 原则。日本企业管理者认为，通过测量每一个管理者的步行距离，就可以判定他是一个什么样的管理者。步行三千步以下的是官僚主义者，三千步到七千步的叫普通管理者，能走到七千步以上的才是一个"五现"管理者。只有走到现场，观察现物，把握现实，然后通过原理、原则去处理问题的管理者才是一个合格的管理者。表 5-21 为"五现"管理的基本流程表。

◇ 表 5-21　"五现"管理的基本流程表

步骤	目的/内容	手法
认识问题	在哪里发生？	现场
	是什么？怎样？	现物
	什么情形/环境？	现实

续表

步骤	目的/内容	手法
思考判定	原因追究	现场、现物、现实
	方向、宗旨	原理
	专业知识	原则
对策	具体方法、可行性	现场、现物、现实、原理、原则
实施	有效行动	现场、现物、现实
反省、评价效果	节省多少钱？效果如何？	现场、现物、现实

② 持续改善。为了推动5S管理活动持续改进，必须从日常的改善活动入手，这是实现5S管理活动持续改进的基本要求。

a. 改善的种类。按时间的不同，可以分为事前改善和事后改善两类。

事前改善：在问题发生之前，就已经进行改进，使问题不会发生，或是把损失减少到最低的限度。

事后改善：在制造过程中发现不良，或是直到顾客抱怨后再来改进工作。

b. 日常管理与改善的关系。日常管理强调的是遵守标准，将相同的状态维持下去。改善是寻找更好的方法，并做成能保证预期效果的标准来实施。企业的工作就是基于日常管理和改善之上，目标可能是一次达不到，但经过反复的维持和改善之后就能达到目标。图5-8说明了日常管理和改善的关系。

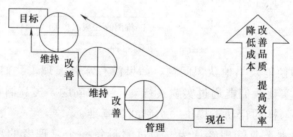

图 5-8　日常管理与改善的关系图

持续改进是5S活动整体业绩的重要组成部分。5S活动的总目的是创造一个良好的现场环境，提升人的品质。就每个企业而言，无论是现场环境的改善还是人的素养的提升，都不可能仅仅实施这个活动以后就能得到圆满的解决。持续的改进过程，对所有实施5S的企业来讲，都是必不可少的，而且旧的问题解决了，新的问题又会出现；主要的问题解决了，次要的问题便提到议事日程，改进永无止境。因此，5S管理活动的持续改进是企业永恒的目标。为此，在5S实施过程中建立有效的管理模式，运用合适的方法和工具是企业实施5S有效运行和改进的重要方式。

③ PDCA循环。PDCA循环又叫戴明环，由美国质量管理专家戴明博士提

出，是全面质量管理所应遵循的科学程序，就是质量计划的制订和组织实现的过程，这个过程就是按照 PDCA 循环，不停顿地周而复始运转的。目前在管理上把 PDCA 循环当作是使任何一项活动有效进行的合乎逻辑的工作程序，特别是在生产能力和产品质量管理功能方面得到广泛的运用。PDCA 循环已经远远超过质量管理的范畴。5S 管理活动也可通过 PDCA 循环获得不断提升。

P（plan）计划。包括方针和目标的确定以及活动计划的制订。

D（do）执行。执行就是具体运作，实现计划中的内容。

C（check）检查。就是要总结执行计划的结果，分清哪些是对，哪些是错，明确效果，找出问题。

A（action）处理。对检查的结果进行处理，认可或否定。成功的经验加以肯定，或者模式化或者标准化以适当推广；失败的教训加以总结，以免重现；这一轮未解决的问题放到下一个 PDCA 循环。

5S 管理活动的推进与效果提升离不开管理循环的转动，这就是说，改进与解决现场管理问题，都要运用 PDCA 循环的科学程序。不论提高产品质量，还是减少不合格品，降低运行成本等都要先提出目标，即 5S 活动的目标，企业现场管理要达到什么样的水平，不合格品率降低多少，成本降低多少，都要有个计划；这个计划不仅包括目标，而且也包括实现这个目标需要采取的措施；计划制订之后，就要按照计划执行，看是否实现预期效果，有没有达到预期目标；通过检查找出问题和原因；最后就要进行处理，将经验和教训制订成标准、形成制度。

5S 活动每个环节的管理都有一个 PDCA 循环，形成一个大环套小环，一环扣一环，互相制约，互为补充的有机整体。一般来说，某个 PDCA 循环上一级的循环是下一级循环的依据，下一级的循环是上一级循环的落实和具体化。

每个 PDCA 循环，都不是在原地周而复始运转，而是像爬楼梯那样，每一个循环都有新的目标和内容，这意味着推进与提升的 5S 管理。

在 5S 活动推进的 PDCA 循环中，A 是一个循环的关键。

（2）现场 5S 管理活动监督约束机制的建设

① 评比考核制度。定期或者不定期开展企业的 5S 管理评比考核活动，按照约定的标准，利用 5S 评价表对企业所开展的 5S 管理活动情况进行公开、公平、公正的评比。

② 建立巡查制度。制订"巡查规程"和"巡查记录表"。巡查项目可先针对亟须改善的问题，并与不同 5S 阶段相联系；标准要求可参照"5S 检查评分表"或专门制订；巡查项目和标准要求执行前张榜公布。

a. 组建稽查小组。由各部门推荐，经 5S 管理部门任命；最高主管或外协顾问师有权随时实行；1～2 人为一组，可轮值，扩大参与范围；小组成员不限员工、干部等行政职位。

b. 选择巡查办法。挂工位牌或佩臂章上岗，定期或不定期巡查，这种挂牌式巡查比较适合 5S 初级阶段；不佩戴任何标识，不定期巡查，例如素养巡查较适合用这种隐蔽式巡查，利于客观地、全面地发现问题。

c. 处理。巡查结果及时记录在"巡查记录表"上，作为部门阶段评比参考依据；巡查结果还应当日公布曝光，注明责任部门或责任人，制订整改期限；被稽查人如对巡查结果有异议，可向 5S 管理部门申诉，由主任委员最后裁决。

③ 奖惩制度。根据客观的评比考核结果，按照一定的奖惩标准，对于在 5S 管理活动中突出的单位和个人，给予表扬和赞赏；对于表现不好的员工和部门要给予一定的巧妙批评，鼓励其继续做好 5S 活动。

参 考 文 献

[1] 〔美〕克里斯 A. 奥尔蒂斯（Chris A. Ortiz）. 5S 指南——精益实践者的分步指导. 马红钢，刘申东，等译. 北京：机械工业出版社，2018.

[2] 〔日〕大森信. 清扫的力量. 赵鲲，译. 北京：人民邮电出版社，2018.

[3] 〔日〕关田铁洪. 5S 落地之道——关田法. 北京：机械工业出版社，2021.

[4] 吕梁，杨志宏，方飞虎. 流程型企业 5S 攻略. 北京：机械工业出版社，2014.

[5] 高庆华. 卓越 6S 管理实战手册（图解版）. 北京：化学工业出版社，2012.

[6] 肖智军. 让员工爱上 6S 管理. 北京：北京燕山出版社，2020.

[7] 准正锐质中心. 图解 5S 现场管理实务. 北京：化学工业出版社，2021.

[8] 姚水洪，邹满群. 向现场管理要效益——现场 6S 管理实施关键点. 北京：化学工业出版社，2019.

[9] 姜明忠. 6S 管理现场实战全解. 北京：机械工业出版社，2015.

[10] 〔日〕大西农夫明. 图解 5S 管理实务——轻松掌握现场管理与改善的利器. 高丹，译. 北京：化学工业出版社，2011.

[11] 〔美〕安德鲁 P. 麦卡菲. 企业 2.0：企业社会化协作趋势与工具. 于蓬波，等译. 北京：机械工业出版社，2011.

[12] 〔日〕越前行夫. 图解生产实务：5S 推进法. 尹娜，译. 北京：东方出版社，2011.

[13] 新益为. 6S 精益管理实战. 北京：人民邮电出版社，2020.

[14] 胡新桥. 图解 6S 管理全案——现场实战版. 北京：化学工业出版社，2019.

[15] 孙少雄，邱杰. 6S 精益管理（工具执行版）. 北京：中国经济出版社，2020.

[16] 江艳玲. 工厂 5S/7S 精益运作实务. 北京：中国时代经济出版社，2012.

[17] 〔美〕大卫·威士科. 让 5S 推行简单易行——手把手教你如何实施与维持 5S 项目. 葛仙红，译. 北京：机械工业出版社，2018.

[18] 胡凡启. 5S 管理与现场改善. 北京：中国水利水电出版社，2011.

[19] 滕宝红. 6S 精益推行图解手册. 北京：人民邮电出版社，2014.

[20] 张忠新. 中国式 5S 管理. 南京：东南大学出版社，2009.

[21] 苏俊. 卓有成效的 5S 管理. 广州：广东省出版集团广东经济出版社，2008.

[22] 日本名古屋 QS 研究会. 改善经营管理的 5S 法. 张贵芳，苏德华，译. 北京：经济管理出版社，2005.

[23] 石强，孙东风. 5S 推行实操手册. 北京：中国电力出版社，2012.

[24] 刘承元，张志敏. 专家博士的 5S 经——实现卓越工厂管理的基础. 深圳：海天出版社，2003.

[25] 李家林，江雨蓉. 图说工厂 7S 管理. 北京：人民邮电出版社，2011.

[26] 孙少雄. 制造业 6S 精益管理：现场改善利器. 北京：机械工业出版社，2010.

[27] 宋文强. 图解 6S 管理实务（中国实战版）. 北京：化学工业出版社，2010.

[28] 唐苏亚. 5S 活动推行与实施. 2 版. 广州：广东省出版集团广东经济出版社，2012.

［29］ 孙兵，张晓明．6S精益管理实用指南．北京：国防工业出版社，2012.

［30］ 李家林．6S精益推行手册（实战图解精华版）．北京：人民邮电出版社，2011.

［31］ 曾跃频．5S推行问题与对策．厦门：厦门大学出版社，2008.

［32］ 李家林．5S精细化管理．深圳：深圳出版发行集团海天出版社，2011.

［33］ 李峰，黄德力．图解5S运作精益化管理．北京：中国劳动社会保障出版社，2014.

［34］ 曾添，许耿．看图轻松学5S管理．广州：广东省出版集团广东经济出版社，2010.

［35］ 徐航，李国新．工厂5S管理实务．北京：中国时代经济出版社，2008.